기독교문서선교회(Christian Literature Center: 약칭 CLC)는 1941년 영국 콜체스터에서 켄 아담스에 의해 시작되었으며 국제 본부는 미국 필라델피아에 있습니다.
국제 CLC는 59개 나라에서 180개의 본부를 두고, 약 650여 명의 선교사들이 이동 도서차량 40대를 이용하여 문서 보급에 힘쓰고 있으며 이메일 주문을 통해 130여 국으로 책을 공급하고 있습니다. 한국 CLC는 청교도적 복음주의 신학과 신앙 서적을 출판하는 문서선교기관으로서, 한 영혼이라도 구원되길 소망하면서 주님이 오시는 그날까지 최선을 다할 것입니다.

기독교의 변천

무엇이 변했는가?

Transition in Christianity: What has been changed in Christianity?
Written by Shin Ho Kim.
All rights reserved.
Korean Edition Copyright © 2022 by Christian Literature Center, Seoul, Korea.

기독교의 변천 : 무엇이 변했는가?

2022년 11월 30일 초판 발행

지 은 이 | 김신호

편   집 | 도전욱
디 자 인 | 박성숙, 서민정, 박성준
펴 낸 곳 | (사)기독교문서선교회
등   록 | 제16-25호(1980. 1. 18.)
주   소 | 서울특별시 동대문구 천호대로71길 39
전   화 | 02-586-8761~3(본사) 031-942-8761(영업부)
팩   스 | 02-523-0131(본사) 031-942-8763(영업부)
이 메 일 | clckor@gmail.com
홈페이지 | www.clcbook.com
송금계좌 | 기업은행 073-000308-04-020 (사)기독교문서선교회
일련번호 | 2022-128

ISBN 978-89-341-2512-9 (93230)

이 책의 출판권은 (사)기독교문서선교회가 소유합니다.
신저작권법에 의하여 한국 내에서 보호받는 저작물이므로 무단 전재와 무단 복제를 금합니다.

Transition in Christianity :
What has been changed in Christianity?

김신호 지음

기독교의 변천

무엇이 변했는가?

CLC

목차

서론 ··· 5

제1장 제도의 변화 ·· 12

제2장 예배의 변화 ·· 110

제3장 신학적 변화 ·· 150

제4장 신앙 생활의 변화 ···································· 238

결론 ··· 291

참고 문헌 ·· 294

서론

영화 <봄날은 간다>에서 유지태는 이런 말을 했다.
"사랑이 어떻게 변하니?"
우리는 사랑은 변하지 않는 것이라 믿는다. 그러나 살아가면서 상황에 따라 사랑이 변하는 것을 목격한다.
이 세상에 변하지 않는 것이 있을까?
이처럼 사랑도 변하는데, 신앙 또는 믿음도 변하는 것을 체험한다. 나는 처음 예수님을 구주로 영접하고 신앙생활을 시작했을 때, 목사를 존경했다. 목사는 죄를 짓지 않고 거룩한 삶을 살며 주님을 진심으로 사랑하는 사람이라 생각했다. 그런데 나도 하나님의 부름을 받고 신학교에 진학했다. 신학교에 있는 동안 수많은 목사와 전도사를 만나 대화를 나누고 그들의 실제 삶을 보면서 목사에 대한 생각이 완전히 바뀌었다.
그들도 연약한 죄인에 불과했고 심지어 평신도보다 신앙이 깊지도 않고 많은 죄를 저지르는 것을 알게 되었다. 그런데도 회개하지 않고 자기변명에 급급하며 자신의 기득권을 지키려 했다. 나는 이제 더 이상 목사를 존경하지 않는다. 아니, 그들의 위선에 크게 실망했고 상종하기도 싫어졌다.
흔히 기독교는 불변의 종교로 알려져 있다. 개신교는 유독 '오직'이란 용어를 선호한다.

'오직 예수'
'오직 성경'
'오직 은혜'
'오직 믿음'

기독교는 한 분이신 하나님을 믿고 한 권의 책인 성경을 유일한 하나님의 말씀으로 받아들인다. 교회에서 최고의 권위를 가진 성경은 구원에 필요한 모든 것을 담고 있고 그리스도인에게 일관된 정체성과 통일성을 제공한다. 기록된 하나님의 말씀인 "성경은 일점일획도 변함이 없고 영원하다"라고 배웠다.

진리는 무엇일까?
100퍼센트 변하지 않는 사실은 무엇일까?
'돈이 많으면 행복하다' 일까?

주변에 돈이 많지만, 불행한 사람들을 많이 보았고 심지어 자살하는 경우도 있다. 그러하기에 이 명제는 진리라 칭할 수 없을 듯하다. 〈소프라노〉라는 미국 드라마를 보았다. 요양원에 있는 할머니를 찾아간 손자는 물었다.

"할머니, 진리는 무엇인가요?"

그러자 할머니는 지체없이 "죽는 것이지. 모든 사람은 죽어"라고 대답했다. 아마 '죽음'은 진리일 것이다. 인류가 태동한 이후로 죽지 않은 사람은 없다. 나를 비롯해 이 지구상에 살아가는 사람들은 언젠가는 죽는다. 지금부터 120년, 넉넉히 잡아 130년 후에는 현재 살고 있는 사람 중 단 한 사람도 찾을 수 없을 것이다.

그렇다면 기독교의 모든 것들은 진리일까?

만약 신앙이나 신학, 제도 등이 변하지 않고 유지되어 왔다면 진리라 칭할 수 있을 것이다.

'하나님은 영원하시다.'

'예수님은 유일한 구세주시다.'

'성경은 하나님의 말씀이다.'

아마 이런 명제들은 진리일 것이다.

그렇다면 이 명제들은 진리이기에 변하지 않는 것일까?

나는 기독교 역사를 공부하면서 상상외로 많은 면에서 변화가 일어난 것을 목격할 수 있었다. 진리라 여겼던 많은 것이 실제로는 유동적 상태에 있었고 시간과 장소 그리고 정치 및 경제, 문화의 변화에 따라 재평가를 받고 방향을 전환하고 재적용되는 과정을 겪었다.

성경은 진리이므로 한 가지의 성경 해석만이 존재해야 할 것이다. 그런데 성경의 한 구절을 놓고도 여러 가지 심지어 수십 가지의 해석이 존재한다. '기독교의 변화'라는 주제에 관심을 가지고 연구하던 중, 내가 개인적으로 가장 놀란 점은 예수님의 대위명령에 대한 해석의 변화였다.

> 너희는 가서 모든 민족을 제자로 삼아 아버지와 아들과 성령의 이름으로 세례를 베풀고 내가 너희에게 분부한 모든 것을 가르쳐 지키게 하라(마 28:19-20).

개신교의 많은 신학자와 목사들은 이 구절을 열두 제자에게만 내린 제한된 명령이라 해석해 300년 동안 선교에 나서지 않았다. 이런 해석은 무려 윌리엄 캐리(William Carey, 1761-1834)의 시대에까지 지속되었다. 캐리가 해외 선교의 필요성을 주장하자 영국 교회는 그의 주장에 문제가 있다고 판단했다. 그런데 그는 대위임령이 모든 그리스도인에게 해당된다는 해석을 주장해 이전의 고정 관념을 깨트렸다. 그 결과 19세기에 이르러서야 개신교는 해외 선교를 시작하게 되었다.

여러분은 이런 사실을 믿을 수 있겠는가?

나는 생각보다 세계의 복음화가 더디게 진행된 사실에 의구심을 가지고 있었다. 그러다 이 구절의 성경 해석에 막혀 해외 선교가 진행되지 않았음에 크게 놀랐다. 그러나 이는 비단 해외 선교에 대한 태도의 변화에만 국한되지 않는다. 신학적 주제나 교리, 제도 등에 대해서도 개인에 따라, 교회에 따라, 교단에 따라, 시대에 따라, 장소에 따라, 문화에 따라, 정치에 따라 다르게 변화해 왔다.

이런 변화는 초대 교회부터 있었다. 예수님의 열두 제자를 비롯해 초기 그리스도인들은 유대교 문화와 전통을 따랐던 유대인이었다. 그들은 모세의 율법을 철저히 지켰는데, 특히 할례와 안식일 준수, 음식법 등의 유대교 규범을 따랐다. 그들은 주일뿐만 아니라 토요일인 안식일에는 유대교 회당을 찾아 예배를 드렸다. 그들은 기독교를 유대교와 다른 종교로 생각하지 않았다.

그런데 이방인 출신 그리스도인들이 교회에 들어오자 유대교 그리스도인들은 이방인 그리스도인에게 조상 대대로 따르던 모세의 율법과 유대교의 전통과 범례를 전수할 것인가 하는 문제에 봉착했다. 과격파 유대교 그리스도인들은 이방인이 구원받기 위해 반드시 할례를 받아야 하고, 안식일을 지키며, 유대교 음식법을 따라야 할 것을 강요했다.

이방인을 교회 구성원으로 받아들이는 조건과 절차의 문제를 논의하기 위해 예루살렘 공의회(행 15장)가 소집되었다. 몇몇 선동가들은 이방인도 모세의 율법에 따라야 구원받는다고 주장했다. 여기서 사도 바울은 이방인에게 율법 준수를 강요하는 것은 예수님의 십자가 대속의 은혜를 무시하는 처사라 주장했다. 그는 율법 준수로는 구원을 받을 수 없고, 오직 예수 그리스를 믿음으로 구원받음을 강조했다.[1]

바울이 논쟁에서 승리함으로 율법 준수가 하나님의 자녀가 되는 필수 요건에서 제외되었다. 그 결과 이방인은 더 이상 할례와 음식법, 안식일을 준수하지 않아도 되었다.

기독교 역사를 통해 가장 많은 변화가 일어난 것은 언제일까?

첫째, 나는 콘스탄틴 황제(Constantine I, 272-337)가 기독교를 공인한 사건이라 생각한다. 초대 교회는 로마 제국으로부터 핍박받던 종교로 순교자들의 피가 흘러넘쳤다. 그러나 콘스탄틴 이후 기독교는 기득권을 가진 국교로 자리 잡았고 다른 종교인들을 핍박하는 단체로 변모했다. 초대 교회는 목숨을 걸고 예수님을 믿는 자들의 모임이었지만, 그 이후 로마 제국의 영지에 살던 사람들은 신앙이 없이도 강제적으로 교회에 출석해야 했다.

둘째, 나는 많은 변화가 일어난 사건은 종교개혁이라 생각한다. 콘스탄틴 이후 정교일치의 원칙에 의해 국교 제도가 정착되었고, 서부 유럽은 오직 로마가톨릭교회만을 유일한 정통 교회로 인정했다. 그런데 가톨릭교회를 개혁하자는 종교개혁을 통해 개신교가 탄생하면서 단일 신앙과 신학, 제도 등의 종교적 통일성이 파괴되었다. 개신교는 통일성을 공유하지 못했고 복잡한 적응의 과정을 거치면서 수많은 교단이 생성되었.

16세기 기독교는 이전에 진리라 여겼던 수많은 확신이 상실되고 무너졌고 재탄생하는 변화의 사건으로 가득 찼다. 이전에는 성직자만 성경을 소

---

[1] 프랭크 틸만, 『신약신학』 (서울: CLC, 2008), 412-15, 501.

유하고 읽을 수 있었으나, 종교개혁을 계기로 성경은 모든 신자에게 열렸고 그들은 성경을 읽고 해석할 수 있는 자유를 누렸다. 성직자의 성경 독점 시대가 저물고 모든 신자가 성경을 읽고 해석할 권리를 소유한 '영적 민주주의'가 탄생했다.[2]

개신교는 특정 인물을 중심으로 교파주의를 형성했다. 마틴 루터(Martin Luther, 1483-1546)를 중심으로 한 루터교회(Lutheran Church), 존 칼빈을 따르는 개혁교회 및 장로교회, 영국 국왕을 수장으로 하는 영국국교회, 유아 세례를 거부하고 성인의 침례를 강조하는 침례교회, 존 웨슬리에 의해 태동한 감리교회, 성결을 강조하는 성결교회, 윌리엄 부스(William Booth, 1829-1912)를 설립자로 삼은 구세군, 성령 세례의 증거로 방언을 강조하는 오순절교회 등등 수많은 교단이 탄생했다.

셋째, 큰 변화는 미국 교회의 탄생이라 할 수 있다. 황제나 왕, 영주, 시의회 등이 이끌던 서부 유럽에서 종교적 통일성은 국가의 중요한 과제였다. 그 결과 정교일치는 필수적 요소였고, 굳건한 국교 제도를 유지하며 타교단들을 배척했다. 그런데 미국은 유럽과는 전혀 다른 문화를 형성했다. 유럽은 전제주의적 성격이 강했으나 미국은 개인의 자유와 평등을 존중했고 민주주의 정신이 매우 강했다.

유럽에서 핍박받던 소수계 교단들은 종교 및 예배의 자유를 찾아 미국으로 건너왔고 미국이 영국으로부터 독립하면서 정교분리가 국가 정책으로 받아들여졌다. 서부 유럽에서 천년 이상 유지되었던 국교 제도가 무너지고 국가와 교회의 분리를 명시한 정교분리가 탄생했다. 이는 천년 이상 진리로 받아들였던 제도가 무너지고 개인의 종교 선택의 자유가 보장된

---

2 앨리스터 맥그래스, 『기독교, 그 위험한 사상의 역사』 (서울: 국제제자훈련원, 2009), 10-11.

기념비적인 사건이 되었다.

　심지어 같은 교단일지라도 장소가 바뀌니 교회 제도에도 변화가 일어났다. 장로 제도가 성경적 진리라 주장했던 영국의 청교도는 북미 대륙으로 이동하자 장로 제도가 아닌 회중 제도를 따른 회중교회를 설립했다. 이처럼 정착한 곳의 문화에 따라 신학이나 제도 등의 변화가 있었다.

　나는 이 책에서 기독교의 진리라 여기고 있는 것들이 변하지 않고 고정된 것이 아니라, 역사와 문화, 사회, 정치의 발전 과정에서 많은 변화를 거쳐왔음을 밝히고자 한다. 오늘날에도 교회는 성경 해석과 교리, 교회 정치 제도, 사회의 변화, 과학적 발전 등에 대한 반응에서 많은 해석과 차이를 드러내면서 변해 가고 있다. 나는 그 증거가 현존하는 수많은 교단과 기독교 내에 공존하는 수많은 운동이라 생각한다. 만약 기독교의 모든 진리가 획일적이고 고정되어 있다면, 이처럼 많은 교단이 생성될 수 없었을 것이다.

　'어떻게 진리가 변할 수 있을까?'

　분명 기독교에는 변하지 않는 진리가 있다. 아마 이 부분은 기독교의 본질적인 부분이라 칭할 수 있다. 그러나 본질적인 것이 아닌 비본질적인 부분도 존재한다. 우리는 기독교의 본질적인 부분은 목숨을 걸고 지켜야 하지만, 변하는 비본질적인 부분에 대해서는 관용을 보여야 한다. 자신이 진리라 여겼던 것이 실상은 역사를 통해 많은 변화가 있었고 다양성이 존재함을 인정해야 할 것이다. 우리는 그 다양성 가운데 하나를 선택했을 뿐이다. 우리는 자신만이 옳고 다른 해석에 대해 비판적이었던 자기 중심주의, 자기 교회 중심주의, 자기 교단 중심주의에서 벗어나야 한다. 그리고 다양성을 존중하고, 동시에 본질적인 부분에서는 일치를 추구하며 나아가야 한다.[3]

3　존 딜렌버거, 클라우드 웰취, 『프로테스탄트 교회의 역사와 신학』 (한신대학교출판부, 2004), 516.

제1장

제도의 변화

1. 국가와 교회의 관계

    그리스도인은 인적이 드문 깊은 산골이나 외진 곳에 사는 것이 아니라 수많은 사람이 살고 있는 나라에 속해 있다. 여기서 중요한 점은 국가나 사회가 교회의 행정이나 목사의 임명 등에 관여하는가 혹은 국가가 개인의 교회 출석을 강요하는가 하는 것이다. 오늘날에는 당연히 국가가 교회의 담임목사를 바꾼다든가 설교 내용을 검열하지 않는다. 정교분리의 사회에서는 국가가 교회에 직접적 영향력을 발휘할 수 없다.

    그런데 오늘날 당연시되고 있는 정교분리의 원칙은 중세 교회나 근대 교회의 입장에서 보면 이질적인 것이었다. 교회는 오랫동안 정교일치를 정통으로 받아들였다.

    교회의 역사를 살펴보면 교회와 국가의 관계는 통일된 패턴이 아닌 수많은 변화를 겪어 왔다. 초대 교회는 로마 제국이 이스라엘을 식민지화하고 있던 시기에 탄생했다. 넓은 지역을 다스리던 로마 제국은 식민지 백성에게 특정 종교를 강요하지 않았고 다종교주의를 지향했고 모든 종교를 포용했다.

종교를 선택하는 것은 온전히 개인의 선택 문제였다.

그러나 로마 제국은 황제를 신으로 숭배하고 로마 신을 섬긴다는 전제 아래 종교 혼합주의를 허용했다. 기독교는 로마 제국에 존재하는 수많은 종교 가운데 소수 종교에 지나지 않았고 사람들은 기독교를 유대교의 한 분파로 여겼다.

초대 교회는 로마 신과 황제 숭배를 우상 숭배로 규정해 반대했다. 그 결과 그리스도인은 국가의 종교 정책을 따르지 않는 반역자로 규정되었고, 혹독한 핍박을 받았다. 국가는 교회를 박해하는 기관이었고, 신자들은 국가의 감시를 피해 지하 공동묘지인 카타콤과 같은 곳에서 숨어 예배를 드렸다. 그리스도인들은 우상 숭배에 참여해야 했던 국가 공무원이나 군인이 되는 것과 콜로세움에서 벌어지는 공공 오락에 참여하는 것을 꺼렸다. 교회는 정치나 사회, 문화 등에 대해 초연함과 무관심으로 대응했다.

거의 300년에 이르는 기간 동안, 교회는 국가의 감시를 피해 감독을 중심으로 자치적으로 교회를 운영해 나갔다. 네로황제의 박해를 비롯해 로마 황제들의 10대 기독교 핍박이 역사적으로 거론될 정도로 초대 교회는 힘든 시기를 거쳤다.

그러던 중 교회와 국가 사이의 관계에 획기적인 변화가 일어났다. 콘스탄틴 황제는 밀라노 칙령(313년)을 통해 그리스도인과 이교도를 포함한 모든 사람에게 종교의 자유를 허락하면서, 기독교 예배를 승인했다. 그의 개종은 유럽사와 교회 역사의 방향을 틀어 놓은 사건이 되었다. 기독교를 공인함으로 이제 그리스도인은 핍박받지 않고 교회에 출석할 수 있었다.

교회의 최고 대사제(Pontifex Maximus)가 된 황제는 교회에 대한 법적 독점권과 재판권을 가짐으로 교회를 통솔했고 교회는 국가의 직접 통제 아래 놓았다. 황제는 대주교를 임명하고 교회의 행정에 깊숙이 개입함으로 교회는 갈수록 황제의 입김과 정치적 상황에 연루되었다.

콘스탄틴의 손자였던 테오도시우스(Theodosius I, 347-395) 황제는 380년 기독교를 국교로 삼았다. 이 과정을 통해 로마적(Roman)이란 용어는 그리스도교적(Christian)이라는 말과 동의어가 되었다.[1] 이제 로마 제국에 거주하는 사람은 신앙이 있든 없든 간에 관계없이 교회의 충실한 자녀가 되어야 했다. 그 이후로 서부 유럽에서 황제나 왕, 영주가 기독교로 개종하면 백성들은 국교로 지정된 기독교로의 개종을 강요당했다. 이제는 그리스도인이 되지 않으면 국가 공무원이나 군인이 될 수 없는 역차별이 생겼고 국가와 교회 간의 정교 연합을 통해 정치가 교회에 영향력을 행사하는 것은 당연시되었다.

콘스탄틴의 회심 사건에 대해 많은 해석이 있다. 우선 정교일치를 긍정적으로 바라보는 견해이다. 로마 제국의 기독교화로 인해 기독교는 순식간에 전 유럽에 확장되는 은혜를 맛보았다. 그의 기독교 승인으로 인해 로마 제국에 살고 있던 사람들은 자연스럽게 교회를 출석하기 시작했고, 기독교가 국교로 전환되면서 교회 출석은 국민의 의무가 되었다. 흔히 기독교 역사상 가장 많은 사람을 전도한 사람은 사도 바울이라 칭한다. 그러나 이는 사실이 아닐 수 있다.

콘스탄틴은 한순간에 로마 제국의 모든 백성을 기독교인으로 만들었고 이런 그의 공로로 인해 그를 제13의 사도라 불렀다. 역사학자 유세비우스(Eusebius of Caesarea, 265-339)는 콘스탄틴의 회심을 하나님의 역사로 해석하

---

1 헨리 채드윅, 『초대 교회사』 (고양: 크리스챤 다이제스트, 2009), 83.

면서 그를 기독교의 확장을 위해 하나님의 택함을 받은 자로 규정했다.[2]

반면, 콘스탄틴의 회심의 결과로 생긴 교회와 국가의 유착을 교회 역사상 가장 큰 비극이자 배교 행위로 해석하는 그룹도 있다. 국가의 간섭을 받지 않았던 초대 교회는 세상에 그리스도를 힘차게 증거했고, 수많은 자발적 개종자를 교회로 불러들였다. 그러나 교회가 국가 권력과 결탁하면서 성령의 자리에 세속적 권력이 대신함으로, 교회는 정치적 입김 속에 급격히 세속화되고 타락해 갔다. 그 결과 이제 믿음을 고백함으로 영생을 얻는 것보다 종교를 통해 세상의 지위나 물질을 얻는데 관심이 집중되었다.

이제는 기독교인이 되어야 출세의 길을 달릴 수 있었고, 성직자는 궁정 신하 중 하나가 되어 권력과 재물을 차지하기 위해 서로 경쟁하고 다투었다. 정치적, 사회적, 경제적 권력들이 교회에 몰려들면서 교회는 그 세력들과 협력 관계를 구축했고 점차 종교적 색깔을 잃어갔다.[3]

이제 교회의 통일성은 국가의 중대사가 되었고 교회의 신앙과 신학, 정책 등에 대한 최종 판결권은 황제가 가지고 있었다. 심지어 황제는 교회 내의 신학적 논쟁을 주도했고, 그의 결정에 따라 특정 신학이 정통이 되었다가 이단이 되었다. 콘스탄틴의 재임 동안 아리우스(Arius, 256-336)의 신학적 논쟁이 벌어졌고 이로 인해 교회 내에 분란이 발생하자 황제의 주최로 니케아 공의회(325년)가 열렸다.

황제에 의해 소집된 공의회를 계기로 국가가 교회의 신학적 논쟁에 직접 간여해 정통을 확정 짓고 이단을 정죄했다. 이단으로 몰리면 국가가 그

2　헨리 채드윅,『초대 교회사』, 82.
3　E. H. 브로우드벤트,『순례하는 교회』(서울: 전도출판사, 2005), 44-48.

들의 재산을 몰수하고, 체포하고, 추방하고, 사형에 처했다.

니케아 공의회는 아타나시우스(Athanasius of Alexandria, 298-373)의 삼위일체론에 손을 들어주었고 아리우스파를 이단으로 정죄했다. 그런데 이후 콘스탄틴은 아리우스의 주장에 동조하자 상황은 역전되었다. 그의 뒤를 이어 황제가 된 콘스탄티우스 2세(Flavius Julius Constantius, 337-361년 통치)도 아리우스파를 지지했고, 오히려 아타나시우스를 이단으로 선언했다. 이런 정치적 상황에 의해 니케아 신조를 지지했던 정통파는 오히려 이단으로 몰려 추방되는 일이 발생했다.[4]

이처럼 누가 성경적이냐가 아니라 누가 황제의 환심을 사느냐에 따라 정통과 이단이 결정되는 웃지 못할 일이 발생했다. 성직자들은 황제의 비위를 맞추는 데 급급했고, 정치에 성공한 사람이나 그룹이 교회의 주도권을 잡았고, 황제의 뜻을 거스른 그룹은 철퇴를 맞았다.[5]

초대 교회에서 핍박받던 교회는 국가 공권력의 지원 아래 타종교 및 기독교 소수파를 핍박하는 곳으로 바뀌었다. 기독교 공인 이전에는 교회가 이단에 대해 내릴 수 있는 처벌이 없었고 기껏해야 견책이나 면직 정도였고, 최악의 경우라 하더라도 출교의 처벌이 전부였다. 그러나 니케아 공의회를 기점으로 국가 및 교회의 공권력에 의해 이단으로 지목되면 재산을 몰수당하고 추방되거나 사형에 처해졌다.

---

4 알리스터 맥그라스, 『그들은 어떻게 이단이 되었는가』 (서울: 포이에마, 2011), 211. 헤롤드 브라운, 『교회사 안에 나타난 이단과 정통』 (서울: 그리심, 2001), 43. 콘스탄티노플 공의회(381년)는 니케아 공의회의 삼위일체론을 정통으로 인정했고, 아리우스파를 이단으로 정죄했다.
5 헨리 채드윅, 『초대 교회사』, 155.

이제 교회는 이교 정권 때보다 기독교 황제의 통치아래서 오히려 교회의 자유와 자결권이 큰 제약을 받게 됨을 깨달았다. 본래 주교는 국가의 간섭없이 교구민의 자유 선거에 의해 선출되었다. 그런데 이제 주요 지역의 대주교나 주교 임명에 황제의 입김이 작용했고 동방교회의 경우 황제의 정책에 의해 교회의 모든 행정이 좌우되었다. 국가의 정치적 통일을 위해 종교는 중요한 역할을 담당했고 모든 국민은 종교적으로 통일되어야 했다.

이런 '단일 국가, 단일 종교' 정책, 즉 국가적 통일은 종교적 합일과 연결되어야 한다는 개념은 오랫동안 유럽 대륙을 지배했다. 유럽 대부분의 지역에서 왕이나 영주가 택한 종교를 백성들이 따라가는 집단 개종이 일어났고 개인에게는 종교를 선택할 수 있는 자유가 주어지지 않았다.[6]

16세기 종교개혁이 시작되었으나, 정교일치의 정책에는 변함이 없었다. 종교개혁가들은 거주지의 정치적 현실을 따랐고, 국가나 시 정부가 정치적으로 생존하기 위해 국민이 종교적으로 통일되어야 한다는 데 동의했다. '그 지역을 다스리는 자가 지역의 종교를 결정한다'(Cuius regio, eius religio)는 원리는 단호했다.[7] 특정 지역에 사는 사람들은 신앙 속지주의 원칙에 의해 왕 혹은 영주, 시 정부가 지정한 종교만을 따라야 했고, 개인에게는 기독교 종파를 선택할 수 있는 자유가 없었다.

마틴 루터(Martin Luther, 1483-1546)는 독일 영주들의 강력한 후원을 받고 있었기에 친 영주적 정책을 지지했다. 독일 영주들은 가톨릭교회의 간섭

---

6   헨리 채드윅, 『초대 교회사』, 193.
7   E. H. 브로우드벤트, 『순례하는 교회』, 195.

에서 벗어나고, 가톨릭교회가 점유한 토지를 되찾고자 하는 정치적, 경제적 이유에서 루터주의를 선택했다. 도시의 시 의회도 가톨릭교회의 통제 아래 있기보다 자치를 확대하고 통제권을 가지기 위해 종교개혁을 선택하는 것이 유리하다고 해석했다.

그 결과 독일의 65개 자유 시들 가운데 50개가 넘는 시들이 루터의 종교개혁을 지지했다. 그의 '두 왕국' 교리는 국가가 교회 행정에 간섭할 수 있는 빌미를 제공했고 국민은 하나님이 정하신 기관인 국가에 절대적으로 복종해야 했다. 그는 지방 정부와 결탁된 형태의 교회를 인정했고, 영주들은 세속 문제뿐만 아니라 교회에서도 상당한 권위를 누릴 수 있었다. 루터는 "후추 가운데 쥐똥이 섞여 있다"는 말을 통해, 당시 교회가 정치에 물든 상황을 표현했다.[8]

존 칼빈(John Calvin, 1509-1564)은 스위스 제네바에서 신정 정치를 펼치기를 원했고, 시 정부의 간섭에서 벗어난 독립된 교회를 꿈꾸었다. 그러나 세속과 종교 권력을 모두 움켜쥔 것은 제네바 시 의회였고, 그는 종교개혁을 성공시키기 위해 어쩔 수 없이 시 의회의 힘을 빌릴 수 밖에 없었다. 시 의회는 하나님의 축복된 기관으로, 국민의 복지를 책임지고, 교회를 보호하고 보증하는 역할을 한다. 국가는 구원을 향해 가는 그리스도인의 지상 순례를 돕고 화합과 질서, 평화를 유지해야 한다.[9]

울리히 츠빙글리(Ulrich Zwingli, 1484-1531)도 취리히 시 의회가 종교 문제에 대해 최종 판결권을 가짐을 인정했다. 그도 도시가 생존하기 위해 국

---

[8] 앨리스터 맥그래스, 『기독교, 그 위험한 사상의 역사』, 407.
[9] 존 딜렌버거, 클라우드 웰취, 『프로테스탄트 교회의 역사와 신학』, 84, 128-29. 앨리스터 맥그래스, 『기독교, 그 위험한 사상의 역사』, 466-67.

민은 반드시 종교적으로 통일되어야 하고, 시 의회와 교회는 공존하며 서로 도와야 한다고 생각했다. 국가는 하나님이 세우신 기관으로 교회와 협력적 혹은 상생적 관계를 유지해야 한다.

참된 종교는 정부의 정책을 지지해야 하고 시 의회의 지원과 허락아래 종교개혁을 추진해야 한다. 이처럼 대표적인 종교개혁가들은 영주 혹은 시 의회 등의 정치 세력과 결탁함으로 세속 권력이 교회에 직·간접적으로 영향력을 미치는 것을 허용했다.

국가와 교회의 밀착 관계를 적나라하게 보여준 것은 잉글랜드의 영국국교회였다. 헨리 8세(Henry VIII, 1491-1547 재위)는 정치적 이유로 인해 친형의 부인(형수)이자 신성 로마 제국의 황제 찰스 5세의 이모였던 캐서린(Catherine of Aragon)과 결혼했다. 그녀가 아들을 낳지 못하자 헨리는 교황에게 이혼을 요구했다. 그러나 찰스 5세(Charles V, 1519-1556년 재위)에 의해 포위당한 교황은 이를 허락할 수 없었다.

헨리 8세는 자신의 후계와 권위를 확고히 다지려는 욕망을 가졌고, 가톨릭교회로부터 독립해 국왕이 수장이 되는 영국국교회를 설립했다. 가톨릭교회를 따르던 모든 영국 백성은 졸지에 왕을 따라 종교를 바꾸어야 했다.

그런데 그의 아들 에드워드 6세(Edward VI, 1537-1553)가 왕이 된 지 얼마 후에 죽자 헨리의 첫째 부인 캐서린의 딸인 메리 튜더(Mary Tudor, 1516-1558)가 잉글랜드 여왕이 되었다. 가톨릭계인 그녀는 영국국교회의 세 주교였던 토마스 크랜머(Thomas Cranmer, 1489-1556)와 휴 라티머, 니콜라스 리드리를 체포해 이단으로 정죄한 후 사형 선고를 내렸고, 전 국민은 가톨릭으로 개종해야 했다. 그런데 메리가 죽고 헨리와 앤 볼린 사이에서 태어난 엘리자베스(Elizabeth I, 1533-1603)가 여왕이 되자 다시 영국국교회로 돌아갔다.

그런데 이후 청교도는 영국 의회를 장악했고 정권을 잡자 국왕 찰스 1세(Charles I, 1600-1649 재위)를 처형해 버렸다. 다시 전 국민은 영국국교회를 버리고 청교도를 국교로 삼아야 했다. 그러나 청교도 정권이 실각하고 왕권이 복귀되자 다시 영국국교회로 돌아갔다. 이 시대를 산 영국인이라면 왕이 바뀔 때마다 종교를 바꾸어야 했다. 잉글랜드의 이런 사례는 교회가 정부의 종교 정책과 가치를 그대로 따라갈 때 발생할 수 있는 위험성을 드러냈다.

유럽의 개신교는 개혁 정책을 지킬 목적으로 그 대가를 지불했다. 교회는 정치 권위에 정당성을 부여했고, 세속 권력과 연합 전선을 형성하며 국가와 결탁했다. 국가교회(국교)에서 성직자는 정부의 행정관처럼 정부로부터 직책을 부여 받고 사례를 받는 일종의 국가 공무원이었다. 국교는 교회와 목회자를 엄격히 관리하고 통제했고, 성직자는 신자들의 요구와 필요성에 귀를 기울이기보다 정부의 방침과 지시를 최우선으로 따랐다. 교회의 행정과 사역은 국가의 철저한 간섭과 통제 아래 이루어졌고 심한 경우 설교 내용까지 검열받아야 했다.

국교 제도는 결국 많은 피를 불렀다. 가톨릭에 기반을 둔 프랑스는 스위스 제네바의 칼빈주의 그룹인 위그노파를 이단자 및 불신자로 규정하고 범죄자 취급을 했다. 나바르 왕국의 위그노파 왕자 헨리 부르봉(Henry Bourbon)과 프랑스 캐서린 황후의 딸 마그리트의 결혼이 성사되었고, 이를 축하하기 위해 전국 각지에서 위그노 신자들이 파리로 몰려들었다.

프랑스 국왕 찰스 9세와 황후, 기즈파 등은 1572년 8월 24일 바톨로매(St. Bartholomew) 축제일 심야에 파리 시내의 성당 종소리가 울리는 것을 신호로 위그노파에 대한 피의 숙청을 자행했다. 위그노파 지도자 가스파르 드 콜리니(Gaspard de Coligny, 1519-1572)를 비롯해 파리에서 약 만여 명의 위그노파 신자들이 살해되었고, 전국적으로 약 6-7만 명이 학살당했다.[10] 프랑스 국왕은 가톨릭교회에 소속되어 있지 않으면 취업을 할 수 없다는 법령을 통과시켰고 위그노파에 대한 추방령을 내렸다.

이런 정교일치 제도에 반기를 들었던 그룹은 재침례교였다. 재침례교는 콘스탄틴 황제의 기독교 공인은 기독교의 승리가 아닌 교회의 재앙이자 타락의 시초로 해석했다. 이 사건을 통해 정치권력과 교회 사이에 부패한 동맹이 만들어졌고 국가가 교회를 간섭하면서 교회는 초대 교회의 순수성을 잃어버렸고, 형식과 제의를 중심으로 한 교권주의 및 교리주의로 변질되었다.

그들은 국가 권력이 교회에 영향력을 미쳐서는 안 된다고 생각했고 자유교회, 곧 국가와 교회의 엄격한 분리(정교분리)를 주장했다. 국가는 정치권력 기관이고, 교회는 신앙을 고백한 신자들의 자발적 모임이다. 특정 교단의 일원이 되는 것은 국가가 결정할 문제가 아니라 개인적 신앙과 결단에 맡겨야 한다.[11]

재침례교 지도자였던 콘라드 그레벨(Conrad Grebel, 1498-1526)은 교회와 국가는 서로 대치 상태에 있다고 해석해 교회는 국가의 간섭에서 철저히 분리되어야 하고, 부패한 세상 권력이나 사회적 권위가 교회에 영향을 미쳐서는 안 된다고 생각했다.[12] 그러나 유럽에서 정교분리는 하루아침에 간단히 해결할 수 있는 문제가 아니었다. 가톨릭교회와 개신교 정통 교단은

---

10 루이스 W. 스피츠, 『종교개혁사』 (서울: CLC, 1992), 355-56.
11 필립 샤프, 『스위스 종교개혁』, (서울: 크리스천 다이제스트, 2004), 86. 롤란드 베인톤, 『종교개혁사』 (서울: 크라스챤다이제스트, 1993), 91.
12 앨리스터 맥그래스, 『기독교, 그 위험한 사상의 역사』, 408.

정교분리라는 급진적 주장을 편 재침례교를 이단 취급하여 극심하게 핍박했다.

국교가 지정된 유럽에서 비국교 종교인들은 가혹한 핍박을 받았고 그들은 종교의 자유를 찾아 행선지로 북미를 선택했다. 그러나 초기 북미의 상황은 유럽과 그리 다르지 않았다. 뉴잉글랜드에 정착한 청교도는 정치와 종교를 이분법적으로 구별하지 않았고 청교도는 일종의 국교 역할을 담당했다. 청교도에게만 시민권이 주어졌고 정치가와 목사는 서로 협력하여 뉴잉글랜드를 이끌어 갔다.

뉴잉글랜드 주 정부는 거주민들로부터 세금을 거둬들여 행정적·재정적으로 교회를 지원했고, 주 정부의 예산으로 도시의 중심지에 크고 웅장한 예배당을 세우고 목회자의 사례비를 지불했다.[13] 주일 예배 참석 의무화 규정에 따라 모든 거주민에게 교회 출석의 의무가 부과되었고, 공립학교는 기독교 교리를 가르쳤고, 영어 교과서는 성경을 중심으로 구성되었다.

계약 공동체를 추구한 뉴잉글랜드의 청교도는 침례교가 교회에 대한 국가의 역할을 인정하지 않는 점에 분개해 이단이자 불법으로 규정했다. 청교도는 스페인의 종교 재판소보다 절대 너그럽지 않았고 침례교나 퀘이커교, 성공회 등을 핍박했다. 이처럼 종교의 자유를 찾아 나섰던 이주민들조차 자신들을 박해했던 유럽의 정부만큼이나 종교적으로 편협했다.[14]

영국 식민지가 된 미 대륙은 주마다 주 종교가 있었고, 주 종교는 주 정부의 보호와 지원으로 발전했다.

---

13 마크 놀, 『미국 캐나다 기독교 역사』 (서울: CLC, 2005), 60-61.
14 후스토 L. 곤잘레스, 『현대교회사』 (서울: 은성, 2004), 152-53. 마크 놀, 『미국 캐나다 기독교 역사』, 89.

청교도 로저 윌리엄스(Roger Williams, 1603-1683)는 영국국교회의 종교적 핍박을 피해 1631년 보스턴으로 건너갔다. 그는 국가와 교회의 분리를 강조한 재침례교의 견해를 지지하면서 뉴잉글랜드 정부가 교회에 간섭하는 것은 바람직하지 않다고 주장했다. 그는 신대륙에서 교회와 국가는 분리되어야 한다는 정교분리 및 개인이 종교를 선택할 수 있는 자유를 주장한 최초의 인물이 되었다.

매사추세츠 당국과 청교도 공동체는 그의 주장이 뉴잉글랜드의 사회 질서를 어지럽히고 교회의 권위를 위협한다는 이유로 추방해 버렸다. 1636년 그는 로드 아일랜드 식민지를 개척했고 그곳에 종교적 관용을 허용했다. 그는 침례교인들이 프라비던스(Providence)에 침례교회를 세울 때 협조했고, 자신도 재침례를 받고 침례교인이 되었다. 로드 아일랜드 주 정부는 강요에 의한 종교 선택을 배제했고, 각자가 개인의 자유에 의해 교회를 선택하게 했다.[15]

윌리엄 펜(William Penn, 1644-1718)은 영국국교회의 교리를 비판하는 소책자를 썼다가 구금되었다. 다행히 영국 제독이었던 아버지로부터 펜실베니아를 물려받은 그는 1682년 필라델피아를 건설하고 주 헌법을 제정하면서 모든 사람에게 개인의 양심에 따라 종교를 선택할 수 있는 자유를 선포했다. 펜실베니아 주 정부는 교단을 막론하고 평등하게 시민권을 부여했고, 심지어 유대인과 가톨릭 신자까지 받아들이면서 다종교 사회를 형성하는 데 큰 영향을 끼쳤다. 윌리엄스의 로드 아일랜드에 이어, 펜실베니아는 신대륙에

---

15 Sydney E. Ahlstrom, *A Religious History of the American People* (New Haven: Yale University Press, 1972), 166-67. 존 딜렌버거, 클라우드 웰취, 『프로테스탄트 교회의 역사와 신학』, 161.

서 종교의 자유를 보장하는 두 번째 주가 되었다.[16]

존 로크(John Locke, 1632-1704)는 『종교의 관용에 대한 서신』에서 종교적 다양성으로 인해 갈등을 겪기보다 모든 종교를 관대히 용납해야 함을 주장했다. 그는 정부의 강요나 간섭에 의한 개종이 아니라 개인에게 종교를 선택할 수 있는 자유를 줘야함을 강조했다.[17] 영국에서 명예혁명(1688년)이 일어났고 국교도가 아닌 분리주의자에게 종교적 관용을 선포한 '관용령'(Toleration Act)이 채택되었다.

1776년 영국으로부터 독립한 미국은 헌법에 교회와 국가를 분리해 놓음으로, 교회가 국가와 어떤 형태의 동맹을 맺는 것을 금지했다. 독립선언문은 개인의 자유, 생명, 행복의 추구를 지지했고, 미국 헌법 수정 조항은 연방정부가 국교를 지정할 수 없음을 명시했다. 마침내 유럽에서 천년 이상을 유지했던 국교 시스템이 붕괴되고, 국가와 교회를 분리하는 정교분리 혹은 비국교주의의 원칙이 미국에서 최초로 실현되었다.[18] 이 결정은 콘스탄틴의 기독교 공인 이후 가장 충격적이고 획기적인 제도상의 변화였다.

그러나 정교분리가 실제로 정착되기까지는 시간이 걸렸다. 1786년 제퍼슨은 버지니아주에 종교 자유법을 선포함으로 국가가 특정 종교를 국교로 삼거나 감독하거나 강제할 수 없고, 모든 개인은 자신의 자유의사에 따라 종교를 선택할 수 있음을 명시했다. 그러나 타주에서는 여전히 정교일

---

16 마크 놀, 『미국 캐나다 기독교 역사』, 98-99.
17 John Locke, *"The Reasonableness of Christianity with a Discourse of Miracle and Part of a Third Letter Concerning Toleration, in I. T. Ramsey ed., A library of Modern Religious Thought* (Stanford, CA: Stanford University Press, 1958), 88-99. 제임스 스마일리, 『간추린 미국 장로교회사』(서울: 대한기독교서회, 1998), 64.
18 George M. Marsden, *Religion and American Culture* (Orlando: Harcourt Brace Jovanovich, 1990), 45-46.

치의 흔적이 남아 있었다. 1801년 침례교는 뉴잉글랜드의 주 정부가 거주민들에게 종교세를 거둬 청교도의 회중교회 예배당을 세우고 성직자에게 급여를 제공하는 것은 법에 어긋나는 것이라는 탄원서를 토마스 제퍼슨(Thomas Jefferson, 1743-1826) 대통령에게 제출했다. 1786년 제퍼슨은 이 탄원서에 동의를 표명하며 버지니아주에 종교 자유법을 선포함으로 국가가 특정 종교를 국교로 삼거나 감독하거나 강제할 수 없고, 모든 개인은 자신의 자유의사에 따라 종교를 선택할 수 있음을 명시했다.

미국의 정교분리 정책은 유럽에 큰 영향을 끼쳤고, 유럽 정부 또한 종교적 다양성을 인정하면서 국교 분리 정책을 채택했다. 프랑스는 프랑스 혁명(1789-1799)이라는 급진적 변화를 겪고 난 후 국교 제도를 폐지했다. 오랫동안 종교적 통일을 국가의 정치 수단으로 사용했던 유럽 정부들은 종교 자유 정책을 채택했고, 개인의 종교적 자유를 선포했다.[19]

앞에서 살펴본 것처럼 교회와 국가와의 관계는 한가지 유형으로 정착되지 않았고, 시대적 상황과 지역적 차이에 의해 변화를 보였다. 중세 교회 및 서부 유럽에서는 정교일치가 모범 답안이었지만, 미국의 탄생으로 인해 정교분리가 표준이 되었다. 이전에는 국교를 거부하면 재침례교 신자들처럼 이단자나 반역자가 되었으나, 오늘날에는 정교분리를 상식으로 받아들인다. 미국 교회의 영향을 받은 한국 교회 또한 정교분리를 받아들였고, 개인의 종교적 자유를 지지한다.

---

19 후스토 L. 곤잘레스, 『종교개혁사』 (서울: 은성, 2012), 202-203.

2. 주도권 경쟁

흔히 교회의 머리는 예수님이고 성경이 교회의 최고 권위를 가진다고 말한다. 그러나 예수님은 눈에 보이지 않기에 사람들은 보이는 리더를 추종하게 된다. 실상을 보면 예수님을 밀어내고 대신 머리에 앉아 있는 사람이나 조직이 있음을 알 수 있다. 교회는 신자들이 모이는 곳이고, 조직 가운데 하나이다. 조직이 있는 곳에서는 주도권을 잡고 이를 행사하는 개인이나 단체가 있기 마련이다.

국회의원이 자신의 기득권을 포기하는 것은 가능할까?

조직에서 기득권을 획득한 개인이나 단체는 명예와 돈을 손에 쥘 수 있기에 한번 잡은 주도권을 스스로 내려놓는 것은 거의 불가능에 가깝다. 권력 혹은 주도권을 쥔 특권층은 변화나 개혁에는 관심을 보이지 않고, 획득한 기득권을 평생 혹은 대를 이어 유지하려 한다. 그리고 절대권력을 만들어 아무도 그 권위에 도전할 수 없게 만들었다. 그러다 보니 독재자가 탄생했고 일종의 왕조를 만들어 자자손손 그 권력을 이양했다.

그렇다면 교회에서는 이런 일이 벌어지지 않았을까?

교회 역사를 살펴보면 교회 내에서도 주도권을 잡기 위해 치열한 경쟁이 벌어졌음을 자명하게 알 수 있다.

예수님은 열두 제자를 양육하셨다. 제자들은 누가 예수님의 총애를 받는 자인지 혹은 그들 가운데 누가 큰 자인지를 놓고 서로 다투었다. 사도들이 세상을 떠나자 누가 교회의 권위를 물려받는가 하는 문제가 부각되었다. 각자는 자신 이야말로 사도의 직속 제자로 그 권위를 물려받았다고 주장하면서 기득권을 독점하려 했다. 초대 교회에서 사도성 혹은 사도적 계승은 교회 정치에서 매우 중요한 개념이었다.

그러나 초대 교회에서 사도적 계승을 주장한 리더들의 경우, 돈과 명예를 거머쥐었다고 보다는 오히려 교회가 핍박받던 상황에서 희생과 순교를 짊어졌다.

2세기에 접어들어 교회가 권위 문제를 풀어간 방법은 대도시나 도시의 감독을 교회 일치의 근본 원칙으로 삼은 것이었다. 안디옥의 감독 이그나티우스(Ignatius of Antioch, 108-140)는 교회 직제들 중 감독의 직분이야말로 성부의 역할 혹은 예수님을 대리한다고 주장했다. 때마침 영지주의와 같은 이단의 등장으로 인해 감독직은 교회 권위의 중요한 근원으로 발전했다. 교회는 감독을 통해 신학과 교회 조직, 성례전의 통일성을 유지할 수 있었다.

각 교회 공동체는 교회의 평화와 일치를 유지하기 위해 감독 한 사람의 지도에 의해 인도받았고, 신자들은 감독에게 철저히 순종해야 했다. 감독의 권위를 강조하다 보니 과격한 주장도 제기되었다. '교회는 감독 안에서 발견되고, 감독이 없는 교회에는 구원이 없다.'

초대 교회는 2세기 말에 접어들면서 감독에게 교회를 치리할 수 있는 행정권을 부여하면서 제도적 교회로 발전했다. 교회는 점차 감독을 중심으로 한 교권주의, 교리주의 및 형식주의에 빠지면서 성령의 인도하심이나 영적 권능보다는 인간의 지도력에 의존하는 경향이 강해졌다. 머리에 손을 얹는 안수 행위는 능력과 축복을 전달하는 상징이었는데, 감독에게 이 권위가 주어졌다.

이런 감독의 권위에 도전한 몬타누스(Montanus)는 교회가 감독의 권위에 의지하기 보다는 성령의 카리스마적 권위에 의존해야 함을 강조했다.

교회의 권위는 사도성의 계승이나 감독의 안수에 의해 부여되는 것이 아니라 성령의 기름 부으심에 달려 있다. 교권보다는 내주하는 성령의 충만과 능력이 더 중요하기에 감독으로 임명된 자가 아니라 성령의 충만함을 입은 사람이 지도력을 발휘해야 한다. 그의 주장은 감독 제도를 중심으로 돌아가던 당시 교회의 권위와 위계질서를 흔들어 놓았다.[20]

몬타누스의 주장에 동의한 터툴리안(Tertullian, 155-220)은 성령의 영감을 받은 선지자가 감독보다 더 권위가 있다고 주장했다. 성령 충만을 앞세우며 기존의 질서를 뒤흔드는 예언자들의 행동은 감독의 지위와 권한을 약화시켰다.

그렇다면 기득권을 가진 감독들은 침묵하며 그의 주장을 겸허히 받아들였을까?

아니다. 교회 역사를 통해 그런 일은 거의 일어나지 않았다. 흔히 자신의 권위가 도전을 받으면 늘 이런 말을 한다. '교회의 권위와 질서를 어지럽힌다.' 공교회는 몬타누스가 교회의 교권, 특히 감독의 권위를 비판하고 도전함으로 교회의 결속과 통일성을 방해하고 위협한다고 해석했다.

콘스탄티노플 공의회(Council of Constantinople, 381)는 몬타니즘이 감독의 권위를 훼손했다는 이유로 이단으로 정죄했다. 이처럼 기득권을 비판하고 공격하는 소수파에게 자비를 베푸는 대신 단호하게 대처하는 일이 다반사였다.

그런데 감독이 주도하던 교회에 갑자기 황제가 등장했다. 앞에서 밝힌 것처럼, 콘스탄틴 황제는 기독교 예배를 승인했고, 스스로 교회 최고 사제의

---

20 Williston Walker, *A History of Christian Church* (New York: Charles Scribners;s Sons, 1985), 69.

자리에 앉았다. 이 시기에 재미있는 사건들이 발생했다. 교회는 박해 기간 신앙을 버리고 배교했거나 타협한 자들을 어떻게 처리할 것인가를 놓고 큰 파문에 휩싸였다. 온건파가 주도권을 잡은 교회는 배교자들을 쉽게 받아들였고, 심지어 배교한 감독과 사제도 특별한 제재 없이 속속히 복직되었다. 불과 어제까지만 해도 신자들을 로마 제국에 고발해 잡혀가게 했던 목사가 강대상에서 설교하고 성례전을 베풀었다.

신앙 때문에 감옥에 갇혔다가 풀려난 신자들이 그 모습을 보게 된다면 어떤 심정이었을까?

카르타고의 도나투스 매그너스(Donatus Magnus)는 우상 숭배를 했거나 예수님을 부정한 사제는 목회에서 물러나야 함을 강조했다. 그리고 배교한 사제가 집행한 목사 안수나 세례, 성찬식은 무효라 주장했다. 가재는 게 편이라 했다. 히포의 감독 어거스틴(Augustine of Hippo, 354-430)은 교회의 거룩성보다는 통일성을 우선시하는 이론을 전개했다. 설사 사제가 배교했다 하더라도 회개함으로 은혜를 회복했기에, 그들이 행하는 성례전은 효력이 있다.

어거스틴의 주장을 받아들인 로마 황제는 415년 도나투스파를 교회의 분열을 조장한 이단으로 정죄했고 그 결과 도나투스파 교회의 예배가 금지되었고, 성직자는 추방되었고, 교회 재산은 압수되었다.[21]

교회의 수장이 된 황제는 중요한 도시의 감독을 직접 임명했고 고위 성직자에게 '저명자'라는 높은 세속적 직위를 수여했다. 그는 감독에게 유언을 검증하고 분쟁을 조정할 수 있는 행정 장관의 권한을 부여했다. 졸지에 감독은 교회의 행정뿐만 아니라 정치에 입문하게 되었고 영적 목자일 뿐

---

21 도날드 K. 맥킴, 『교회의 역사를 바꾼 9가지 신학 논쟁』 (서울: 기독교연합신문사, 2005), 135.

만 아니라 세속적 이익의 대변자가 되었다. 감독들이 사회적 지위를 얻음에 따라 그에 상응하는 표장을 갖게 되었고, 감독의 손에 입을 맞추는 관습이 나타났다. 이제 도시의 감독직은 종교적 동기가 아닐지라도 누구나 꿈꾸어 볼 만한 고위직이었다.

지역 교회는 거대한 토지를 소유한 실질상 지주가 되었고, 농민들은 교회의 농지에서 농사를 짓고 세금을 바쳤다. 행정관에게 고소당한 사람이 주교에게 도움을 청하면, 주교는 재판에 간여할 수 있었다.[22] 4세기 말 기독교의 중심지였던 알렉산드리아와 안디옥, 콘스탄티노플, 로마의 총대주교에게 권력이 집중되는 현상이 나타났다. 소도시의 주교들은 자신의 수입에서 일정 비율을 대주교에게 축성 수임료로 지불하는 일이 관례처럼 굳어졌다.

4세기 후반부터 로마 교구가 영적·법적 권위의 중심지로 떠올랐다. 로마교회의 지위가 올라간 것은 2세기 이단과의 투쟁에서 중요한 역할을 수행했기 때문이었다. 아리우스 이단 논쟁은 엄격한 권징과 중앙 집권적 통제가 필요하다는 인식을 불러일으켰다. 사도적 전통을 따라가다 보면 예수님의 열두 제자에게 이르고, 그들 중 수제자인 베드로의 권위가 가장 크다. 베드로는 로마의 초대 교황이었고, 그를 계승한 로마 감독은 베드로의 수위권을 이어받은 유일한 전승자이다. 그러므로 로마 감독은 다른 감독들보다 우위의 권위를 소유한다.[23] 점차 교회의 권력은 다수의 감독에서 로마 감독 한 사람에게 집중되기 시작했다.

---

22 헨리 채드윅, 『초대 교회사』, 191-92, 203.
23 헨리 채드윅, 『초대 교회사』, 277-80.

로마의 몰락과 함께 황제가 주도하던 교회에 큰 변화가 일어났다. 교황 레오 1세(Leo I, 440-461년 재위)는 425년 훈족이 로마에 쳐들어왔을 때 로마를 위해 탄원해 약탈을 면하게 했고, 455년 반달족이 쳐들어왔을 때도 그들과 담판을 지어 로마는 학살과 파괴를 피할 수 있었다. 이런 상황 속에서 그는 감독의 활동을 정치로 크게 확장할 수 있었다.[24] 4세기 말에 접어들면서 서로마는 서서히 무너지기 시작했고 결국 476년 로마 제국은 멸망했다. 로마 제국이 멸망하자 서부 유럽은 작은 공국, 도시 국가, 연방 등으로 분열되었고, 제대로 된 군주 제도를 확립하지 못했다. 이런 혼돈의 상황에서 가톨릭교회는 생존했고, 정치적 공백을 통해 정치와 사회를 장악했다.

그레고리 1세(Gregory I, 590-604 재위)는 로마의 장관이라는 고위 관직을 버리고 일개 수사가 되었으나 그의 영성과 리더십을 인정받아 교황의 자리에 올랐다. 그는 교황직에 관련한 신학을 만들어냈다. 교황은 그리스도의 대리자이자 육신으로 나타난 예수 그리스도 자체로 교황의 말씀은 예수님의 말씀과 동격을 이룬다. 그는 세속 문제에서도 교황의 권위를 확장함으로 정치적 권한을 강화했다. 가톨릭교회는 국가가 갖추어야 할 모든 조직들을 구비했다.

중세 교회는 법과 법원, 조세와 조세 징수관, 행정 기구, 적에 대한 생사여탈권 등을 수중에 넣음으로 지상권을 소유한 일종의 정부 역할을 감당했다. 교회는 로마 제국의 정치 질서를 떠 안았을 뿐만 아니라 그리스와 로마의 문화를 이어받으므로 문화와 예술, 학문 등의 기능도 떠맡았다. 교회는 신뢰와 영향력을 가진 국제 정치의 중재자였고, 실제로 국제적 분

---

24 헨리 채드윅, 『초대 교회사』, 284-85.

쟁을 해결하는 데 있어 결정적 역할을 했다.[25] 이런 면에서 중세는 교회가 합리적이고 강력한 유일한 국가라 주장할 수 있었던 시기였다.

중세 동안 황제(왕, 영주)와 교황은 국가 권력과 교회에서 라이벌 관계를 형성했고 서로 우위를 차지하기 위해 치열한 경쟁에 들어갔고 가톨릭교회는 정치와 유착하는 전형적인 모습을 보였다. 대체로 왕권이 강화된 지역에서 왕은 영지 내에서 주교 임명권을 가졌다. 그런데 이를 교황의 권한으로 바꾼 인물은 교황 그레고리 7세(Gregory VII, 1073-1085년 재위)였다. 그는 황제나 왕, 영주 등을 평신도로 취급하면서 평신도가 교회의 주교와 수도원장을 임명하는 것은 외람된 행위라 규정했다.[26]

서부 유럽의 많은 지역에서 제국의 권위가 교황의 단일 권위로 대체되었다. 그는 가톨릭교회야말로 하나님의 왕국을 계승한 유일한 기관으로 교회 밖에는 구원이 없음을 천명했다. 예수님은 베드로에게 천국 문을 열고 닫을 수 있는 열쇠(마 16:19)를 주셨기에, 베드로는 매고 푸는 권세의 법적 유산을 부여 받았다. 그리고 그의 권한은 후계자인 로마 교구 감독에게 전수된다.

"주교로서 베드로를 계승한 자는 누구나 모든 교회에 대한 베드로의 수위권을 갖는다 … 로마의 주교가 수위권을 가진 후계자가 아니라고 주장하는 사람은 구원에서 배제될 것이다."[27]

가톨릭교회는 교황의 권위를 강화하기 위해 교황청을 중앙집권화하고, 모든 교회에 대한 교황의 수위권을 주장했고, 심지어 법정과 군대를 보유했다. 교황과 황제는 서로 교회의 주도권을 잡기 위해 치열하게 경쟁했다.

---

25 R.W. 서던, 『중세 교회사』(서울: 크리스챤 다이제스트, 1999), 15, 19.
26 R.W. 서던, 『중세 교회사』, 193.
27 한스 큉, 『가톨릭 교회』(서울: 한들출판사, 2003), 656.

특히, '누가 주교를 임명하느냐?'라는 임명권 이슈는 국가 내의 종교적, 정치적 주도권을 누가 확보하느냐가 달린 중요한 문제였다. 고위 성직자로 임명된 사람은 임명자에게 충성하기 마련이다. 왕이나 영주들은 자신의 통치 지역에서 고위 성직자 임명권을 놓고 교황과 힘을 겨루었다. 황제와 교황은 정치적, 경제적, 종교적 기득권을 차지하기 위해 어떤 경우에는 협력했고, 어떤 경우에는 경쟁했다.

왕권이 확립된 지역에서는 왕이 신적 질서의 일환으로 자신의 통치 영역 내에 있는 지역 교회를 통제했고 교구에 주교를 세울 수 있는 권한을 가졌다.[28] 특히, 동방의 비잔틴 황제는 교회를 직접 통치했고, 황제의 후원을 받은 교회는 방대한 특권을 누렸다. 반면, 교회 행정의 자유에 큰 제한을 받았는데, 황제에게 복종하지 않는 대주교는 직위를 박탈당했고, 충성을 맹세한 다른 사람으로 대체되었다. 프랑스 또한 수백 년 동안 '고올인의 자유'(Gallican Liberties)를 주장하면서 프랑스 왕은 교황이 프랑스 교회 문제에 간섭하지 못하도록 견제했다.

어떤 시기에는 교황의 권위가 황제의 권위보다 높은 적도 있었다. 교황 이노센트 3세(Innocent III, 1198-1216 재위)는 하나님이 교황권을 모든 군주보다 우위에 두셨다는 '교황권 지상주의'(Ultramontane)를 강조했다. 그는 작은 빛(국왕)은 큰 빛(교황)에 복종해야 한다며, '국가는 교회에 복종해야 한다'라는 칙서(1198년)를 내렸다. 교황은 하나님의 대리자로 왕의 권세는 교황에게서 나온다.

---

28 R.W. 서던, 『중세 교회사』, 192.

교황은 태양이며, 왕이나 영주는 태양을 비추는 달에 불과하다. 군주는 교황의 권세로부터 위엄과 광채를 받아 반사한다. 영적 권위는 세속의 권위보다 우위에 있기에 왕은 교황의 신하이다. 그는 교황이 교회에 대한 지상권뿐만 아니라 정치에서도 절대 권력을 가진다는 치리 지상권을 확립했다. 그의 때에 교황권은 정치적 권위를 휘두르며 권력의 정점을 찍었고, 그에 버금갈 만한 권세를 가진 세력은 존재하지 않았다.[29] 황제적 교황제야말로 중세적 사회 배후에 깔려 있던 선명한 원칙이었다.[30]

그런데 정치와 교회에 대한 교황의 주도권은 그리 오래가지 않았다. 무소불위의 교황권이 큰 위협을 받는 사건이 벌어졌다. 강력한 군주였던 프랑스 필립 4세(Philip IV, 1285-1314)는 영국과의 전쟁 자금을 마련하기 위해 성직자에게 세금을 부과했고 로마로 가는 금과 은의 유입을 금지했다. 그는 교황청에 프랑스 영지 내에서는 프랑스 왕이 교회의 주교를 임명할 수 있는 권한을 요구했다. 그러나 교황 보니파스 8세(Boniface VIII, 1294-1303 재위)는 교황권이 세속 권세보다 우위에 있음을 명시한 '우남 상탐'(Unam Sanctam, 1302년) 칙서를 반포하면서 필립 4세의 요구를 거절했다.

이에 격분한 필립은 보니파스를 이단으로 고발했고, 로마로 쳐들어갔다. 그 와중에 보니파스는 사망했고, 그의 뒤를 이어 프랑스인 클레멘트 5세(Clement V, 1305-1314년 재위)가 교황에 등극했다. 필립은 그를 붙잡아 프랑스 남부의 작은 소도시인 아비뇽(Avignon)에 강제로 수감해 버렸다. 이를 계기로 프랑스 왕이 교황을 수아래 두는 70년간에 걸친 아비뇽 유수(1309-

---

29　Jane Sayers, *Innocent III: Leader of Europe, 1198-1216* (New York: Longman, 1994).
30　R.W. 서던, 『중세 교회사』, 21-22.

1377년)가 시작되었다. 교황은 프랑스 왕실의 꼭두각시가 되었고, 그의 권위는 땅바닥에 떨어졌다. 로마가 위치한 이탈리아의 특성상 그곳 출신의 추기경이 교황이 되던 전통이 깨졌고, 뒤를 이어 프랑스 출신 추기경이 교황에 선출되었다.

성녀로 추앙받던 캐서린(Catherine of Siena, 1347-1380)을 중심으로 교황의 로마로의 귀환을 강력히 요청했고, 마침내 교황 그레고리 11세는 1377년 로마로 돌아왔고 다음 해 사망했다. 그의 뒤를 이어 이탈리아 출신 교황 어반 6세(Urban VI, 1378-1389 재위)가 교황으로 선출되자 프랑스 추기경들은 프랑스계인 클레멘스 7세(Clemence VII, 1378-94 재위)를 새 교황으로 선출했다. 이로써 이탈리아 출신 어반 6세와 프랑스 출신인 클레멘트 7세가 동시에 교황으로 활동하는 촌극이 벌어졌다.

영국과 독일, 헝가리, 이탈리아 북부, 폴란드 등은 어반 6세를 지지했고, 프랑스와 스코틀랜드, 이탈리아 남부는 클레멘스 7세를 옹호했다. 가톨릭 교회는 두 라이벌 교황들을 중심으로 분열되었고, 서로를 이단으로 파문하며 자신의 정통성을 옹호했다.

이런 상황을 지켜보다 못한 신성 로마 제국의 황제 시기스문드(Sigismund, 1368-1437)의 제안에 의해 피사 공의회(1409년)가 소집되었다. 교황권의 실추로 인해 공의회가 개혁의 수단으로 등장하면서 공의회운동(Conciliar Movement)이 일어났다. 추기경과 신학자들로 구성된 공의회는 분열된 교회를 개혁하고자 했고, 교회의 최고 권한은 교황이 아닌 모든 신자와 교회를 대표하는 공의회에 위임 되어야 한다고 주장했다.

콘스탄스 공의회(Council of Constance, 1414-1418)는 두 교황을 폐위시키고 새 교황을 추대했다. 그러나 두 교황은 공의회의 결정을 따르지 않았고, 자신의 정통성을 주장했다. 이런 복잡한 과정을 거쳐 한 시기에 3명의 교황이 존재하는 촌극이 벌어졌다. 이후 이탈리아 명문 가문이 지지한 마틴 5세(Martin V, 1417-1431 재위)이 교황직에 오름으로 사태는 일단락되었다. 이 과정을 통해 교회의 영적 권위는 크게 추락했고, 가톨릭교회의 통일성은 훼손되었다. 기독교 역사는 이 사건을 대분열(Great Schism, 1378-1417년)이라 부른다.

그런데 서방교회는 공의회의 권위를 중요하게 여기지 않았고, 다시 교황권이 강화되었다. 유럽의 명문 가문들은 교황권을 갖기 위해 정치적, 재정적 지원을 아끼지 않았다. 교황이 되는 과정은 마치 왕이나 대통령에 당첨되는 것과 같았다. 영성이나 리더십이 아니라 가문의 영향력과 재력, 권력 등에 의해 좌우되는 경우가 있었다. 주로 명문가의 자녀들이 교황직이나 고위 성직자직을 독차지했다.

보르지아(Borgia) 가문의 일원이었던 알렉산더 6세(Alexander VI, 1492-1503 재위)는 뇌물을 뿌려 교황 선거에서 승리했다. 교황 레오 10세(Leo X, 1513-1521 재위)와 클레멘트 7세는 이탈리아의 명문 가문인 메디치가의 아들이었다. 고인 물은 썩는다고 했다. 교황 바울 3세는 그의 사생아를 고위 관리직에, 10대 소년이었던 손자 2명을 추기경으로 임명했다. 황실의 후원을 등에 업은 귀족이 주교로 임용되어 공짜나 다름없던 수입원을 확보했고 이를 발판으로 정치적 야망을 펼쳐나갔다.[31]

중세 말 영국의 헨리 8세, 프랑스의 프랜시스 1세, 스페인의 찰스 1세 등의 강력한 군주들이 등장하면서 왕의 권한이 강화되었고 자동적으로 교황은

---

31   앨리스터 맥그래스, 『기독교, 그 위험한 사상의 역사』, 42-43. 루이스 W. 스피츠, 『종교개혁사』, 305.

그들의 눈치를 보는 신세가 되었다. 신성 로마 제국의 황제가 된 찰스 5세는 교황 클레멘트 7세(Clement VII, 1523-1534)와 심각한 정치적, 종교적 알력을 겪었다. 찰스 5세는 교황의 권한으로부터 이탈리아를 보호해야 한다고 생각했고 클레멘트 7세는 프랑스 왕 프란시스 1세(Francis I, 1515-1547 재위)와 협력해 찰스 5세에게 선전포고했다. 이에 대한 보복으로 찰스는 1527년 별동대를 로마로 보내 공격했고, 교황을 가택 연금해 버렸다.

이탈리아의 통일을 꿈꾸었던 피드몽 왕국의 대정치가 카부르(Cavour)는 교황의 권력과 정면충돌했다. 1870년 이탈리아 군사들이 교황청을 점령했고, 이를 계기로 교황청의 세속적 권력은 종지부를 찍었다. 서유럽 정치에 큰 영향을 미쳤던 로마가톨릭교회는 정치에서 손을 떼고 종교적 기관으로 돌아갔다.

가톨릭교회는 교회가 성경의 책들을 취사선택했다는 이유로 교회의 전통 및 권위가 성경보다 우위에 있다고 주장했다. 그러나 영국의 종교개혁가 존 위클리프(John Wycliffe, 1330-1384)는 교황의 권위나 교회의 전통보다 성경이 절대적 권위임을 주장했다. 교회는 유일무이한 권위인 성경으로 돌아가야 한다. 그리고 교회의 머리는 교황이 아니라 그리스도이다. 교황이란 직위는 성경 어디에서도 발견할 수 없는 비성경적 직분으로 인간이 만들어 낸 제도에 불과하다. 무오성을 주장하는 교황은 신적 존재가 아니라 많은 죄를 지은 적그리스도이다.

마틴 루터는 교회가 성경을 만들거나 결정한 것이 아니라, 예수님이 성경과 교회를 존재하게 한 근원이라 주장했다. 신적 영감을 가진 하나님의 말씀인 성경이 교황권이나 전통, 교회보다 우위의 권위를 가진다.

그는 '교황에게 면죄부를 발행할 권한이 있는가?'

질문하면서 교황은 신이 아닌 일개의 인간이자 죄인으로 죄를 용서할 권한이 없다고 단정했다.³²

성경은 신앙과 신학의 출발점인 동시에 신자의 생활 규범이다. 성경이 교회의 최고 권위라 주장하면서 개신교가 탄생했지만 이를 적용하는 것은 결국 사람이나 단체였다. 개신교 또한 특정 인물이나 단체가 주도권을 가졌고 설립자가 숭배의 대상으로 변질되기도 했다. 개신교는 특정 지도자를 중심으로 각 교단을 설립했다: 마틴 루터를 창시자로 한 루터교회, 존 칼빈을 중심으로 한 장로교회와 개혁교회, 존 웨슬리가 설립한 감리교회, 윌리엄 부스(William Booth, 1829-1912)가 세운 구세군 등등. 비록 종교개혁가들은 원하지 않았지만, 가톨릭교회의 교황이나 성인처럼 이들도 숭배받았고 각 교단은 설립자를 일종의 교주처럼 받들었다.³³

종교개혁으로 인해 탄생한 개신교는 교황권을 배제했으나 이를 계기로 주도권을 잡은 것은 시 의회나 영주들이었다. 신성 로마 제국에 속한 도시들은 상당한 자유와 독립을 누렸고, 시 의회가 정치와 종교를 통솔했다. 시 의회는 교회 및 수도원의 규칙을 제정하고, 교회의 성직자를 임명하고 이단 문제와 윤리적 문제, 신성모독, 미신 등에 대한 처벌을 담당했다.³⁴

츠빙글리는 시 의회의 판결과 권위에 복종하는 모습을 보였고, 이는 성경의 최종적 해석권이 시 의회에 있음을 시인한 것이나 다름없었다. 정

---

32 후스토 L. 곤잘레스, 『종교개혁사』, 50-51. 헤롤드 브라운, 『교회사 안에 나타난 이단과 정통』, 122.
33 E. H. Robert W. Scriber, *Popular Culture and Popular Movements in Reformation Germany* (London: Hambleton, 1987), 301-54. 앨리스터 맥그래스, 『기독교, 그 위험한 사상의 역사』, 462-63.
34 루이스 W. 스피츠, 『종교개혁사』, 46.

치 세력인 취리히 시의회가 교회의 행정과 신학적 논쟁, 성경 해석에 대한 최종 결정권을 가졌다. 이로 인해 종교적 주도권은 교황이나 주교에서 시민들이 뽑은 취리히 시 의회로 넘어갔다. 그를 따르던 예언 그룹 멤버들은 츠빙글리가 오직 성경의 원칙을 폐기하고 시 의회와 타협한 꼭두각시이자 대변인에 지나지 않는다고 비판했다.[35]

결국, 성경의 권위를 강조한 개신교는 성경의 최종 해석권을 가진 사람 혹은 단체가 주도권을 가졌다. 개신교 교단은 목회자들의 단체인 교단을 중심으로 움직였고 총회의 결정에 권위를 두었다. 청교도의 『웨스트민스터 대요리문답』은 교단이 목사 안수를 베풀고 교단의 승인이 없이는 설교할 수 없게 만들었다. 그 결과 교단 총회가 주도권을 확보하면서 교회와 목사 위에 군림했다.

교단은 수직적 위계 구조를 강조하며 교단의 결정에 따를 것을 강요하며 자신의 잇속을 챙겼다. 총회, 노회, 당회 조직으로 이루어진 장로교는 교단을 수호하는 데 집중했고, 총회가 최고의 권위를 가졌다.

교단 중심주의는 교회의 본질을 조직 기구에 두고 그 결의를 절대적 권위를 받아들임으로 교권주의로 고착될 가능성이 높았다. 이로 인해 무엇이 성경적 진리인가 하는 것보다 총회의 결정이 진리의 잣대가 되는 경우가 많았다. 그 대표적인 사례가 한국 교회의 신사참배이다. 일제 치하 아래서 장로교 교단은 총회(1938년)에서 신사참배를 국민의 의무로 받아들였다. 주기철 목사가 신사참배를 우상 숭배로 규정하고 반대하자, 교단은 그가 총회의 결정에 대항했다는 죄목으로 목사직에서 파면했다. 우상 숭

---

35 앨리스터 맥그래스, 『기독교, 그 위험한 사상의 역사』, 118-19, 130.

배를 결정한 교단은 오랫동안 이를 회개하지 않았고 주 목사의 파면을 철회하지 않았다. 이 사건은 교단이 교권에 대항한다는 이유로 성경을 따르는 목사를 정죄한 대표적 사례라 할 수 있다.[36]

오늘날 교회의 주도권을 누가 가지고 있는가?

개교회의 경우, 담임목사와 몇 명의 장로들로 구성된 당회가 주도권을 가지고 교회를 운영한다. 개신교의 탄생으로 예배에서 설교의 역할이 중요해지면서 설교자의 권위가 올라갔다. 웨스트민스터 회의(1640-1649)는 목사에게 너무 많은 권력을 부여한 것에 우려를 표명했다. 영국의 시인 밀턴은 장로교가 이전의 감독 제도가 지녔던 권위주의를 그대로 복사했다고 혹평했다.[37] 설교자는 말씀의 권위를 강조하면서 하나님과 신자 사이의 중개자로 나섰고 그에게 하나님의 말씀을 전하는 신성한 책무가 부과되었다고 주장했다. 목사와 교회 행정가와 같은 새로운 전문 직업 계층의 등장으로 인해 만인 제사장 개념은 위협을 받았다. 목사 계층은 자신들의 권위를 강화하기 위해 '설교가 곧 하나님의 말씀'이라는 개념을 만들어내면서 교회의 주도권을 확보했다.

결국, 교회에서 강한 발언권을 가지고 재정을 담당하는 사람이 교회를 주도한다. 목사는 자신을 '주의 종'이라 칭하지만, 설교나 성경 공부를 통해 자신이 말하고 싶은 바를 표현함으로 자신의 권위를 세워나간다. 그 결과 오늘날 교황 무오설이 변질되어 목사 무오설로 연결되고 말았다. 특히, 대형 교회 담임목사의 권력은 대단하다. 교단조차도 대형 교회 목사

---

36 최덕성, 『한국 교회 친일파 전통』(서울: 지식산업사, 2006), 20, 62.
37 앨리스터 맥그래스, 『기독교, 그 위험한 사상의 역사』, 449-50.

의 독주를 막지 못하고 들러리를 선다. 자신의 말이 곧 법이며, 반항하는 신자를 쫓아낸다. 심지어 자식에게 교회를 물려주어 왕조를 세우려 한다. 세습은 일종의 기득권 전수라 평가할 수 있다.

과연 교회의 머리는 누구일까?

우리는 당연히 그리스도라 고백한다. 그런데 결국 사람들 눈에 보이는 누군가가 예수님의 대리자가 되어 주도권을 가지고 교회를 움직여 나간다. 그 누군가는 감독에서 시작되어 황제, 교황, 공의회, 시 의회, 영주, 종교개혁가들, 교단, 그리고 목사 등으로 이어져 오고 있다. 그래서 교회는 주님 자리에 앉아 주도권을 가진 사람을 추종하거나 숭배하게 될 위험성에 처할 가능성이 매우 높다.

3. 중개자

옛날에는 남녀칠세부동석 이란 유교적 사고로 인해 남녀가 만나는 것이 어려웠다. 그래서 중매 결혼이 많았다. 중매쟁이는 남자와 여자를 맺어주는 역할을 했다. 그러나 중매보다는 연애 결혼을 선호하는 경우에는 중매쟁이가 필요 없게 된다. 두 사람의 사랑은 누군가 중간에서 중재하는 것보다 서로 직접 만나 알아가는 것이 좋을 것이다.

그렇다면 하나님과 신자의 관계는 어떠한가?

구약에서 제사 제도의 도입 이후 개인은 직접 하나님께 나아가지 못했다. 하나님과 이스라엘 백성 사이에는 중개인이 있었는데, 제사장이나 선지자가 대표적이었다. 죄를 지은 사람은 직접 하나님께 회개하지 못했고 염소나 비둘기 등을 제사장에게 가져왔고 제사장은 그를 대신해 속죄 제물을 바쳤다. 하나님은 이스라엘에게 직접 말씀하지 않으셨고 선지자를 통해 그의 뜻을 전하셨다.

그러나 신약에 들어와 예수께서 십자가 대속으로 모든 죄를 사하시므로 하나님과 죄인 사이를 가로막던 죄의 담이 무너졌다. 그 결과 중개자들은 사라졌고, 신자와 하나님 사이에 일대일의 관계가 성립되었다. 흔히 '나는 하나님을 안다'라고 했을 때, 여기서 '안다'(yadah)의 의미는 '경험하다', '성관계를 맺는다'를 뜻한다. 그만큼 하나님과 신자와의 관계는 직접적이고 체험적이라는 의미이다. 그런데도 기독교 역사를 살펴보면, 신자와 하나님 사이의 직접적 관계를 가로막은 중개인들이 존재했음을 알 수 있다.

초대 교회는 카타콤의 순교자 묘지에 존경을 표했는데 이 행습이 점점 미신적으로 변하면서 유럽 전역에 성인 숭배와 함께 성물 숭배가 퍼져나갔다. 순교자나 교부들의 뼈나 유품에서 능력이 나타난다는 미신이 퍼지자 교회는 성인의 해골과 뼈, 손톱, 머리카락, 옷, 책 등의 유물을 수집해 교회에 안치했다. 이를 많이 소유한 교회에는 기적이 일어난다는 소문이 돌았다.

3세기부터 성인의 덕이 다른 사람의 구원에 영향을 미친다는 미신이 퍼져나가면서 그들을 수호성인으로 삼는 관행이 발전했다. 가톨릭교회는 성인이 중보자로서 능력을 가지고 있기에, 그에게 기도하면 하나님께 전달된다고 가르쳤다. 교회는 예수님의 제자였던 베드로와 바울, 스데반, 세례 요한, 사막 수도승 안토니 등의 성상을 만들어 예배당에 설치했고 그 앞에 기도하기 시작했다. 성인의 유물에 능력이 나타난다는 미신 아래 베들레헴 구유의 볏짚, 예수님이 달린 십자가의 나뭇조각, 앤(마리아의 어머니)의 엄지손가락, 예수님의 가시 면류관, 세례 요한의 머리카락 등이 비싼 가격에 거래되었고 교회와 상인들은 성유물 판매를 통해 막대한 이익을 얻었다.[38] 여기에 민간의 정령 신앙이 첨가되면서 성인 및 성물 숭배는 점점 미신적으로 흘러갔다.

중세 가톨릭교회는 성인에게 직접 죄를 고백하거나 기도함으로 하나님의 긍휼과 용서를 받을 수 있음을 공표했다. 교황 요한 15세(985-996년 재위)는 성인의 공로에 힘입어 죄 사함을 받고 천국에 들어갈 수 있음을 천명했다. 열두 제자 외에도 전직 군인이었던 조지(St. George)와 마틴(St. Martin)은 군인들에게 인기가 좋았던 성인이었고, 도로테아(St. Dorothea)는 정원사에게, 가죽을 들고 있는 바톨로매(St. Bartholomew)는 백정들이 숭배했다. 성인을 흠모했던 신자들은 그들의 이름을 따라 자녀의 이름을 지었다.[39]

정말 가톨릭 신자는 예수님이 아닌 성인에게 직접 기도할까?

한번은 캐나다의 몬트리올에 위치한 유명한 성당을 방문했다. 성당 안에 들어서자 강대상 근처에 큰 성상이 서 있었고, 양쪽 벽면으로는 예수님의 열두 제자를 비롯한 수많은 성인의 성상이 서 있었다. 그리고 각 성상 앞에는 일종의 제단이 놓여있었고 촛불이 있었다. 방문자들은 자신이 좋아하는 성인 앞에 가 촛불을 켰고, 그에게 기도했다. 나는 이 장면을 보고 큰 충격을 받았다. 예수님께 직접 기도해야 하는데, 예수님이 아닌 사람(중개인)에게 기도하다니. 오늘날에도 이러할 진데, 중세 시대에는 이런 일들이 다반사였음을 추측할 수 있었다.

---

38 루이스 W. 스피츠, 『종교개혁사』, 28.

39 루이스 W. 스피츠, 『종교개혁사』, 27.

마침내 가톨릭교회는 성인(saint)의 '잉여 공덕'이란 교리를 만들어냈다. 거룩한 성인은 그의 공로와 선행으로 인해 연옥을 통과해 곧장 천국에 들어갈 뿐만 아니라, 다른 사람들에게도 나눠줄 수 있는 잉여 공덕을 축적했다. 예를 들어 천국에 들어가기 위해 1의 공로가 필요한데, 특정 성인은 10의 공로를 쌓았다. 그는 죽어 천국에 들어가나 여전히 9의 공로가 남았고 교회는 각종 성례전을 통해 그 공로를 다른 신자에게 이양할 권리를 가진다. 성인의 잉여 공로를 받은 사람은 연옥에서의 고통이 경감되거나 소멸하여 천국에 빨리 올라가게 한다.

가톨릭교회에는 또 다른 중개인이 존재한다. 바로 성모 마리아로 구원에서 중요한 역할을 한다. 마리아를 성모로 추앙하게 된 성경적 배경은 요한복음에 나오는 가나의 혼인 잔치에 근거한다(요 2장). 예수님과 마리아는 혼인 잔치에 참석했고, 결혼식 피로연 중간에 포도주가 떨어졌다. 그러자 그 집 하인들은 이 사실을 마리아에게 보고했고, 마리아는 이를 예수에게 전달했다. 그러자 예수는 물로 포도주를 만드는 기적을 베풀었다. 무뚝뚝하고 권위적인 예수보다는 그의 어머니인 마리아에게 직접 부탁하는 것이 더 낫다.

2세기경, 성모 마리아는 순결하신 분으로 추앙받았고 400년경에 접어들면서 신앙의 윗자리를 차지했다. 콘스탄티노플의 대주교였던 네스토리우스(Nestorius, 386-451)는 마리아를 '하나님의 어머니'(Theotokos: mother of God) 대신 '그리스도의 어머니'(Christokos: mother of Christ)로 불러야 한다고 주장했다. 그는 마리아의 신성화에 반대했고, 마리아를 경배의 대상으로 삼는 것은 우상 숭배라 주장했다. 마리아는 죄인에 불과하기에 마리아를

하나님의 어머니로 부르는 것은 오류이다.[40]

이 문제를 논의하기 위해 에베소 공의회(Councils of Ephesus, 431년)가 열렸고, 마리아의 호칭으로 '하나님의 어머니'가 맞는다는 결론을 내렸고 네스토리우스는 이단으로 정죄되었다. 테오토코스라는 용어는 마리아를 인간 예수의 어머니가 아닌 신성을 가진 존재로 해석했고 그 결과 그녀의 명예를 높이는 결과를 낳았고 이는 마리아 숭배로 이어졌다.

교황 식스투스 3세(Sixtus III, 432-440 재위)는 로마에 성모마리아교회를 세우면서 성모와 아기에게 면류관을 바치는 순교자들을 묘사한 모자이크를 넣었다. 이 모자이크는 마리아에게 독립된 지위를 부여했고, 마리아 숭배의 분수령이 되었다. 신자들은 마리아를 구속 받은 인류의 대표자로 여겼고 6세기부터는 마리아가 죽지 않고 승천했다는 민간 신앙이 확산되었다.[41]

시스터(Cistercian) 수도승이었던 버나드(Bernard of Clairvaux, 1090-1153)는 마리아를 '천상의 여왕'이자 성모로 숭배했다. 성모 마리아는 불쌍한 사람, 가난한 사람, 억압받고 소외된 여성을 도와주는 존재로 인기가 매우 높았다. 마리아에 대한 숭배는 급격히 증가했고, 그녀의 이름을 딴 성당들이 설립되었다. 마리아 숭배가 최고조에 달하면서 그녀의 어머니인 앤(St. Anne) 숭배도 일어났다. 가톨릭교회는 성모 마리아를 숭배하면서 예수님의 이름이 아닌 그녀의 이름으로 기도하기 시작했다.

마리아 숭배가 신학적으로 발전하면서 마리아가 어머니 앤의 뱃속에 잉태될 당시 원죄에 물들지 않았다는 무염 시태가 주장되었고, 이는 공식 교

---

40 헨리 채드윅, 『초대 교회사』, 226-28.
41 헨리 채드윅, 『초대 교회사』, 327-29.

리로 확정되었다. 원죄 없이 출생한 마리아는 이 세상에 살면서도 전혀 죄를 짓지 않았다. 제1차 바티칸 공회(1854년)는 교서 '이네파빌리스'(Ineffabilis, '말할 수 없는 자'라는 뜻)를 내리면서 마리아는 은혜의 중보자로, 잉태될 당시 원죄에 물들지 않았다는 '성모의 원죄 없는 잉태'를 교리로 공식화했다. 교황 레오 13세(Leo XIII, 1878-1903 재위)는 칙령 '마그네 데이 마트리스'(Magnae Dei Matris, '하나님의 위대한 어머니'라는 뜻)에서 "우리의 구원은 마리아를 통해 이루어지며, 어느 누구도 성자를 통하지 않고는 성부께 나아갈 수 없는 것처럼, 같은 방법으로 어느 누구도 그리스도의 모친을 통하지 않고는 그리스도께 나아갈 수 없다"라고 선언했다.[42]

1950년 교황 피우스 12세(Pius XII)는 마리아는 죽음을 맛보지 않고 직접 하늘로 승천했다는 '마리아 승천 교리'를 주장했다.

"원죄에 물들지 않고 평생 동정이었던 하나님의 모친 마리아가 지상 생애를 마친 다음 영혼과 육신이 함께 천상의 영광으로 들림을 받았다."[43]

가톨릭교회는 매년 8월 15일을 성모 승천일로 기념한다. 가톨릭 성당을 방문해 보면, 거대한 마리아상이 세워져 있고, 그 품에 안긴 아기 예수의 모습을 볼 수 있다.

누구에게 기도해야 할까?

아기 예수는 말을 알아들을 수 없으니 마리아에게 기도해야겠다는 생각이 절로 들 수밖에 없다. 어떤 의미로 보아 마리아는 신자와 예수님 중간에 위치해 신자의 기도를 예수님께 전달하는 중개인이라 할 수 있다.

---

[42] Norman L. Geisler & Ralph E. Mackenzie, 『로마 가톨릭주의와 복음주의』(서울: 그리심, 2003), 455-57.

[43] 후스토 L. 곤잘레스, 『현대교회사』, 270.

신자는 각자 지은 죄를 하나님께 직접 고백하고, 예수 그리스도의 보혈로 죄 사함을 받는다. 그런데 교황 또한 하나님과 신자 사이의 대표적인 중개자였다. 제1대 교황인 베드로는 교회를 세우는 권리와 천국 문을 열고 닫을 수 있는 열쇠를 부여 받았다.

베드로의 권한을 물려받은 교황은 땅에서 매고 푸는 특권을 가진다. 여기서 '맨다'는 의미는 금지를 뜻하고 '푼다'라는 의미는 사람의 죄를 사한다는 뜻이었다. 교황이나 주교, 사제는 하나님과 신자 사이를 중재하고, 하나님을 대신해 사죄권을 가졌다. 교황은 보이지 않는 예수님을 대리하는 자였고, 가톨릭교회는 중개인을 따르는 무리가 되었다.

고해 성사는 아일랜드와 스코틀랜드 수도사들이 죄와 비밀을 서로에게 고백하던 참회 제도에서 유래되었다. 가톨릭교회는 이 제도를 발전시켜 구원받기 위해서는 각자의 죄를 사제에게 고백해야 함을 의무화했고 사제는 예수님을 대신해 '성부와 성자와 성령의 이름으로' 사죄를 선포했다. 1344년에 이르러 죽음을 앞둔 신자는 사제에게 죄를 고백함으로 일생에 걸친 모든 죄를 사면 받을 수 있었다.[44] 고해 성사는 칠성례에 포함되었고 고해 성사를 한 후에야 성만찬에 참여할 수 있었다.

우리는 죄를 지으면 어떻게 하나?

하나님 앞에 무릎 꿇고 죄를 고백하면 하나님은 용서하신다. 고해 성사 제도는 하나님과 신자 사이에 사제가 끼어들어 하나님을 대신해 죄를 들어주고 하나님을 대신해 죄 사함과 구원을 선포하는 중개의 개념을 확실히 보여 주었다.

---

44 후스토 L. 곤잘레스, 『종교개혁사』, 29. R.W. 서던, 『중세 교회사』, 146-47.

마틴 루터는 신자가 구원받기 위해 교황이나 주교, 마리아, 성인 등의 중재가 필요한 것이 아니라, 누구나 그리스도의 보혈에 의지해 하나님 앞에 직접 나아갈 수 있음을 천명했다. 대속은 그리스도의 십자가로 인한 대속적 죽음에 근거하기에 신자는 중개인이 필요 없다. 그리스도인은 누군가에 종속되지 않고 누군가를 중재자로 삼을 필요 없이 그리스도와 직접 대면할 수 있다. 믿음은 그리스도의 십자가로 인한 대속적 죽음에 근거하기에 신자는 중개인이 필요 없다.

신자는 하나님과 직접적이고 인격적인 교제를 가질 수 있다. 그런데 이단의 특징은 예수님께 가는 중간에 교주가 앉아 있다. 오늘날 교회 또한 신자가 직접 하나님께 나아가는 길을 방해하는 중재자들이 존재한다. 대형 교회의 부목사들을 대상으로 설문조사를 했더니, '우리 교회의 머리는 담임목사다'라는 충격적인 결과가 나왔다.

이처럼 예수님의 자리에 목사가 대신 앉아 있는 경우를 볼 수 있다. 다들 입으로는 하나님을 따른다고 말을 하지만, 실상을 보면 담임목사를 추종하고 있는 경우도 많다. 어느새 우리는 하나님께 직접 기도하고, 하나님을 직접 만나는 법을 잊어버린 듯하다. 하나님과 일대일의 인격적 교제를 하기보다 예배에 참석해 설교를 들음으로 하나님을 간접적으로 만나는 것에 만족하고 있다. 하나님과 신자 사이의 직접적 관계를 방해하는 모든 것들은 일종의 중개자 혹은 중개체라 할 수 있다.

4. 성직자 중심에서 평신도 중심으로

　조선 시대에는 왕을 중심으로 양반들이 지배 계급으로 활동했다. 그러나 조선 왕조가 끝나면서 국민이 주권을 가진 민주주의 제도가 도입되었다. 교회도 사람들이 모이는 조직으로 누군가가 리더로 나서 주도적으로 교회를 이끌어간다.

　그렇다면 교회는 계급 구조를 따르고 있을까?
　아니면 민주주의적 제도를 따르고 있을까?
　교회를 이끌어가는 주인은 누구일까?

　기독교 역사를 살펴보면, 성직자 중심에서 평신도 중심으로 바뀌어 가고 있음을 알 수 있다.
　예수님의 승천 이후 열두 사도가 초대 교회를 이끌었다. 로마 제국의 조직적인 기독교 박해와 이단 종파의 등장은 교회 제도 정비의 필요성을 부각시켰고 교회의 영지주의와 같은 이단에 대항하고 교회 통일성을 구축하기 위해 대도시의 교회를 담당하던 감독의 권한이 부각되었다.
　이런 상황에서 각 도시의 감독들은 스스로 자신들의 권위를 강화해 나갔다. 안디옥의 감독 이그나티우스는 감독이야말로 사도로부터 정당한 계승권을 물려받은 지상에 있는 하나님의 대리자로 규정했다. 그는 '감독 없이는 교회가 존재할 수 없다'라는 과감한 주장을 폈다. 감독만이 하늘의 은총을 전달해 주는 성례를 집전할 수 있다. 신자들은 감독을 주님 대하듯 따라야 한다.

사도적 계승의 개념을 발전시킨 클레멘트는 감독의 가르침은 사도의 가르침과 동일하다고 주장했다. 리용의 감독 이레니우스(Irenaeus of Lyon, 130-202)는 사도들이 세운 교회에 정통성이 있고 교회의 본질은 사도적 전통을 이어받은 감독직과 관련되어 있음을 강조했다.[45] 초대 교회는 감독, 장로 목사, 집사 목사 등의 수직적 계급을 형성했고 교회 행정은 철저히 성직자 중심으로 변했다. 성례전 중심의 예배로 전환되면서 사제의 역할은 중요해졌으나 평신도가 참여할 수 있는 사역은 점점 줄어들었다.

카르타고의 감독 키프리안(Cyprian of Carthage, 195-258)은 <가톨릭교회의 통일성>(Unity of the Catholic Church, 251) 이란 글에서 감독직을 중심으로 한 교회 제도를 강조했다. "감독은 교회 안에 있고 교회는 감독 안에 있다"라는 표현은 감독이 관할하지 않는 교회의 신자에게는 구원이 없다는 의미였다. 교회의 어머니로 모시지 않는 자는 하나님을 아버지로 모실 수 없다. 교회는 반드시 감독에 의해 다스려져야 하며, 감독을 버리는 것은 곧 교회를 버리는 것이다. 그때부터 주교(감독)를 부를 때, 상류 사회의 용어를 채용해 'your holiness'라는 칭호를 사용했다.[46]

감독은 장로들 가운데 수석 장로로, 장로를 안수하고 권징을 시행할 수 있는 권한을 가졌고, 죄를 지은 형제를 파문했다. 교회 사이의 연락은 감독에 의해 수행되었다. 이처럼 초대 교회 말기에 감독이 지배하는 성직 제도가 정착되면서 교회 안에는 조직과 계급이 자리를 잡았다.[47]

---

45 도날드 K. 맥킴, 『교회의 역사를 바꾼 9가지 신학 논쟁』, 119-20. 헨리 채드윅, 『초대 교회사』, 46-47, 52.
46 헨리 채드윅, 『초대 교회사』, 139. 192. 알리스터 맥그라스, 『그들은 어떻게 이단이 되었는가』, 231.
47 E. H. 브로우드벤트, 『순례하는 교회』, 32. 헨리 채드윅, 『초대 교회사』, 56-57.

초대 교회 목회자는 일반인과 구별되지 않는 평범한 옷을 입었다. 그러나 감독 제도가 확립되면서 감독은 평신도와 구별하기 위해 감독은 권위와 능력을 상징하는 철학 교사의 복장을 입기 시작했다.[48]

4세기 이후 사제는 신자들이 제단을 볼 수 없도록 칸막이를 했고 이 칸막이는 사제가 평신도와 동떨어져 높은 위치에 있는 존재임을 상징했다. 가톨릭교회는 성직 계급을 강조했고, 성직자와 평신도를 철저히 구별했다. 교회 정치 및 예배, 행정, 재정 등은 성직자의 소관으로, 평신도는 교회사역에서 철저히 배제되었다.

결국, 감독제가 발전하여 로마 감독, 즉 교황제를 태동 시켰고, 교회에는 교황과 추기경, 대주교, 주교, 사제, 수도사, 수녀 등의 위계적인 직제가 자리잡았다. 교황을 중심으로 한 사제 계급은 평신도의 출생에서 사망까지의 신앙생활을 완전히 지배했다. 고위 성직자는 일반 사제를 세울 수 있는 권위를 가졌고 서품을 받으면 특별한 인격과 영권이 부여된다고 여겨졌다.

성직자들은 성경을 독점했다. 가톨릭교회는 성경을 읽고 해석하는 것은 성직자만의 고유 권한이라 주장했다. 어린 자녀에게 칼을 장난감으로 줄 수 없는 것처럼 평신도에게 성경을 읽고 해석하는 것을 허락하는 행위는 진주를 돼지에게 던지는 것과 같다. 성경은 어렵고 신비하기 때문에 하나님은 무오성의 은사를 가진 교황에게 성경을 해석할 수 있는 독점권을 주셨다. 그 결과 평신도에게 성경은 금서가 되었고 평신도는 성경을 소유할 수도 읽을 수도 없었다. 성직자는 통치 수단을 제공하는 학문을 독점했고 대부분의 평신도들은 글을 모르는 문맹으로 남았다. 성직자는 지역 사회

---

48 헨리 채드윅, 『초대 교회사』, 85.

에서 가장 높은 수준의 교육을 받은 자로 평신도보다 월등한 지적 우월성을 보유했다.[49]

성직을 독점한 교황과 고위 성직자들은 종교적, 영적 분야뿐만 아니라 정치적, 경제적, 사회적, 문화적 특권을 누렸다. 유럽 토지의 3분의 1은 하나님의 이름 아래 교회에 속해 있었고 주교는 교구가 소유한 막대한 토지를 농민에게 대여해 주고 세금을 거둬들였다.

그리고도 교회는 종교세란 명목 하에 십일조를 거둬들였다. 이 세금으로 사제의 사례를 지급했고, 교회 건물을 세우거나 보수 및 유지를 했다. 그리고 엄청난 돈이 남았다. 교황과 대주교는 군대 및 법정까지 소유한 막대한 권력가로 세속 정부와 교회 양쪽으로부터 엄청난 보수를 받았다. 성직자들은 교회 권력을 유지하기 위해 안간힘을 썼고, 더 높은 성직에 오르겠다는 야망을 품고 돈 모으기에 바빴다.

성직자는 모든 형태의 세금을 면제받는 세제 혜택을 누렸고, 그 외에도 각종 특권을 누렸다.[50] 일부 귀족들은 세금을 면제받기 위해 사제가 될 정도였다. 이처럼 성직자의 지위가 올라갈수록 성직자 집단의 등장으로 인해 평신도의 지위와 역할은 강등되었고 왜소해졌다. 평신도에게는 교회 사역이나 신학, 행정, 재정 관리 등에 참여할 수 있는 기회가 주어지지 않았고 이로 인해 성직자와 평신도 사이의 계급화는 고착되었다.

콘스탄틴 이후, 성직자는 왕국의 신하들처럼 직위를 나타내기 위해 화려한 복장을 입기 시작했다. 교황은 특별한 모자와 지팡이, 장식된 의복을

---

49 R.W. 서던, 『중세 교회사』, 35-36.
50 앨리스터 맥그래스, 『기독교, 그 위험한 사상의 역사』, 44-47.

입었고 가톨릭 사제는 영대(stole)와 제의(chasuble)로 화려하게 차려 입었다. 수도사의 경우, 흰 성직복을 입었다. 교회는 성직자에 의한, 성직자를 위한, 성직자의 세계가 되었다.

이런 성직자 중심의 중세 교회에 경종을 울린 사람이 나타났다. 피터 왈도(Peter Waldo, 1140-1218)는 성경에 교황의 직분이 나오지 않는다는 이유로 교황의 지상권에 반대했고 교황이 천국 문을 열거나 닫을 수 있는 권리가 없다고 주장했다. 교회에서는 하나님의 계시인 성경이 최고의 권위를 가진다. 그는 평신도도 성경을 읽고 해석할 수 있는 권리가 있다는 믿음 아래 라틴어로 된 성경을 프랑스어로 번역해 이를 보급했다. 왈도파 신자들은 밤을 새워 가면서 성경을 읽었고, 평신도를 훈련시켜 가난한 사람들에게 복음을 전했다.

평신도가 거리에서 설교하고 전도하자 많은 사람이 그들을 따랐다. 그러나 교회 당국은 평신도가 성직자의 권한에 도전하는 것을 묵과할 수 없었다. 1184년 교황 알렉산더 3세(Alexander III, 1241-1286)는 교구의 허락도 없이 무자격의 왈도파 평신도가 설교를 했다는 이유와 성직자의 권위에 도전하며 교회의 질서를 어지럽힌다는 이유로 왈도파를 이단으로 정죄한 후 리용에서 내쫓았다.[51]

얀 후스(Jan Huss, 1371-1415)는 교회의 초석은 베드로가 아닌 그리스도이며, 교회의 머리는 교황이 아니라 그리스도이심을 천명했다. 교황의 권위는 비성경적인 것이며, 성경이 교황보다 최고의 권위를 가진다. 교회의 가르침은 성경과 일치해야 하는데, 성직자의 삶과 가르침이 성경과 어긋난

---

51 알리스터 맥그라스, 『그들은 어떻게 이단이 되었는가』, 18.

다면 그를 따를 필요가 없다. 성경대로 살려고 노력하는 평신도가 오히려 가톨릭교회나 종교회의보다 더 큰 권위를 가진다.

중세 말 성직자 중심의 체계에 균열이 생기는 사건이 발생했다. 무역과 상업의 발전으로 인해 상인과 중산층이 급부상하면서 영주를 중심으로 한 봉건 제도는 서서히 몰락해가고 있었다. 르네상스를 계기로 평신도의 문맹률이 급격히 낮아졌고, 그들은 신약성경과 경건 서적, 설교집, 성무 일과, 신약성경 등을 읽었다. 교육받은 평신도들은 성경을 읽고 스스로 생각하기 시작했고, 성직자 중심의 교회 제도에 의문을 제기했다.

인문주의자 데시데리우스 에라스무스(Desiderius Erasmus, 1466-1536)는 수도사와 평신도, 사제와 평신도를 구별하는 것은 비성경적이라 해석했다. 그는 교육받은 평신도들을 교회의 가장 중요한 자원으로 여겼고, 교회의 미래는 성경을 아는 평신도에게 달려있다고 믿었다. 그는 평신도들이 성경에 다가갈 수 있도록 성경을 번역했고, 성경 공부 프로그램을 제시했다.

마틴 루터는 교황이나 주교, 사제, 수도사 등으로 이루어진 성직자 제도가 신앙을 타락시키고 왜곡한다고 생각했다. 그는 다른 사람보다 위에 있는 영적 엘리트는 존재하지 않는다고 믿었고 특정 인물을 성경보다 우위에 두는 것을 단호히 반대했다. 교회는 교황이나 사제를 따르는 무리가 아니라 예수님을 믿는 자들의 모임이다. 성직자가 권력과 권위를 내세우는 것은 잘못된 것이며 수직적 계급 제도는 하나님의 말씀에서 벗어난다. 그는 믿고 세례를 받으므로 모든 신자가 제사장이 된다는 만인제사장설을 주장했다.

그의 만인제사장설은 성직자 중심의 교회 제도에 반기를 든 혁명적 사상이 있었다. 성직자와 평신도의 영적 지위에 근본적으로 차이가 없고, 성직자도 평신도일 뿐이다. 평신도는 사제를 통하지 않고도 하나님께 직접 나아가 죄를 회개하고 사함을 받을 수 있다. 평신도는 대표자나 교사, 지도자를 선임하거나, 취소할 수 있는 권한을 가지며 부르심을 받은 자는 누구든지 설교할 수 있다.

독일 농민들은 귀족과 평민이 평등하다는 루터의 가르침이 자신들의 자유와 경제적 요구를 지지한다고 믿었고 반란(1524-26년)을 일으켰다. 루터는 농민의 처지와 불만을 동정했고, 영주들에게 농민의 목소리에 귀를 기울여야 한다고 충고했다. 농민들은 농노 제도와 조세, 십일조, 농민을 압제하는 봉건제의 악습, 농민의 사냥 금지, 식량 부족 해소 등을 요구하는 12개 조항을 발표하면서 '그리스도인의 자유'(Christian Liberty)를 외쳤다.

루터는 진정한 개혁은 교회의 뿌리인 평신도로부터 시작될 수밖에 없다고 믿었다. 성직자만 성경을 해석할 수 있는 권리가 있는 것이 아니라 제사장인 평신도도 동일한 권리를 가진다. 모든 그리스도인은 성직 수임을 거행할 수 있는 권한을 가진다. 봉사하는 직업에 종사하는 모든 신자는 사제적 직업을 가지는데, 우유를 짜는 여인도 수녀만큼 신성한 성직을 가지고 있다.[52] 그의 사상은 성직자 중심의 중세적 사고와 과감하게 단절했고 평신도에게 정치와 기업, 금융, 예술 영역 등에 적극적으로 참여할 종교적 동기를 부여했다.

츠빙글리 또한 사제만이 성경을 읽고 해석할 수 있는 것이 아니라, 성경이 모든 신자에게 개방되어야 한다고 믿었다. 그는 평신도를 위한 성경 연구 모임인 '예언'을 만들었고, 라틴어와 히브리어, 헬라어, 독일어 성경을 놓고 서로 비교하며 연구했다.

---

52 제임스 F. 화이트, 『기독교 예배학 입문』 (서울: 예배와 설교 아카데미, 2000), 342-43. 앨리스터 맥그래스, 『기독교, 그 위험한 사상의 역사』, 12, 91, 370.

그러나 루터의 만인제사장설의 외침에도 불구하고 개신교 정통 교단은 교회 내에서 평신도의 발언권을 인정하지 않았다. 가톨릭교회의 전통을 이어받은 영국국교회는 독특한 성직자 복장을 유지했다. 오히려 성직자 중심의 교권을 비판한 것은 세속 문화였다. 18세기의 계몽주의는 그동안 종교를 독점했던 성직자들이 자신들의 종교적, 사회적 신분을 확고히 하고 무지한 백성을 착취해 왔다. 기독교는 권력과 명예와 돈벌이에 치중한 성직자가 만들어 낸 종교에 불과하다. 소수 교단이나 운동을 중심으로 평신도 운동이 확산되었다.

경건주의의 필립 야곱 스페너(Philip Jacob Spener, 1635-1705)는 당시 교회 사역이 정치적 세력에 의해 좌우되는 것을 비판하면서 만인제사장직이 실시되어야할 필요성이 있음을 강조했다. 그는 평신도의 역할을 목사나 정치 지도자에 상응하는 수준으로 높일 것을 제안했다. 모든 그리스도인은 예수 그리스도라는 대제사장의 휘아래 있는 제사장들이다. 사제라는 호칭은 목사에게만 해당되는 것이 아니라 모든 그리스도인에 대한 일반적 호칭이다.[53]

니콜라스 루드윅 진젠돌프(Nicolaus Ludwig von Zinzendorf, 1700-1760)는 루터의 만인제사장을 한걸음 더 앞서 구현했다. 이 용어는 직분과 종교적 체험이 모든 사람에게 열려 있다는 의미로, 그는 성직자와 평신도 사이를 구분하지 않았다. 모든 모라비안 신자는 소명을 받은 '예수의 전사'이자 선교사로 그들에게 다양한 리더십과 사역의 장이 제공되었다. 그의 영지인 헤른후트에서 형성된 속회는 평신도에게 사역의 장을 제공했고, 분별의

---

53 F. Ernest Stoeffler, *The Rise of Evangelical Pietism* (Leiden: E. J. Brill, 1965), 236.

은사나 제비뽑기 등을 통해 다양한 직분을 맡겼다.[54]

존 웨슬리(John Wesley, 1703-1791)는 속회나 교구 등의 소규모 모임을 만들어 평신도 지도자들이 사역할 기회를 제공했다. 평신도인 토마스 맥스필드(Thomas Maxfield)가 런던의 한 감리회 모임에서 설교했다는 말을 들은 웨슬리는 이를 중지시키고자 마음먹었으나 그의 설교를 직접 듣고 큰 감동을 받은 후 그를 평신도 설교가로 임명했다.

1771년 웨슬리는 평신도 설교가였던 프란시스 애즈베리(Francis Asbury, 1745-1816)를 감리사로 임명해 미국 식민지에 선교사로 파송했다. 이처럼 그는 성령의 충만함을 받은 사람은 누구나 지도자가 될 수 있다고 독려했다. 애즈베리는 미국에서 목사 안수를 받지 않은 평신도 설교가들을 수용했고 그들은 감리교 운동의 폭발적 성장에 기여했다.[55]

열린형제단(Open Brethren)은 안수받은 목회자를 인정하지 않았다. 퀘이커교도 성령의 내적 조명을 받으면 여성일지라도 말씀을 전할 수 있다고 선포했다. 그들은 특별히 설교하는 사제나 성직자를 따로 두지 않았고 모두가 평등하며 존중받았다. 영국국교회나 가톨릭교회, 청교도 등은 퀘이커 신자들이 교권을 무시하고 상급자에게 절하지 않는다는 이유로 조지 폭스(George Fox, 1624-1691)를 이단으로 낙인찍어 감옥에 가두었다.

이처럼 개신교 신학은 근본적으로 교황이라는 절대 권위자나 영적 엘리트라는 개념을 거부하며 신앙의 민주성을 띠었다. 미국 제1차 대각성운동의 주역은 목사가 아니라 평신도 순회 전도자였다. 침례교는 조지 휫필드

---

54 하워드 A. 스나이더, 『교회사에 나타난 성령의 역사』(부천: 정연, 2010), 194.
55 후스토 L. 곤잘레스, 『현대교회사』, 146-47. 하워드 A. 스나이더, 『교회사에 나타난 성령의 역사』, 282-3.

(George Whitefield, 1714-1770)의 부흥 방법론과 순회 전도를 적극적으로 받아들였는데, 부흥의 대들보는 농부 평신도 설교가였다. 그들은 주중에 자신의 농장에서 일하고, 주일에는 강단에서 말씀을 전했다. 침례교는 성직자나 설교가가 되는 조건으로 높은 학벌이나 신학교 정규 교육을 요구하지 않았고, 평신도라 할지라도 신자가 중생의 경험과 소명을 받았는지를 확인한 후 설교가로 세웠다. 정규 신학 교육을 받지 않았지만 농부 설교자는 열정적으로 목회 사역을 감당했고 복음을 전했다. 침례교는 평신도 중심의 회중 제도를 받아들였고,[56] 회중은 설교자와 목사를 선임할 수 있고, 선임을 취소할 수 있는 권한을 가졌다.

침례교와 감리교는 대각성운동을 통해 영적 각성을 경험한 신자들에게 능동적 역할을 감당할 기회를 제공했다. 교단의 허락 없이도 개교회가 평신도를 목사로 안수할 수 있었던 침례교는 미국의 중서부 선교에 나서면서 현지 사역자에게 크게 의존했다. 개교회는 성령의 감동을 받고 소명 의식이 있는 평신도를 선별해 설교자로 안수해 개척지로 보냈다. 서부 개척이 활발하게 진행되는 상황에서 목회자의 수가 크게 부족했으나 침례교는 목회자의 수급에 지장을 받지 않고 적재적소에 사역자를 보낼 수 있었고,[57] 결국 미국 최대 교단으로 등극했다.

평신도가 교권의 억압에 반항할 수 있는 신앙 행위들 중 하나는 성경 읽기와 기도였다. 19세기 초 평신도들이 함께 모여 성경을 읽고 기도하는 현상이 확산되면서, 평신도들은 "신조가 아니라 성경으로"라는 로고를 만

---

56 후스토 L. 곤잘레스, 『현대교회사』, 172.
57 존 딜렌버거, 클라우드 웰취, 『프로테스탄트 교회의 역사와 신학』, 206-7.

들어 계급적 성직 제도에 대항했다. 정규 신학 교육을 전혀 받지 못했던 드와이트 L. 무디(Dwight L. Moody, 1837-1899)는 평신도 부흥사로 YMCA를 중심으로 활동했다. 평신도들은 교단과는 별개로 기독교 자원 단체들을 세웠다. 해외 선교를 위한 미국위원회(American Board of Commissioners for Foreign Missions, 1810년)와 미국성서협회(American Bible Society)가 그것이다.

미국 교회는 평신도의 자원봉사 활동이 강했다. 19세기 미국선교운동은 평신도들의 폭넓은 지원 아래 일반 신자도 선교사로 나가 복음 전파에 참여할 수 있는 통로를 열어주었다. 기독교 역사상 처음으로 평신도에게 허락된 선교 활동은 그들의 관심을 사로잡았다. 가정에서의 성경 공부가 쇠퇴하던 시기에 주일학교는 교회에서 중요한 역할을 담당했다. 평신도들은 주일학교에 헌신했고 교회의 부흥과 어린이 선교에서 대단한 활약을 펼쳤다. 어떤 교회에서는 주일 학교가 주일 예배보다 더 중요한 위치를 차지하기도 했다. 이런 모든 공로는 평신도의 헌신 때문에 가능했다.

20세기 초에 태동한 오순절운동은 만인제사장 원리에 따라 모든 그리스도인은 누구나 하나님께 다가갈 수 있고, 성령의 은사를 받을 수 있음을 강조했다. 신자의 위치는 교회의 직분에 달린 것이 아니고, 영적 엘리트만이 하나님을 체험할 수 있는 것이 아니라 성령이 부어 주신 은사에 따라 직분이 결정된다. 한국에 최초로 온 오순절 선교사 럼시도 평신도였다.

이처럼 오늘날 평신도의 역할이 점점 대두되고 있었고, 교회의 미래는 평신도에게 달려 있다는 평가가 나오고 있다. 미국 교회는 목사의 역할은 섬김이지 다스림이 아니라는 생각 속에 점점 신앙의 민주화가 진행되고 있다.

하루는 캘리포니아에 있는 새들백교회를 방문했다. 흔히 한국 신자가 그러하듯 정장에 와이셔츠, 넥타이, 구두를 신고 갔다. 그런데 놀랍게도 아무도 그런 복장을 한 사람이 없었다. 모든 신자가 평상복 차림이었고 심지어 릭 워렌 목사도 운동화에 청바지, 티셔츠를 입고 강대상에 올라와 예배를 인도하고 설교했다. 이로 인해 엄청난 문화적 차이를 절감했다. 이처럼 목사와 평신도의 구분없이 평상복을 입는 교회들이 늘어가고 있다.

그러나 한국 교회 교인들은 주일날 복장에 많은 신경을 쓴다. 남자들은 주로 직장에 출근할 때처럼 정장을 입고 넥타이를 매고 구두를 신는다. 여성 또한 정장 차림을 선호한다. 그리고 목사는 주로 검은색의 사제복이나 정장을 입는다. 유교적 전통이 강세를 보이는 한국 교회는 전통적으로 교회 행정을 성직자의 몫으로 돌렸고, 목사는 교회에서 절대적 권한을 가진다. 흔히 목사가 평신도보다 하나님과 친밀한 관계를 맺으며 우월한 영권을 소유하고 있다고 믿는다.

한국 교단 및 교회 정치 조직은 좋게 말하면 성직자 중심의 계급 문화이고, 부정적으로 말하면 군대 조직, 더 심하게 말하면 조폭 문화와 비슷하다. 목사 사이에 서열과 계급주의가 심각하고, 신학생 때부터 하나님보다는 담임목사나 선배 목사를 두려워한다. 교회 전체가 담임목사에게 지나치게 의존하고 있고, 대형 교회에서는 담임목사만 목사이고 부목사는 목사도 아니라는 말까지 나온다.

교단이나 선배 목사가 잘못을 저지르더라도 납작 엎드린 채, 보아도 보지 못한 척 침묵을 지킨다. 주일 말씀 선포는 담임목사가 독점하고 있고, 평신도는 목사의 그림자도 밟아서는 안 된다는 인식이 팽배하다. 교회 내에서도 담임목사, 장로, 부목사, 전도사, 교구장, 권사, 집사 등으로 서열이 정해져 있다. 이런 성직자 및 장로 중심의 군대 문화 속에 젊은 청년들은 소외되어 있고, 결국 그들의 이탈로 인해 대부분의 교회에 허리가 없는 안타까운 현상이 지속되고 있다.

5. 주도 교단

나는 한국에 있었을 때 세계에서 가장 큰 교단은 장로교인줄 알았다. 그런데 신학 공부를 위해 미국에 와 보니 미국의 최대 교단은 가톨릭교회였고, 개신교에서 최대 교단은 남침례교였다. 미국 교회사를 공부해 보니, 한 교단이 줄곧 1등을 한 것이 아니라 역사에 따라 바뀜을 알게 되었다. 이처럼 나라마다 그리고 역사에 따라 주요 교단이 변했다.

초대 교회는 지역별로 교회들이 존재했고, 핍박으로 인해 서로 활발한 교류를 하지 않아 특정 교단이 주도했다고 보기에는 어려움이 있다. 콘스탄틴 황제에 의해 기독교가 승인받은 이후 중세 서부 유럽에서 가톨릭교회는 압도적인 우위를 차지했다. 반면, 동부 유럽에서는 동방정교회가 오랫동안 독주했다.

해상권을 장악한 스페인은 신세계 탐험 및 식민지 개척에 가장 먼저 뛰어들었다. 이사벨라 여왕의 전적인 후원을 받은 크리스토퍼 콜럼버스(Christopher Columbus, 1451-1506)는 1492년 남아메리카의 바하마에 도착했고, 이를 계기로 스페인과 포르투갈, 프랑스 등이 국가적 차원에서 경쟁적으로 아메리카 대륙에 진출했다. 교황은 남미의 점령 지역을 그들에게 분배해 주면서 기독교화하라는 사명을 부여했다. 오랫동안의 남미 식민지화 끝에 라틴 아메리카 대부분의 국가들은 스페인어, 즉 스패니쉬를

국어로 사용했고 가톨릭교회가 독주했다.[58] 가톨릭교회는 1500년부터 1800년 사이 남미에 15,000여 명의 가톨릭 사제들을 선교사로 파송해 가톨릭 복음을 전파했고 라틴어로 미사를 드린다고 해 지명을 라틴 아메리카로 불렀다.

가톨릭교회가 전 세계에서 부동의 1위를 지키고 있는 반면, 2위 자리를 놓고 개신교 교단 사이에 치열한 경합이 벌어졌다. 종교개혁으로 인해 독일에 루터교회가 탄생했고, 스칸디나비아는 루터교회를 국교로 선택했다. 루터를 추종했던 덴마크 왕 크리스티얀 3세(Christian III, 1533-1559년 재위)는 루터교회의 아우크스부르크신앙고백서를 받아들였고 스웨덴과 핀란드도 루터란을 받아들였다.[59]

스위스의 취리히와 제네바에는 개혁교회가 득세했고 네덜란드는 개혁교회를 국교로 삼았다. 전통적인 가톨릭 지역이었던 스코틀랜드는 존 낙스(John Knox, 1513-1572)의 노력에 힘입어 장로교가 국교로 지정되었다. 얀 후스의 개혁 정신이 강했던 보헤미아의 경우, 가톨릭계 페르디난트 국왕이 집권하자 모든 백성은 가톨릭으로 전향해야 했고, 이를 거절할 경우 그곳을 떠나야 했다.[60]

교황 그레고리 1세는 596년 어거스틴(히포의 감독이 아닌) 수도사를 영국으로 파송해 선교를 시작했고, 그의 노력으로 영국 에드가(Edgar) 왕은 가톨릭교회를 영국의 국교로 받아들였다. 오랫동안 가톨릭을 받아들였던 영

---

58 Frances Gardiner Davenport, ed., *European Treatise Bearing on the History of the United States and Its dependencies to 1648* (Washington DC: Carnegie Institution of Washington, 1967), 85, 171.
59 루이스 W. 스피츠, 『종교개혁사』, 128-29.
60 후스토 L. 곤잘레스, 『현대교회사』, 21.

국은 헨리 8세 때에 이르러 영국 국왕을 수장으로 하는 영국국교회를 설립함으로 가톨릭교회와 갈라섰다. 영국은 엘리자베스 여왕 시절 세계 강대국이 되어 전 세계에 식민지를 건설했고, 식민지에 영국국교회를 세움으로 개신교에서 가장 큰 교단이 되었다.

미국의 경우, 초기에는 뉴잉글랜드의 청교도가 세운 회중교회와 장로교회가 주 종교로 자리잡으면서 주도권을 잡았다. 청교도 1세대의 종교적 열정으로 인해 1640년대 뉴잉글랜드의 70-80퍼센트가 회중교회의 신자들이었다. 반면, 영국국교회는 조지아 및 버지니아를 중심으로 한 남부 지역의 주 종교로 자리를 잡았다. 1740년경 뉴잉글랜드의 회중교회는 400여 개가 넘음으로 영국국교회의 교회 수의 두 배에 달했다. 그러나 회중교회는 뉴잉글랜드에 안주하면서 중부나 남부, 서부 개척에 적극적으로 나서지 않았고, 그 결과 다른 지역에서는 찾아보기 힘든 교회가 되었다.

미국 교단의 흥망성쇠를 분석해 보면, 초창기에 주도권을 잡았던 교단이 주도권을 유지하지 못하고 시대와 상황에 따라 바뀌는 것을 볼 수 있다. 독립전쟁이 벌어지는 동안 영국 국왕을 수장으로 삼던 영국국교회는 그 순위가 크게 떨어졌다. 제1차 대각성운동과 제2차 대각성운동을 계기로 부흥운동에 긍정적이던 교단의 교세가 크게 늘어난 반면, 미온적이거나 부정적 태도를 보인 교단은 크게 쇠퇴했다. 식민지 지배 종교로 자리잡은 회중교회와 영국국교회는 대각성운동에 대해 회의론을 제기하며 격렬히 반대했다. 그 결과 회중교회는 급격한 쇠락의 길을 걸으면서 점유율이 20.4퍼센트(1776년)에서 4퍼센트(1850년)로 떨어지면서 소수 교단으로 몰락하고 말았다.

반면, 복음주의 성향의 침례교와 감리교는 남부에 성경 지대(Bible Belt)의 기초를 놓으며 급부상했다. 영국 감리회는 타교단에 비해 늦게 미국에 선교사를 보냈으나, 1850년대 캠프 집회의 개최와 평신도 순회 설교가들의 헌신으로 기적적인 성장을 맛보았고, 13,303개의 교회와 260만 명의 신자를 보유한 최대 교단에 등극했다. 교단 창립이 늦었던 침례교는 1845년에 이르러서야 조지아 오거스타에서 남침례교총회(Southern Baptist Convention)를 설립했는데, 1906년 감리교를 누르고 개신교단들 중 최대 교단으로 등극했다. 그러나 19세기 무렵 유럽의 아일랜드를 비롯해 가톨릭 이민자들이 미국으로 쇄도하면서, 개신교가 주도하던 미국에 가톨릭교회가 급성장해 최대 교단이 되었다.

오순절운동은 20세기 초 미국에서 태동했으나, 100년도 안 되는 짧은 기간에 개신교 교단 중 가장 큰 교세를 보유하게 되었다. 하나님이 성령 세례를 부어 주신 이유는 복음을 땅끝까지 전하는 데 있다고 믿은 오순절 신자들은 미국과 전 세계로 나가 복음을 전했다. 1980년 오순절교회는 1억 명의 신자를 보유함으로 영국국교회를 누르고 가장 큰 개신교 교단으로 등극했다.

특히, 1950년대 이후 아프리카와 남아메리카, 아시아에서 급성장하며 오늘날 약 5억 명에 달하는 신자를 확보했다. 오순절과 신오순절 신자 수는 개신교 내 모든 교단 신자들을 합친 수보다 많다.[61] 서아프리카의 나이지리아는 영국 식민지 통치받으면서 성공회식 예배가 주류를 이루었으나 1970년대를 기점으로 오순절운동이 폭발적으로 성장하면서 이제는 전통적인 개신교 교단들도 은사주의적 요소를 도입하고 있다.

---

61 앨리스터 맥그래스, 『기독교, 그 위험한 사상의 역사』, 667.

라틴 아메리카의 경우, 콜럼버스의 진출 이후 가톨릭교회가 주도권을 잡았고, 이후 개신교 교단들이 선교에 나섰지만 교세를 확장 시키지 못했다. 그러나 1909년 칠레에서 일어난 오순절 부흥은 라틴 아메리카 전역으로 퍼져나갔고, 그 결과 브라질과 칠레, 과테말라, 니카라과 등에서 오순절 신자들이 급증했고 이제는 모든 개신교 교단의 신자를 합친 수보다 더 많다. 오순절운동은 라틴 아메리카에서 가톨릭을 대체할 수 있는 대안으로 떠오르고 있고 미국에 거주하는 남미인들은 오순절교회를 선호하고 있다.

미국에서 가장 큰 기독교 교단은 로마가톨릭교회이며, 남침례교, 감리교, 오순절교회 등이 그 뒤를 잇고 있다. 미국에서 장로교는 10대 교단에 간신히 포함된 군소 교단에 지나지 않는다. 반면, 한국에서는 초창기부터 장로교가 압도적 우세를 보였고, 한 번도 그 자리를 내어놓지 않았다. 심지어 한국 장로교 신자 수는 미국 장로교 교인 수를 능가한다. 대부분의 나라에서 교단의 순위는 유동적인 데 반해, 한국 교회의 순위에는 큰 변동이 없다. 이는 한국 교회가 변화에 민감하기보다 전통과 고정된 신앙 및 사고에 매여 있음을 보여주는 증거라 할 수 있다.

6. 단일 교회에서 교단주의로, 그리고 초교파주의로

초대 교회는 특정한 교단의 이름이 없이 각 도시의 교회들이 자체적으로 운영되는 개교회 시스템을 따랐다. 중세에 들어서 서부 유럽에서는 가톨릭교회만이 유일무이한 교단으로 존재했고 가톨릭교회는 소종파 그룹이 성장하지 못하도록 통제했다.

그런데 종교개혁이 일어나면서 개신교는 한 교단으로 뭉치지 못했다. 유럽 각 지역에서 수많은 개신교 교단이 탄생하면서 서부 유럽에서 단일 교단의 통일성이 붕괴되었다. 교단 시대에 접어들었다. 루터교회와 개혁교회, 장로교회, 영국성공회, 재침례교 등의 교단들이 형성되었고, 그 이후 이들 교단에서 지리적, 문화적, 역사적, 인종적, 언어적 기원의 차이로 인해 수많은 가지가 뻗어 나왔다.

17세기 서유럽의 국가들이 '단일 국가 아래 단일 종교' 체제를 유지한 반면, 미국은 모든 종교와 교단들이 정착할 수 있는 정치적, 사회적 환경을 제공했다. 미국 교회는 복잡한 종교 다원주의 사회를 이루었고, 교파주의(denominationalism)는 미국적 상황이 빚어낸 특성을 가지게 되었다. 그 결과 개신교는 다양성을 지닌 단체로 발전하면서 통일된 형태나 패러다임이 존재하지 않고 상충하는 여러 가지 신학과 신앙, 성경 해석들이 난무했다.

제1차 대각성운동의 주역인 횟필드는 교단 제도에 부정적이었고, 교단의 장벽에 갇혀 교회 분열을 주도한 목회자들을 신랄하게 비판했다. 그는 특정 교단의 교인이 아니라 복음을 믿는 그리스도인이 될 것을 강조했다. 그런데 교단 분열에 대한 그의 우려와는 반대로, 특정 교단을 국교로 삼았던 유럽의 종교 독점 제도보다 교파 다원주의를 선택한 미국은 기독교가 강성한 지역이 되었다.

종교의 자유와 다원주의를 받아들인 미국 교회는 오히려 선택할 수 있는 교단들이 많아지면서 종교 소비자들을 효율적으로 끌어들였다. 미국인들은 적극적으로 자신의 기호에 맞는 교단을 찾아 다녔고, 신앙생활에도 열심을 냈다. 마치 가지 많은 나무가 많은 열매를 맺듯이 다교단주의는 선택의 폭이 넓을수록 더 많은 종교 소비자들을 끌어들이는 긍정적인 측면이 있었다.

리처드 니버(Richard Niebuhr, 1892-1971)는 『교파주의의 사회적 기원』(*The Social Sources of Denominationalism*, 1929)을 통해 미국에서 수많은 교단이 생성된 배경에는 다양한 인종 및 사회·문화적 요소, 경제적 요소 등이 반영된 부산물이라 해석했다. 교단의 배경에는 사회 계층, 고국, 민족, 언어라는 역사적 상이점과 더불어 생존을 위해 선택한 결과이기도 하다. 그래서 교단은 개인의 기원이나 사회적 지위를 나타내는 지표라 할 수 있다. 회중교회가 앵글로색슨족의 상류층을 대표하는 반면, 침례교는 남부의 중 하류층에 속하는 농민들을 대거 포섭했다. 특히, 미국 교회는 노예제도, 진화론, 성서 비평, 인종 정책 등의 문제들로 인해 더 많은 교파로 분열되었다.[62]

니버는 교파주의가 지속될 것이라 진단했고, 실제로 미국에서 교단 간의 벽은 매우 높았고 교단의 위치는 매우 견고해 보였다. 1955년 갤럽 조사에 의하면, 신자들 중 96퍼센트가 부모가 다니는 교단 교회에 소속되어 있었다. 1960년대 말까지도 대부분의 미국 그리스도인들은 자신의 교단이 아닌 다른 교단 교회에서 예배드리는 것을 잘못된 것으로 여겼다.[63]

한국 교회는 유럽 교회의 영향이 아니라, 미국 교단주의의 영향을 크게 받았다. 1905년 장로교와 감리교 6개 선교부는 '한국복음주의선교회연합공의회'를 세워 선교에 협력했고 하나의 교단인 '대한예수교회'를 세우려 시도했다. 당시 일제 치아래 있던 한국 교회는 여러 가지 어려움을 극복하기 위해 단일 교단을 모색했다.

---

62 Richard Niebuhr, *The Social Sources of Denominationalism* (New York: Holt, 1929). 후스토 L. 곤잘레스, 『현대교회사』, 182.
63 앨리스터 맥그래스, 『기독교, 그 위험한 사상의 역사』, 348, 649-50.

그러나 미국의 선교 본부의 입장은 전혀 달랐다. 교단의 이해관계를 넘어 장로교와 감리교가 연합하여 하나의 교단을 설립하는 것은 여러 가지 문제와 마찰을 빚을 가능성이 높다고 판단해, 이 움직임에 우려를 나타냈다. 결국 교단의 벽, 장·감의 신학적 차이, 선교관의 차이점 등으로 무산되었다.[64]

그런데 19세기 말 각 교단은 해외 선교에 경쟁적으로 나섰고 선교지에서 교단 간의 차이와 중복으로 인해 많은 문제점이 표출되었다. 선교지의 지나친 경쟁을 막고 협력을 위한 에큐메니칼 운동이 대두되면서 세계 선교사 총회는 상임위원회(1910년)를 구성했고, 국제선교사협의회(International Missionary Council, 1921년)를 설립했다. 이 협의회는 교단주의를 떠나 선교에 대한 여러 가지 전략과 경험 및 자원을 한데 모아 나눌 수 있는 협력의 장을 제공했다. '신앙과 규범' 세계 회의는 경제 및 산업 문제, 계급 및 사회 문제, 국제 관계, 기독교 교육 등을 비롯한 분야에서 교파 간 협력 방안을 강구했다. 마침내 암스테르담에서 세계교회협의회(WCC, 1948년) 제1차 총회가 개최되었고, 이는 교회일치운동 및 초교파운동으로 연결되었다.[65]

제2차 세계 대전 이후, 미국 개신교는 회중교회화(congregationalization)의 길에 접어들면서, 교단이나 위계 구조로부터 간섭과 제약을 받지 않으려는 분위기가 강했다. 1980년대를 전후해 개신교 문화에 소비자 정신이 등장하면서, 교단이라는 단체가 지역 교회의 재정 부담을 안기면서 정작 돌려주는

---

64 박용규, 『평양대부흥운동』 (서울: 생명의말씀사, 2007), 186. 이덕주, 『한국 토착교회 형성사 연구』 (서울: 한국기독교역사연구소, 2000), 42.
65 후스토 L. 곤잘레스, 『현대교회사』, 394-98.

것은 별로 없는 비효율적인 관료 집단이라는 인식이 대두되었다.

교단은 개교회의 자발적 주도권이나 혁신에는 관심이 없고 교단 현상 보전에나 급급한 관료 체제와 같았다. 신자들은 자기 뱃속 채우기에만 매달리는 수직적 위계 구조와 제도의 타성에 젖은 교단에 큰 실망감을 느꼈다. 이제 신자들은 교단에 얽매이지 않고 자신의 필요와 믿음에 따라 좋은 설교, 좋은 기독교 교육, 좋은 주차장을 갖춘 교회를 찾기 시작했다. 신자들이 교단 교회가 아니라 그 지역에서 목회를 잘하는 교회를 고르면서, 시대의 요구에 잘 적응하는 교회가 살아남는 적자생존 현상이 나타났다. 2000년에 이르러 대다수의 정통 교단들은 젊은 층을 교단 교회로 이끄는 데 실패했다. 이제 신자들은 전통적 교단에 남기보다 교단주의를 벗어나는 쪽을 선택했다.[66] 누구든지 교단을 떠나 다른 교단 혹은 초교파 단체에 들어갈 수 있다는 사상이 확산되면서 교단의 절대성은 그 의미를 잃어버렸다.

이제, 복음주의와 은사주의는 성격상 교단주의를 초월하며, 상대가 어떤 교단 소속인가를 문제 삼지 않는다. 교회 밖의 교회 형태를 따르는 예수전도단이나 기독학생회, 선교 단체 등이 그 대표적 사례이다. 이들은 교단을 초월해 초 교파적 강령을 추구하며, 오히려 교단주의를 신자들 사이의 협력을 가로막는 장애물로 치부한다.[67]

교단 총회의 권위를 내세우는 교단 관료 집단 체제에서 탈피해 점차 개교회 중심으로 변해가고 있다. 교단보다는 개교회로 남는 것이 사회 변화에 민첩하게 반응할 수 있고, 운영이 쉬우며 경비도 적게 든다. 특히, 교

---

66 앨리스터 맥그래스, 『기독교, 그 위험한 사상의 역사』, 650-51.
67 앨리스터 맥그래스, 『기독교, 그 위험한 사상의 역사』, 652-53.

단에 소속되지 않고 강력한 비전과 카리스마를 가진 리더가 이끄는 초대형 교회가 출현했다. 척 스미스(Chuck Smith, 1927-2013)는 캘리포니아의 마약과 히피 문화에 찌든 사람들에게 구원과 치유의 복음을 전했다. 1965년 갈보리채플을 세운 그는 기성 교단 및 예배 형식에서 벗어난 새로운 형태의 초교파 교회를 지향했다. 전통적 교단은 교회를 세울 때 기업과 비슷한 모델을 사용했는데, 보통 중앙에 본사가 있고 각 지역에 지사나 사무소를 두는 형태를 따랐다.

그러나 갈보리채플은 제도와 형식에 얽매인 교단 시스템이 아닌 프랜차이즈 형태의 교회 제도를 도입했다. 500개가 넘는 교회들이 갈보리채플과 연대하고 있는데, 교단 체제가 아닌 교회들의 연합 혹은 연대를 추구한다. 중앙에서 행정과 교리 등을 통제하는 형태를 피하고, 개교회가 자율적으로 운영하는 프랜차이즈 형태에 가까운 행정 체계를 보인다.[68]

빌 하이벨스(Bill Hybels) 목사는 시카고 근교에 윌로우크릭연합(Willow Creek Association)을 설립하면서 교단이 아닌 교회들의 연합체를 구성했다. 존 윔버의 빈야드교회 또한 교단 형식을 거부하고 연합체를 이루었다. 릭 워렌 목사의 새들백교회는 캘리포니아와 전 세계에 수많은 캠퍼스를 거느린 새로운 형태의 초교파 대형 교회의 사례를 선보였다. 창립자의 비전을 토대 삼아 수직적 명령 체계가 아닌 독자성을 보장하는 위성들을 거느린 새로운 공동체를 형성했다.

이들은 교단에 가입한 교회가 교단의 신학과 정책을 따르며, 일종의 분담금을 내는 구조와는 큰 차이점을 보인다. 이들은 교단 중심이 아니라 개

---

68   앨리스터 맥그래스, 『기독교, 그 위험한 사상의 역사』, 656, 754-56.

교회의 지체를 섬기는 것을 목적으로 삼는다. 이처럼 초대형 교회는 강력한 비전을 품고 있는 목사에게 자신만이 할 수 있는 사역을 펼칠 기회를 제공했다.

이처럼 초대형 교회의 출현은 미국 교회가 중앙집권적 교단 구조에서 탈피해 대형 교회를 중심으로 한 초교파주의로 이동하는 현실을 보여 준다. 이제 신자는 한 교단의 충실한 신자로 남아있으려 하지 않는다. 신자는 침례교, 감리교, 장로교보다는 탁월한 설교와 예배 방식, 자녀 신앙 교육에 더 관심을 둔다. 여기에 적절한 상담과 치유를 제공하고, 교인의 기호를 충족시키는 프로그램을 제공하는 교회가 급격히 부흥하고 있다.

이에 반해 한국 교회의 경우, 선교사들이 백 년 전 전수했던 교단주의가 강세를 보이고 있다. 그러나 전통 교단들은 2세대 신앙 교육에 실패하면서 젊은 층의 이탈이 가속화되고 있다. 젊은 층은 보수주의 및 계급화된 교단 구조에 큰 실망을 느끼고, 새로운 비전과 문화를 제공하는 교회를 찾고 있다. 온누리교회를 중심으로 프랜차이즈 형태의 초교파주의가 점점 확산되어 가는 중에 있다고 평가할 수 있다.

7. 정치 제도

한국에서 장로교가 득세하고 있는 상황에서 감독 제도를 따르는 감리교나 회중 제도를 따르는 침례교회조차 장로를 선출할 정도로 장로 제도가 대세이다. 장로교는 장로 제도야말로 가장 성경적이라 주장한다.

과연 교회 내에서 어떤 정치 제도가 가장 성경적인 것일까?

예수님은 열두 제자를 뽑으셨고, 그들이 초대 교회를 이끌어 갔다. 그런데 신약은 교회의 정치 제도에 대해 분명하게 말하고 있지 않다. 그런 관계로 인해 각 지역의 정치와 역사, 문화에 따라 교회 정치 제도 또한 변화를 겪어왔다.

앞에서 여러 차례 밝혔듯이, 초대 교회는 감독 제도를 도입했다. 초대 교회는 외부로는 로마 제국의 핍박에 직면했고, 내부로는 이단이 등장하자 이에 강력히 대처하기 위해 감독을 중심으로 한 리더십과 공동체 의식을 강조했다. 교회 구성원들의 결속과 단합, 일치, 통일성을 유지하는 효율적인 방법 중 하나는 감독의 지위와 권한을 중심으로 교회를 운영해 나가는 것이었다. 감독제는 말 그대로 감독 한 사람에게 최고의 권위를 부여한 일인 독재 체제로, 감독이 성직자들과 교회들을 치리했다. 감독과 장로, 집사로 구성된 계급 조직에 바탕을 두며, 감독들 가운데 한 명의 대감독(대주교), 대감독보다 높은 위치의 총대감독(총대주교)의 체제를 갖추었다.

점차 교회는 로마 제국의 황제 모델에 매료되었다. 대도시의 감독 중 로마의 감독이 최고의 권위를 가진다는 주장이 제기되면서 교황제가 발전했다. 예수님의 수제자인 베드로는 로마에서 순교했고, 사도 바울 또한 로마에서 순교했다. 로마 감독은 베드로의 수위권을 물려받았고 '한 목자 아래 한 양 떼'라는 슬로건 아래 중세 교회는 교황의 권력을 강화 시켰다. 로마의 대주교인 교황은 모든 주교와 사제의 우두머리로 그 아래 추기경, 대주교, 주교, 사제, 수녀 등으로 구성된 계급 제도가 형성되었다.

교황은 교황청 내에 법정을 두고 교회의 현안을 다루었고, 정치적으로는 직접 이탈리아 중부를 다스렸다. 교황청은 화폐를 주조했고, 군대를 보유하면서 일종의 정치가로서의 면목도 과시했다. 추기경들은 교회 조직의 내각으로, 교황이 사망할 시, 추기경 가운데 한 사람이 교황으로 선출되었다.

대주교는 큰 도시의 감독직을 담당하면서 자신의 교구에 속한 다른 주교들을 관리했다. 도시의 주교는 한 교회를 맡아 견진 성사의 의례를 집행하고 교구의 재산을 관리했는데 특정 지역의 경우 주교가 봉건 영주 혹은 정부 관리의 역할을 대행하기도 했다. 주교는 교구를 담당한 성직자이자 영주의 역할을 병행한 정치가로 지역의 윤리, 출생, 재산, 결혼, 상속, 범죄 등을 관할했다. 일반 사제는 가톨릭교회 조직의 핵심적 멤버로, 작은 교회나 수도원을 섬겼다. 사제와 평신도, 남성과 여성의 구분은 엄격했다. 반대로 지방의 영주 혹은 귀족이 정치적 통치자이자 동시에 주교의 권한을 행사하는 경우도 있었다.

위클리프는 교황청이 이탈리아 출신을 영국교회의 주교에 임명한 것과 영국교회의 재산이 로마로 유출되는 것을 비판했다. 로마 제국 시절 황제가 대사제(Pontifex Maximus)가 되어 교회를 직접 통솔했다. 그는 영국이 가톨릭교회의 영향권에서 벗어나기 위해 국왕이 교회의 수장이 되어야 한다고 주장했다.

그의 바람대로 영국은 교황의 권력 남용을 막기 위해 헨리 8세를 잉글랜드 교회의 수장으로 인정하는 수장령(Supremacy Act, 1543년)을 선포했다. 수장령에 의해 영국의 모든 신하와 성직자는 왕이 국가 뿐만 아니라 영국 국교회의 머리임을 고백해야 했다. 왕은 주교를 선임함으로 그의 권위 아래 두었고, 사제들은 교황이 아닌 국왕에게 충성을 맹세했다.[69] 그러나 영국국교회는 실상 초대 교회의 사례를 따라 감독 제도를 채택했고, 대주교

69　Williston Walker, *A History of Christian Church*, 481-83. Mark A. Noll, *Turning Points: Decisive Moments in the History of Christianity* (Grand Rapids, Michigan: Baker Academic, 2012), 178-79.

와 주교, 사제와 같은 성직자 계급을 유지했다. 초대 교회의 감독 제도와 한가지 차이점이 있다면 감독은 왕의 충실한 신하여야 했다.

영국국교회에서 나온 감리교는 '감독이 있어야 교회가 있다'라는 전통적 감독제도를 따랐다. 미국 감리교회의 경우, 각 연회에 감독이 최상위 권위로 존재하고, 감리사들이 지역 교구들을 총괄한다. 개교회는 목사를 직접 청빙할 수 없고, 감독이 목회자를 파송하는 시스템을 가진다. 감리교는 성장함에 따라 점점 제도화 및 관료화되었고, 중앙집권적 제도를 강화시켰다. 감독을 중심으로 한 중앙집권적 교권주의는 교인의 영적 갱신보다는 목사의 연금 계획에 더 신경을 쓴다는 비판을 받았다. 감독이 지역교회의 목사를 임명하고 해임할 수 있는 파송권을 가지면서 목사는 교인들의 눈치가 아닌 감독의 눈치를 봐야 했다. 평신도들은 목사 청빙에 관여할 수 없고, 자연 교회 행정에서 수동적으로 되었다.[70]

칼빈은 목사, 장로, 교사, 집사의 네 직분을 주장했고, 회중이 뽑은 장로가 교회 질서를 유지할 책임을 진다고 명시했다. 존 낙스는 스코틀랜드에 장로 제도를 받아들인 장로교회를 국교로 세웠다. 그는 칼빈의 교회 제도에 근거해 교회가 선출한 장로들이 개교회를 치리하고, 대의정치의 원칙에 따라 당회와 노회, 대회, 총회로 이루어진 계층적 교단 정치 체제를 세웠다. 장로제는 감독제와 회중제를 절충한 제도로 목사와 교인들을 대표하는 장로들이 당회를 구성해 교회 행정 업무를 처리한다. 당회에 소속된 장로들은 투표로 목사를 뽑기도 하고 해임하기도 한다.

---

[70] 로저 핑크, 로드니 스타크, 『미국 종교 시장에서의 승자와 패자』 (서울: 서로사랑, 2004), 246-47.

영국의 청교도는 영국국교회의 제도 중 감독 제도는 성경에서 찾아볼 수 없는 조직이라며 반대했다. 1642년 영국의 왕정파와 의회파는 전쟁에 돌입했고, 올리버 크롬웰(Oliver Cromwell, 1599-1658)의 지휘 아래 의회파가 승리를 거두었다. 영국 의회를 장악한 청교도는 감독제도를 폐지하고 장로제도를 선택했다. 청교도는 장로파가 대세를 이루었으나 소수의 회중파 및 분리파도 존재했다. 회중파는 교회 계급 구조를 비성경적 개념이라 해석해 장로파가 위계 구조의 정치 체제를 신봉한다는 비판을 가했다. 특히, 수평파(Levelers)는 모든 잉글랜드인들은 자유인으로 투표권을 가지며, 법 앞에 평등하며, 종교의 자유를 가짐을 주장했다.[71] 그러나 청교도의 실정으로 인해 다시 왕정파가 세력을 잡으면서 장로제도가 폐지되고 감독제도가 부활했다.

마틴 루터는 그리스도인은 세례를 받으므로 그리스도의 제자가 된다는 만인제사장설을 주창했다. 그는 목회자와 평신도의 이중 구조를 거부하고, 그리스도의 보혈로 속죄함을 받은 자라면 누구나 대제사장이신 그리스도께 직접 간구할 수 있다고 믿었다. 그는 평신도 중심의 교회 제도를 지지했고, 감독 제도를 유지할 생각이 없었다. 그러나 그의 바람과는 달리 루터교회는 감독 제도를 선택함으로 감독 중심의 체제를 갖추었다.

루터의 만인제사장설을 받아들인 것은 재침례교였다. 재침례교는 목사와 평신도의 직분에는 차이가 없고 모든 신자가 제사장이자 평등하다는 사상 아래 회중 제도를 받아들였다. 성령은 사랑과 평등의 원천으로 성령을 받은 사람은 동등하다. 공동체 안에서 가난한 자나 여성, 천대받는 직업을 가진 자도 평등하게 취급을 받았다. 그들은 계급제인 감독 제도나 귀족 제도를 본

---

71 앨리스터 맥그래스, 『기독교, 그 위험한 사상의 역사』, 228. 후스토 L. 곤잘레스, 『현대교회사』, 42, 54.

딴 장로제를 거부하고, 모든 신자가 한 표를 동등하게 행사할 수 있는 회중 제도를 따랐다.[72] 다만 은사에 따라 설교하는 직분, 치리하는 직분, 봉사하는 직분 등으로 나눴다. 그들은 성령의 충만함을 받은 자는 누구나 설교할 수 있다는 믿음 아래 평신도에게도 설교나 간증의 기회를 제공했다. 그리고 교단과 같은 어떤 중앙집권적 조직이 개교회의 권리를 간섭할 수 없고 각 교회는 자율권을 가진다는 원칙을 선언했다. 교단이나 감독이 목회자를 파송하지 않고 전 교인들이 투표로 목사를 세울 권리를 가진다.

　미국은 초기부터 개인주의 및 민주주의 정신이 강했고, 정교분리의 사상이 지배하면서, 회중제도가 미국의 정황에 잘 맞았다. 개인의 자유는 회중의 권리로 연결되었다. 회중교회는 민주주의를 담보로, 독립된 조직체인 지역교회의 자율성을 강조한다. 교회는 자발적 신앙고백을 통해 하나님과 계약 관계에 들어간 신자들의 공동체로, 교회 사역의 최종 결정자는 교단이나 목사, 장로가 아닌 회중이다. 영국에서 장로 제도를 지지했던 청교도는 미국의 뉴잉글랜드에 정착하면서 교회의 최고 의사결정을 장로를 중심으로 한 당회에 두지 않고 전 교인의 참여를 지지하는 회중교회를 설립했다.

　이주한 청교도 신자들은 영국에 남아 있던 청교도와는 다르게 보수적, 수직적 계급 구조에 반감을 품었다. 그들은 유럽 국가의 경직된 중앙집권적 구조에 강력히 반발했고, 장로 제도 또한 유럽의 권위적인 귀족 정치의 일환으로 해석했다. 그래서 매사추세츠의 청교도는 장로 제도나 총회 및 대회, 노회, 당회 구조를 배격하고 중앙의 통제를 받지 않는 개교회 중심의 회중교회를 세웠다. 회중은 지도자에 맞설 수 있고 해임할 수 있는 권리를 가지며 교

72　존 딜렌버거, 클라우드 웰취, 『프로테스탄트 교회의 역사와 신학』, 102.

회의 주요 결정은 회심한 사람들의 다수결에 의해 결정되어야 한다.[73]

이런 회중교회의 출현은 유럽과 미국의 현격한 사회적, 정치적, 문화적 인식의 차이에 근거했다. 유럽이 왕정과 귀족 중심의 계급 문화에 근거했지만, 미국 사회의 중요한 정신은 개인주의, 회중주의, 민주주의였다. 그 결과 자유와 평등의 정신 아래 강력한 중앙집권제를 지지하는 교단보다는 민주적 제도를 가진 교단이 두각을 나타냈다.[74]

교단 설립을 주저했던 침례교는 조지아 오거스타에 남침례교 총회(Southern Baptist Convention, 1845년)를 창립했다. 남침례교는 일체의 중앙 집권적 체제를 부정하고, 회중 제도를 교회 정치 모델로 채택했다. 개교회가 자치권을 가진 회중주의적 교회를 지향하기에 교단의 통제나 제재를 받지 않고 개교회를 능가하는 권위를 가진 치리회도 존재하지 않는다.[75]

목사는 자신의 신학이나 신앙을 교인들에게 강요하지 못하고, 오히려 평신도의 신앙이 목회자에게 요구되는 구조를 만들었다. 남침례교단이 최대 교단에 등극한 배경에는 장로 제도보다는 회중 제도가 미국적 정신에 부합함을 뜻한다. 오순절교회 또한 교회의 정치 구조가 성령의 역사를 훼방한다고 여겼다. 교단이나 총회, 목사, 장로가 주도하는 교회보다는 평신도에게 참여의 기회를 제공하는 교단이 크게 성장했다.

---

73 앨리스터 맥그래스, 『기독교, 그 위험한 사상의 역사』, 250, 648.
74 Allen C. Guelzo, *Abraham Lincoln: Redeemer President* (Grand Rapids, MI: Eerdmans, 2003), 11.
75 Arthur Emery Farsley, *Southern Baptist Politics: Authority and Power in the Restructuring of an American Denomination* (University Park: Pennsylvania State University Press, 1994), 2-10.

한국은 오랫동안 조선 시대를 거치면서 양반 중심의 사회 구조를 유지했고, 군부 독재 시대를 거치면서 군대 문화를 형성했다. 장유유서 문화에 의해 두 사람이 만나면 나이를 묻고, 군대 기수를 계산하고, 직위를 따진다. 이처럼 유교적 문화의 영향 아래 모든 사람이 평등하다는 민주주의 제도보다는 아직도 수직적 사회 구조를 선호하는 듯하다. 그래서 교회 내에서도 담임목사, 장로, 권사, 집사 등으로 이루어진 계급 체제를 따르고 당회, 노회, 대회, 총회로 이어진 집단 조직을 선호한다.

오늘날 가톨릭교회는 여전히 교황 제도를 따르고 있고, 영국국교회와 감리교 등은 감독 제도를 선호하며, 장로교는 장로 제도를 지지하고 회중교회나 침례교는 회중 제도를 채택한다. 이처럼 교회의 정치 제도 또한 한 가지로 고정된 것이 아니라 교단이나 국가, 정치적, 사회적, 문화적 정황에 따라 살아있는 생물처럼 변하는 것을 목격할 수 있다.

8. 노예 제도 지지에서 폐지로

조선 시대에 양반이 있었고, 양반 집에는 일종의 재산인 노비들이 있었다. 성경도 노예에 대해 묘사했고 어느 정도 노예 제도를 긍정적으로 묘사했다. 아브라함을 비롯한 구약의 족장들도 노예들을 소유했고, 바울도 빌레몬서에서 도망친 노예에게 주인에게 되돌아갈 것을 권면했다. 초대 교회나 중세 교회는 국가와 법에 따라 사회적 제도인 노예 제도에 대해 보수적 태도를 취했고 노예 소유에 대해 대체로 찬성을 표명했다.

물론 노예 제도에 반기를 든 소그룹도 있었다. 유대교의 에센파는 모든 인간은 하나님의 형상으로 평등하게 창조되었다는 믿음 아래 원칙적으로 노예 제도를 배척했다. 한 인간이 다른 인간에 대한 소유권을 갖는다는 것은 죄악이다. 교회의 재정 일부는 전쟁 포로로 인해 노예가 된 사람들을 해방시키는 데 사용되었다. 3세기에 노예였다가 해방된 사람 중에 주교직에 오른 로마의 칼리스투스(Callistus)가 있었다.[76]

15세기 새로운 대륙의 발견과 함께 스페인과 포르투갈, 네덜란드는 아프리카 흑인을 잡아 남미의 신세계에 수출해 큰 이익을 챙겼다. 남미 원주민들이 사탕수수나 담배 농사를 짓기 위한 노동력으로 적합하지 않다고 판단한 유럽인들은 아프리카 흑인을 선호했다.

영국 엘리자베스 여왕의 통치 아래 존 호킨스(John Hawkins, 1532-1595)는 1562년부터 흑인 노예무역에 적극적으로 뛰어들었다. 1619년 네덜란드 상인이 20여명의 아프리카 노예를 버지니아주의 제임스타운에 들여옴으로 북미로의 본격적인 노예 수입이 진행되었다. 뉴잉글랜드 상인들은 1640년경부터 상선을 이용한 노예무역에 뛰어들어 엄청난 부를 축적했다. 1663년 영국 찰스 2세는 '왕실 모험단'에 노예 특허장을 수여함으로 영국 왕실이 아프리카 노예 무역에 직접 뛰어들 정도였다. 미국 남부는 담배나 면화와 같은 농업에 기반을 두었기 때문에 노동력이 많이 필요했다. 농장주들은 흑인 노예를 구입해 노동력 문제를 해결했고, 그 결과 남부 경제는 노예의 노동에 대한 의존도가 매우 높았다.[77]

---

76 헨리 채드윅, 『초대 교회사』, 68.
77 최웅, 김봉중, 『미국의 역사』 (서울: 소나무, 1997), 25, 29.

웨슬리는 '모든 죄악으로부터의 자유'를 뜻하는 성화의 메시지를 전하며 영국 사회가 묵인하던 노예 제도를 죄악으로 규정했다. 그는 노예 매매를 종식하기 위해 적극적인 운동을 펼쳤다. 노예선 선장이었던 존 뉴턴(John Newton, 1725-1807)은 회개하고 복음을 받아들인 후 노예 제도 폐지를 위해 활동했다. 영국의 정치가 윌리엄 윌버포스(William Wilberforce)는 모든 사람은 하나님의 형상대로 창조되었음을 주장하며 노예 제도 폐지를 위해 헌신적 노력을 기울였다. 그 결과 영국 정부는 1806년과 1811년 노예 제도를 금지하는 법률을 의결했고, 1833년 영국령 카리브 연안 일대의 모든 노예를 해방했다.

그러나 노예 제도는 19세기 미국에서 가장 중요하고 어려운 논쟁이 되었다. 초기 미국 신학자들은 노아가 함을 저주한 내용(창 9:25)에 근거해 노예 제도의 정당성을 주장했다. 컬럼비아신학교 제임스 쏜웰(James Thornwell, 1812-1862) 교수는 아프리카인은 교육으로도 개선의 여지가 없는 하위 등급의 인간으로, 백인의 노예로 있는 것이 그들을 위해서도 좋다는 주장을 폈다. 장로교 벤자민 M. 파머(Benjamin M. Palmer) 목사는 노예 제도 폐지 주장은 무신론적 사고로, 아프리카인은 의존성이 강해 노예에 적합하다는 주장을 폈다.[78]

1776년 미국은 영국으로부터 독립하면서 '모든 사람은 신 앞에 평등하다'라는 이상을 추구했지만, 정작 이 사상은 백인만을 위한 것으로 흑인의 자유를 외면함으로 반쪽짜리 자유임을 드러냈다. 이처럼 미국 교회는 처음부터 노예 제도를 지지했고, 대부분의 신자는 노예 제도를 성경적이라 받아들였다.

---

78 Maurice W. Armstrong, *The Presbyterian Enterprise* (Philadelphia: Westminster Press, 1956), 206-8, 215.

미국 교회 내에서도 노예 제도 반대에 대한 목소리가 터져 나왔다. 대표적인 그룹은 뜻밖에도 정통 교단이 아닌 퀘이커교였다. 만민평등사상을 가졌던 폭스는 노예제도반대운동을 벌였고, 신자들에게 노예를 풀어주라 명했다. 퀘이커 필라델피아 연회(1688년)는 노예 제도 폐지를 표명했고, 1776년 노예를 소유한 신자들을 파문했다. 퀘이커 신자 존 울먼(John Woolman, 1720-1772)은 노예 제도를 절대적 악으로 규정하고, 이 제도가 인간성과 인간 안에 있는 내적 빛을 모독한다고 주장했다. 모든 인간은 하나님의 창조물로 평등하게 창조되었기에 노예 제도는 폐지되어야 한다. 그는 미대륙을 돌아다니며 노예제도반대운동을 펼쳤다.[79]

제2차 대각성운동의 주역인 찰스 피니(Charles Finney, 1792-1875)는 모든 죄로부터의 해방인 성결을 강조했다. 그는 하나님 앞에 피부 색깔에 관계없이 모든 사람은 평등하다는 성경적 원리를 내세우며 노예 제도 반대에 앞장섰다. 노예 제도는 사랑이요 거룩하신 하나님과 공존할 수 없는 종교적, 도덕적, 인도적 죄악으로 미국은 노예 제도라는 불의를 제거해야 한다. 흑인 노예를 매입해 아프리카로 돌려보내기 위한 목적으로 미국식민지협회(American Colonization Society, 1817년)가 설립되었다.

반면, 피니의 부흥운동을 비판한 장로교 구파는 노예 제도를 교회가 언급해서는 안 되는 세속적 논제라 주장했다. 성경은 사회 제도를 유지하는 시스템인 노예 제도를 지지하며, 노예 소유는 기독교 신앙과 배치되지 않는다. 프린스턴의 찰스 하지는 노예 폐지론자들을 자유주의 성향의 진보주의자로 규정했다. 남북 전쟁(1861-1865년)이 벌어졌을 당시 남쪽 대통령

---

79 마크 놀, 『미국 캐나다 기독교 역사』, 100-1.

이었던 제퍼슨 데이비스(Jefferson Davis, 1808-1889)는 "성경의 구약과 신약은 노예 제도를 인정한다"라고 주장했다.

미국 감리교회는 창립 연회(1784년)에서 노예 매매에 종사하는 사람을 교회에서 축출할 것을 결의했으나 정작 총회는 노예 제도에 대해 간섭하지 않았다. 1843년 1,000명 이상의 감리교 목사들과 설교자들은 노예를 소유하고 있었다.[80] 감리교가 노예 제도에 대해 미온적인 태도를 보이자 불만을 품은 신자들은 교단을 떠나 노예 제도를 반대하는 자유감리교회(Free Methodist Church)와 웨슬리안감리교회(Wesleyan Methodist Church)를 설립했다.

1848년에 이르러 마침내 감리교 총회는 결혼을 통해 노예를 소유하고 있던 조지아 감독을 파면했고, 이 결정에 반발한 남부 감리교회들을 중심으로 남감리교가 탄생하면서 교단이 분열되었다.

노예 제도 찬반 문제로 인해 각 교단은 물과 기름이 나눠지듯이 남과 북으로 분열되었다. 주로 농업 지역이었던 남부 교회들은 노예 제도를 지지했고, 남부의 목사들은 노예 제도가 하나님에 의해 고안된 것이라 주장했다. 침례교에도 비슷한 현상이 나타났다. 조지아 침례교 협의회는 한 후보자를 선교사로 추천했으나 교단 선교위원회는 그가 노예를 소유하고 있다는 이유로 선교사 파송을 거부했다. 그러자 남부 교회들은 남침례교(Southern Baptist Convention, 1844년)를 만들어 북침례교와 인연을 끊어버렸다.[81]

80　후스토 L. 곤잘레스, 『현대교회사』, 196-97.
81　Timothy L. Smith, *Revivalism and Social Reform* (Eugene, OR: Wipf & Stock Pub, 2004), 184-85.

1818년 장로교 총회는 노예 제도의 폐지를 주장하는 목사의 성직을 박탈했다. 그러나 뉴욕을 중심으로 한 장로교 신파가 노예 제도 폐지를 상정하자, 1861년 남장로교가 분리되어 나갔다. 이처럼 거의 대부분의 교단은 노예 제도 찬반 문제로 인해 남북으로 분열되는 경험을 했다. 분열을 겪지 않은 교단은 가톨릭교회와 성공회 등 소수에 불과했다.

1860년 미국 흑인 노예 인구는 400만 명에 달했고, 그들 중 300만 명은 남부의 면화 재배지에서 일했다. 1860년 노예 제도 폐지를 선거 공약으로 내세운 아브라함 링컨(Abraham Lincoln, 1809-1865)이 북부의 몰표로 대통령에 당선되었다. 그러자 남부의 주들은 미국 연방(Confederate States of America, 1861년)을 이루면서 북부로부터 분리되어 나갔다. 남부 교회는 미국 연방을 지지하면서 링컨과 북부에 대한 증오와 공포심을 드러냈고 특유의 보수적 반지성주의 성향을 따랐다.[82] 결국 1861년 4월 남부군이 북부를 공격함으로 남북 전쟁이 벌어졌다. 링컨은 미국이 숭고한 민주주의를 이루어야 하는 선교적 사명을 받았다고 믿었고, 남북 전쟁을 진리와 정의를 위한 십자군 전쟁으로 규정했다. 남북 전쟁은 북부의 승리로 끝났다.

남부인들은 북부가 기독교의 질서를 전복시켰다고 믿었고, 북부의 산업화가 미국을 주도하는 데에서 소외감을 느꼈다. 남부는 여전히 흑인에 대한 인종차별이 심했고, 백인 개신교를 대표하는 백인 우월주의 단체인 KKK(Ku Klux Klan, 1867년)이 설립되어 남부만이 아니라 북부에서도 많은 회원을 확보했다. KKK는 흑인을 납치, 매질, 고문, 살인했고, 흑인이 정치, 사회, 경제 등에 참여하지 못하도록 협박했다. KKK는 흑인뿐만 아니

---

[82] 후스토 L. 곤잘레스, 『현대교회사』, 197-98.

라 가톨릭 신자와 유대인도 미국 기독교와 민주주의의 원수로 취급했다.[83] 남부는 백인과 흑인의 공공장소를 나누는 짐 크로우 법률(Jim Crow Laws, 1877년)을 통과시켰고 남부에 사는 흑인들은 공공장소와 공교육으로부터 격리되었다.

'유색인종진보를위한전국협의회'(The National Association for the Advancement of Colored People, 1909년)가 발족되었고, 흑인 신자들은 백인의 교회에서 분리되어 나와 흑인 교회를 설립했다. 흑인 침례교가 발족되었고, 유색인 감리교회(Colored Methodist Episcopal Church)가 설립되었다. 감리교회에서 흑인으로는 최초로 집사 목사 안수를 받은 리처드 앨런(Richard Allen, 1760-1831)은 아프리카감리교회(African Methodist Episcopal Church, 1794년)를 창립했다. 미국 사회에서 흑인이 유일하게 존경받을 수 있던 직업은 목사직이었고, 흑인교회는 흑인 사회의 중추적 기관이 되었다. 대부분의 흑인 인권 지도자는 목사들이었다.[84]

미국 정부는 1949년 군대 내에서의 인종 분리를 철폐했고, 1952년 공립학교 내 인종 통합을 명했다. 그런데도 인종차별은 여전했고 이런 인종차별의 상황 속에서 흑인 인권 운동이 대두되었다. 앨라배마주의 몽고메리에서 흑인 여성 로사 팍스(Rosa Parks, 1913-2005)가 버스에 앉아 가던 중 백인 승객이 타자 백인 운전사는 그녀에게 자리를 양보하라는 압력을 가했다. 그러나 그녀가 이를 거부하자 경찰에 체포되었다.

---

83 최웅, 김봉중, 『미국의 역사』, 174-75.
84 후스토 L. 곤잘레스, 『현대교회사』, 199-200.

침례교 목사 마틴 루터 킹(Martin Luther King, Jr., 1929-1968)은 버스 회사의 인종차별을 종식시키기 위해 승차 거부 운동을 이끌었고 그는 '남부기독교지도자연맹'(The Southern Christian Leadership Conference)을 설립해 흑인 인권 운동을 주도했고 가난하고 소외된 이들을 위해 투쟁했다. 그는 워싱턴 DC의 집회(1963년)에서 25만 명의 군중 앞에서 "나는 꿈이 있다"(I have a dream)는 명연설을 통해 흑인과 백인이 함께 미국의 꿈을 실현하는 데 공평하게 참여할 수 있는 나라를 만들자고 호소했다. 그는 1968년 '가난한 자들의 행진'을 주도하던 중 암살당했다. 유니온신학교의 제임스 콘(James Cone, 1938-2018)은 흑인은 백인에 비해 열등하지 않고 평등한 존재임을 강조하는 흑인 신학을 주창하며 흑인의 현실을 비판하며 투쟁을 선언했다.[85]

이처럼 노예에 대한 해석 또한 시대에 따라 변하는 것임을 볼 수 있다. 한 가지 분명한 사실은 한 인간이 다른 인간에 대해 소유권이나 우월권을 갖는다는 개념은 죄악이라 규정할 수 있다.[86]

9. 남성 주도에서 여성 안수로

성경은 남성 지도자들에 의해 기록되었고, 여성의 인권이 보장되지 않던 시대에 기록되었다. 성경은 여성이 남성과 함께 활동했으나, 실상을 들여다보면 기독교 역사는 남성의 이야기(His Story)였다. 창세기 인간 창조의

---

85 후스토 L. 곤잘레스, 『현대교회사』, 384-86.
86 헨리 채드윅, 『초대 교회사』, 66-67.

기록에서 여성은 남성을 돕기 위해 지음을 받은 존재로 남성에 비해 열등한 존재로 간주되었다. 특히, 신약에서 바울은 여성에게 '교회에서 잠잠하라'(고전 14:34)고 명했고, 이 구절로 인해 여성들은 거의 2,000년 동안을 교회에서 숨죽여 지내야 했다. 초대 교회부터 남성 중심의 성직자 계급이 형성되었고, 여성에게는 사제가 되거나 리더십의 기회가 주어지지 않았다.

교회사에서 여성운동은 성령운동과 밀접한 관련이 있었다. 초대 교회에서 남성 주도의 교회 구조에 반기를 든 사람은 몬타누스였다. 그는 남성감독 중심의 권위 체제에 의문을 제기했고, 제도적 권위보다는 성령의 권위를 존중했다. 교회는 성령이 인도하는 공동체로, 성령의 충만함을 받은 사람은 남녀노소와 관계없이 지도력을 가질 수 있다.

그는 실제로 뛰어난 여성 예언자인 프리스실라(Priscilla)와 맥시밀라(Maximilla)를 지도자로 임명했다. 2세기에 여성에게 지도력을 부여한 것은 시대를 벗어난 예외적 사례였다. 엄격한 남성 중심의 성직 제도를 고수하던 공교회는 여성이 교회의 리더가 된 것과 여성이 성찬식과 세례를 베푸는 것은 교회의 전통에 어긋난다는 결론을 내렸고 177년 몬타누스를 이단으로 정죄했다.[87]

이처럼 교회에서 여성의 지도력을 인정한다는 이유로 이단 정죄를 받을 수 있었다. 여성은 남성 중심의 교권적 교회로부터 박해받으면서 예언자의 역할을 담당했다. 성령의 역사를 강조하고, 성직 계급화에 반대하며, 평신도와 여성의 역할을 강조한 대부분의 운동은 이단으로 정죄되어 교회의 주된 흐름에 편입되지 못했다.

---

87 Williston Walker, *A History of Christian Church*, 69. 물론 몬타누스를 이단으로 정죄한 데에는 여러 가지 이유들이 있었다.

서부 유럽의 유일한 교단이었던 가톨릭교회에서는 남성만이 교황이나 주교, 사제가 될 수 있었다. 남성만이 예배에서 말할 수 있었고, 여성에게는 성서를 읽는 것조차 허락되지 않았다. 그나마 여성들의 숨통을 트여준 것은 성모 마리아와 수녀원이었다. 예수의 어머니인 마리아는 성모로 경배받았고, 마리아의 어머니인 앤도 수호성인으로 추앙받았다. 그리고 수녀원이 세워지고 여성 수도원장이 탄생하면서 나름대로 지도력을 발휘할 기회가 주어졌다.

시에나의 카테리나(Caterina of Siena, 1347-1380)는 신비적 영적 체험과 가난한 자와 병자를 위한 헌신으로 인해 성녀로 추앙받았다. 카르멜파 수녀원에 들어간 아빌라의 테레사(Teresa of Avila, 1515-1582)는 강렬한 회심을 경험했고 기도의 깊은 경지에 이르렀고, 명상 중에 예수님의 환상을 보았다. 그녀는 하나님의 계시를 받아 스페인 전역에 청빈과 평등, 자율을 원칙으로 하는 수녀원들을 설립했고, 뛰어난 행정력과 실용성에 근거해 수도원 개혁에 앞장 섰다. 그녀를 따르는 수녀들은 부의 상징인 구두 대신 샌들을 신었으므로 "맨발의 카르멜 수녀"로 알려졌다. 그녀의 제자였던 '십자가의 요한'은 남성 맨발의 수도회를 설립했다. 그녀는 여성과 남성 수도회를 동시에 설립한 유일한 여성으로 기록되었다.[88] 1970년 교황 바울 6세는 그녀들을 "교회의 박사"에 포함시켰다.

가톨릭교회를 개혁한 종교개혁이 일어나고 개신교가 태동했지만, 교회 내에서 여성의 지위는 변한 것이 없었다. 아니, 여성의 지위는 이전보다 더 바닥에 떨어졌고 여성이 성경을 읽는 것도 허락하지 않았다. 루터는 만

---

88 후스토 L. 곤잘레스, 『종교개혁사』, 189-91. 루이스 W. 스피츠, 『종교개혁사』, 312-13.

인 제사장 교리를 주장하며 모든 그리스도인이 제사장의 지위를 보유한다고 강조했으나 이는 남성에게만 해당되었다. 실제로는 가톨릭교회의 수녀가 담당했던 성직자 보조 역할조차 허락되지 않았다. 개신교는 여성이 지도력과 권위를 행사할 수 있었던 수녀원을 폐쇄해 버렸고, 여성으로 구성된 종교 단체도 허락하지 않는 등 그 어떤 역할도 부여하지 않았다.

영국 빅토리아 가치관은 보수적 가정 윤리를 강조하면서, 여성의 역할은 가정을 지키는 것으로 한정했다. 남편을 보필하고 자녀에게 종교 교육을 하는 것이 여성의 고유 사역이다. 뉴잉글랜드의 청교도에는 여성의 멤버십이 남성보다 절대적으로 많았고, 여성들은 예배와 모임에 적극적으로 참여했다. 이런 현상에 대해 코튼 매더(Cotton Mather, 1663-1728)는 '세상에 경건한 남자보다 경건한 여자가 훨씬 많다'라고 고백할 정도로 여성들의 적극적인 교회 봉사는 미국 교회의 성장과 발전에 결정적 역할을 담당했다.

이런 여성의 헌신을 '회중교회의 여성화'라 불렀다.[89] 그러나 여성이 교회 구성원의 절대다수를 점했고, 교회 봉사와 발전에 크게 기여했지만 여성이 지도력을 발휘할 기회는 좀처럼 주어지지 않았다. 여성이 교회에서 리더가 되는 것은 가정의 평화를 위협하고, 공동체의 질서를 깨뜨리는 행위로 간주되었다. 여성은 목회 사역과 교회 행정 및 정치에서 철저히 소외되었고, 결혼식이나 장례식, 유아 교육 등에서 보조적 역할을 담당하는 것에 만족해야 했다.

---

[89] 로저 핑크, 로드니 스타크, 『미국 종교 시장에서의 승자와 패자』, 71.

정통 개신교 교단은 교회 내에서 여성의 발언권을 인정하지 않았다. 오히려 여성의 지도력을 인정한 것은 정통 교단에 속하지 못한 소그룹이었다. 재침례교는 여성도 남성과 동등한 권리를 소유한다고 믿었고, 투표에 참여할 수 있었다. 퀘이커의 조지 폭스는 성적, 인종적, 신분의 차별이 교회 내에 있어서는 안 된다고 생각했다. 모든 사람은 하나님 안에서 평등하기에 여성은 교회에서 존중받아야 한다. 성령의 조명을 받은 여성은 교회에서 설교하고 대표 기도할 수 있는 자격이 부여되었다. 그들은 예배와 찬송에서 남성형 대명사와 여성형 대명사를 함께 사용했다.[90] 모라비안의 진젠돌프는 성령에 대해 언급하면서 '우리를 낳으신 어머니'라는 여성적 이미지를 사용했다. 마음에 미치는 성령의 영향을 고려해 볼 때, 성령에 어머니라는 호칭을 붙여도 무방하다.

교회에서 여성운동이 본격적으로 일어난 곳은 감리교였다. 존 웨슬리(John Wesley, 1703-1791)의 어머니인 수산나는 남편이 교회를 비웠을 때, 교구 신자를 위한 저녁 예배를 열어 사람들을 초청했다. 그녀가 인도했던 예배에는 남편이 인도했던 예배보다 더 많은 사람이 몰려들었다. 어머니의 영향을 크게 받았던 웨슬리는 여성의 역할에 대해 긍정적으로 생각했다.

그는 감리회를 설립한 후 속회 중심의 소그룹 모임을 만들어 신자들을 양육했다. 그는 여성 속회를 만들어 여성 지도자가 모임을 이끌게 했고, 여자 속장이 인도하는 집회는 남자가 인도하는 것보다 은혜로운 분위기로 진행되었다. 여성들은 감리회 내에서 큰 활약을 펼치며 부흥에 결정적인

---

90 H. Larry Ingle, *First Among Friends, George Fox, and the Creation of Quakerism* (New York: Oxford University, 1994), 59. 제임스 F. 화이트, 『기독교 예배학 입문』, 39-40.

역할을 했다.[91] 18세기에 여성이 공개 석상에서 발언하는 것은 금지되었지만 웨슬리는 여성도 그리스도를 만난 경험을 간증할 수 있다고 믿어 기회를 제공했다. 여성의 간증이나 설교는 많은 사람을 감동시켰고 큰 성공을 거두었다.

미국의 성결운동을 주도한 피비 파머(Phoebe Palmer, 1807-1874)는 그녀의 언니와 함께 '화요성결집회'(Tuesday Meeting for the Promotion of Holiness)를 열어 성결의 복음을 전했다. 그녀의 집회에는 수많은 여성을 포함해 남성도 참여해 큰 은혜를 받았다. 그녀는 『아버지의 약속』(1859년)에서 사역자의 자격은 제도권이 인증하는 것이 아니라, 하나님이 주신 성령 세례의 체험에 달려 있음을 주장했다. 성령의 충만함을 받은 신자라면 남녀 차별 없이 그리스도를 위해 사역할 수 있다.[92]

당시 여성의 인권은 비참했다. 미국 여성은 선거권이 없었고, 결혼 시 자신의 재산에 대해서도 재산권을 행사할 수 없었다. 여전히 미국 교회에서 여성의 활동은 큰 제약을 받았고, 공적 모임에서 여성의 대표 기도나 발언은 허용되지 않았다. 제2차 대각성 운동의 주역인 찰스 피니는 공적 집회에서 여성의 간증을 허락했고, 대표 기도할 수 있는 기회를 제공했다.

여성의 간증은 대성공이었고 점점 여성에게 교회 사역과 부흥운동에 참여할 수 있는 길이 열렸다. 여성이 공개 장소에서 발언하는 것은 당시 교회에 많은 논란거리를 제공했고, 이로인해 피니는 구파로부터 신랄한

---

91 Earl K. Brown, *Women of Mr. Wesley's Methodism: Studies in Women and Religion, Vol. 11* (New York: The Edwinn Mellen Press, 1983), 43-44.

92 Phoebe Palmer, *The Promise of Father* (Salem, Ohio: Schmul Publishing Company, 1981), 328, 333-34.

비판을 받았다.⁹³ 이후 피니는 오버린대학의 교수가 되었고, 오버린대학은 여성을 학생으로 받아들임으로 세계 최초의 남녀공학 대학이 되었다. 오버린대학을 졸업한 브라운(Antoinette Brown)은 1853년 회중교회에서 목사 안수를 받으므로 미국 교회 역사상 최초로 안수받은 여성 목회자가 되었다.

감리교가 성장하면서 중·상위층의 사람들을 중심으로 목회하는 것을 목격한 윌리암 부스는 가난한 사람들을 위해 사역하기로 마음먹고, 아내 캐서린(Catherine Munford)과 함께 구세군을 창설했다. 구세군은 철저히 남녀평등을 실현했고, 은사와 자격을 갖춘 여성은 순회 설교자나 속회 지도자로 사역할 수 있었다. 이후 그의 딸 에반젤린 부스(Evangeline Booth, 1865-1950)은 구세군을 이끄는 대장의 위치에 올랐고, 구세군은 여성 사역자를 가장 많이 받아들인 교단이 되었다. 프란시스 윌라드(Frances Willard, 1839-1898)의 지도 아래 '기독교여성금주연맹'(Women's Christian Temperance Union)이 조직되어 맹활약을 펼쳤고 결국 금주법이 실행되었다.

로스앤젤레스의 아주사 미션을 통해 오순절운동이 불붙듯 일어났을 때 여성들은 핵심적 역할을 담당했다. 찰스 파함(Charles Parham, 1873-1929)의 인도 아래 아그네스 오즈만(Agnes Ozman, 1870-1937) 양은 최초로 방언을 했고, 오순절운동은 성령 체험한 여성을 소명 받은 자로 인정했다. 아주사 미션에는 여러 여성이 교회의 장로로 시무했는데, 여성이 교회의 지도자급의 역할을 맡은 것은 당대의 문화 규범을 벗어나는 것이었다. 에이미 셈플 맥퍼슨(Aimee Semple McPherson, 1890-1944)은 1920년대 가장 활발하게

---

93 Rosemary Ruether & Rosemary Keller, eds., *Women & Religion in America, Vol. I* (New York: Harper & Row, 1981), 5.

사역한 여성 오순절 부흥사였고, 직접 '국제사중복음교회'라는 교단을 설립했다. 여성이 담임목사가 되어 설교하고 교단을 설립하는 것은 당시의 문화 규범을 거슬리는 획기적인 사건이었다.

19세기 공교육이 부재하던 상황에서 미국 교회에서 주일학교는 개신교의 중요한 교육 기관으로 발전했고, 미국 전역에 7만여 개에 달하는 주일학교들이 세워져 공립학교의 기능을 대신 담당했다. 주일학교는 자원주의의 원칙에 따라 평신도 교사들을 중심으로 운영되었는데, 사회 진출이 막혀 있던 여성들이 주일학교 교사로 적극적으로 참여했다. 여성들은 교회 내에서 어린이 주일학교, 간호, 노약자 부양 등의 사역에 종사했다.

19세기 미국 교회의 해외 선교 및 국내 선교의 붐이 일어나면서 여성에게 사역의 길이 열렸다. 주요 교단은 교단 내에서의 여성 사역을 인정하지 않았지만, 해외 선교사로 나가는 것을 허락해 주었다. 비록 백인 여성은 백인 남성보다는 열등하지만, 흑인이나 황인종과 같은 열등한 인종을 가르쳐도 된다고 여겨졌다. 여성 선교사는 고국에서 금지되어 있던 설교나 교회 개척 등의 임무를 선교지에서 수행할 수 있었다. 선교지에서 여성은 토착민들에게 설교했고, 성경 공부를 인도했다.

교단의 선교부와는 별도로 여성들은 자발적 선교회를 조직했고, 선교를 위한 자금과 물자를 지원했다. 19세기 후반 신앙선교운동은 성별에 제한을 두지 않고 결혼하지 않은 여성을 선교사로 파송했고, 독신 여성이나 선교사 아내의 비중은 전체 선교사의 60퍼센트를 차지함으로 남성 선교사의 수를 넘어섰다. 해외 선교는 여성의 지위를 세우는 중요한 방법이 되었다.[94]

---

94   후스토 L. 곤잘레스, 『현대교회사』, 284.

그러나 전통적 교단은 여전히 여성의 목사 안수를 인정하지 않았고 교단 신학교는 여성에게 입학의 기회를 허락하지 않았다. 그런데 19세기 말 성경학원 운동이 활발히 일어나면서 학벌이나 성별과 관계없이 학생을 받아들였다. 무디성경학원, 고든성경학원, 심프슨성경학원 등은 여성을 학생으로 받아 교육시켰고, 이로써 여성의 사역과 선교 사역은 확대되었다.[95]

인권이 발달한 미국도 제1차 세계 대전이 끝난 직후인 1919년 헌법 수정안 제19조에 의해 여성에게 투표권을 부여했다. 20세기 중반에 이르기까지 교회의 주도권은 여전히 남성의 수중에 있었고 대부분의 교단은 여성의 성직 임명을 인정하지 않았다. 1950년대에 이르러 여성 지위에 변화가 나타났다. 사회 전반에 여권신장 운동이 활발히 일어나면서 교회 내에서 여성의 목소리가 터져 나왔다. 사회가 여성의 역할을 폭넓게 인정하자 개신교도 마지못해 여론을 따라갔다. 1960년대 페미니즘(feminist theology)은 하나님의 남성성을 비판했고, 사랑과 위로, 희생과 같은 하나님의 성품은 여성적 이미지에 적합하다고 주장했다.

1980년대 중반에 이르러 대부분의 개신교 교단은 여성에게 목사로 안수하기 시작했다. 침례교회에서 목사 안수를 받은 여성은 157명(1977년)에서 712명(1997년)으로 크게 늘었다. 같은 기간에 성공회는 94명에서 1,394명으로, 연합감리교회는 319명에서 3,003명으로 수직 상승했다. 2006년 미국성공회는 여성 캐서린(Katharine Jefferts Schori)을 주교로 선출함으로 최초의 여성 고위 성직자가 배출되었다.[96]

---

95 Virginia L. Brereton, *Training God's Army: The American Bible School, 1880-1940* (Bloomington: Indiana University Press, 1990), 129-32.
96 앨리스터 맥그래스, 『기독교, 그 위험한 사상의 역사』, 558. 후스토 L. 곤잘레스, 『현대

이제 대부분의 교단에서 여성 목사의 비율은 지속적으로 증가하고 있고, 2005년 신학교 재학생 중 여성의 비율은 50퍼센트를 넘었다. 이런 변화를 '성직의 여성화'라 부른다. 가톨릭이 득세한 라틴 아메리카에서 오순절 및 은사주의 그룹은 여성에게 지도자가 될 수 있는 길을 열어주었다.

이처럼 여성이 목사 안수를 받기까지 거의 2,000년이 걸렸다. 가톨릭교회는 오늘날까지도 여성이 사제가 되는 것을 허용하지 않고 있다.

그렇다면 한국 교회에서 여성의 지위는 어떨까?

반면, 유교적 전통이 강한 한국 교회에서 여성 목사 안수는 더디기만 했고, 그 수에 있어서도 제한을 보이고 있다. 1920년대 여성이 경성성경학원에 입학하기 위한 조건은 가정이 없어야 했다. 여자의 일차적 임무는 가정이므로 결혼한 여자는 사역자로 적합하지 않다고 판단했다.

한국 교회 내에서 여성 신자의 비율은 70퍼센트에 달하나, 여성은 여전히 남성 목회자의 보조자 역할에 머무르고 있다. 교회는 여전히 남성으로만 구성된 목사와 장로에 의해 움직이고 있다. 그나마 여성이 목사 안수를 받더라도 갈 사역지가 없는 것이 현실이다. 이런 모습은 한국 교회가 세계 교회의 정세 및 변화에 뒤쳐져 있음을 뜻한다. 이 점 하나는 분명하다. 모든 사람은 하나님의 형상으로 창조되었고, 그리스도 안에서 남자와 여자는 동등하다 (갈 3:28).

교회사』, 387.

10. 백인 중심에서 타 인종 중심으로

예수님과 열두 제자를 비롯해 초기 그리스도인 대부분은 유대인이었다. 사도 바울의 선교로 인해 기독교는 유럽에 자리를 잡았다. 초대 교회의 4대 중심지는 예루살렘, 안디옥, 이집트의 알렉산드리아, 로마 등으로 기독교의 축은 유대인에서 이방인으로 넘어갔고 이방인 교회가 주도권을 잡았다.

콘스탄틴 황제는 로마 제국의 수도를 로마에서 콘스탄티노플로 옮겼고, 콘스탄티노플은 동방교회의 중심지가 되었다. 그러나 무슬림이 예루살렘을 공격해 함락했고(637년), 그 이후 안디옥(638), 알렉산드리아(641)가 이슬람의 손에 넘어감으로 로마와 콘스탄티노플을 제외한 기독교 중심지가 사라졌다. 아랍은 북아프리카를 점령(707년)했고, 4년 뒤에는 스페인을 정복했다. 이슬람의 정복으로 인해 기독교의 주요 지역들이 떨어져 나갔고 이로 인해 기독교의 무게 중심은 로마를 중심으로 한 서부 유럽으로 옮겨갔다.[97]

기독교의 본거지가 된 서부 유럽은 백인 지역이었다. 기독교는 오랫동안 유럽 대륙에 머물렀고, 15세기 말이 되어서야 신대륙이 발견되면서 가톨릭교회는 남미 대륙에 진출했다. 이때부터 유럽인들은 하나님이 백인의 수중에 서구 문명과 기독교 신앙을 맡기셨고, 이를 세계의 인류에게 전파해야 한다고 믿었다.

그러나 종교개혁 이후 유럽은 종교전쟁에 휘말렸고, 가톨릭교회와 개신교 사이에 치열한 30년 종교전쟁(1618-1648년)이 벌어졌다. 양쪽은 웨스트팔리아 조약(Peace of Westphalia, 1648년)을 맺음으로 종교적 분쟁을 종식시

---

[97] 헨리 채드윅, 『초대 교회사』, 247-48.

키고 종교적 관용을 표명했다. 전쟁은 사회를 분열시켰고, 인구는 감소되었고, 경제는 파탄 직전에 이르렀다.

모든 것을 파괴해 버린 종교 전쟁을 통해 유럽인들은 종교의 폭력과 광기에 환멸을 느꼈고 회의적으로 변했다. 개신교 또한 제도권의 일부가 되어 기득권을 지키기 위해 종교적 순수성을 손상시켰고 종교와 세속을 하나로 묶어 버림으로 종교 전쟁을 야기시켰다.[98] 점차 유럽 각지에서 국가의 안정을 위해 종교적 통일이 반드시 필요한가에 대한 의문이 제기되었다.

이후 국가가 종교적 권위를 대신했고, 진화론을 비롯한 자연 과학의 발달은 기독교에 부정적 영향을 미쳤다. 유럽에서 신을 중심으로 한 세계관은 붕괴되었고, 인간의 이성과 과학에 기초한 합리주의가 유럽 사상을 지배했다. 유럽 교회는 계몽주의의 대두와 기독교에 대한 혐오 등으로 인해 문화와 정치, 사회, 경제 등에 대한 영향력을 급격히 상실했고 쇠락의 길을 걸었다.

스페인과 프랑스는 북미 대륙에 진출했고, 후발 주자인 영국이 북미의 패권을 놓고 그들과 전쟁을 벌여 승리했다. 국교 제도를 유지했던 유럽에서 핍박을 받던 신생 개신교 교단들이 생존하고 뿌리를 내릴 수 있는 토대를 제공해 준 것은 북미 대륙이었다. 미국은 새 이스라엘, 부와 자유가 흐르는 땅, 신세계에 세워진 하나님의 나라로 간주되었다.

그러나 미국은 초창기부터 영국의 앵글로색슨족이 식민지를 주도하는 WASP(White Anglo-Saxon Protestant) 성향이 매우 강했다. 미국의 정신은 하나님이 가장 우수한 종족으로 선택한 백인, 여성보다는 남성, 가톨릭에 반

---

98 앨리스터 맥그래스, 『기독교, 그 위험한 사상의 역사』, 172.

대한 개신교, 전제주의에 대항한 민주주의에 근거했다. 사회적 진화론을 받아들인 백인은 미개한 타 인종과 섞여서는 안 된다고 생각했고, 인디언과 흑인의 인권을 유린하고 착취했다. 백인 남성이 주도하던 미국 교회에서 인디언, 아프리카 흑인, 여성, 남미인, 아시아인들은 오랫동안 소수자라 남았다.

미국 교회는 제1차 대각성운동과 제2차 대각성운동을 통해 크게 성장했고, 19세기에 접어들어 세계 선교운동에 불을 지폈다. 미국 교회는 백인에게 주어진 사명은 제3세계에 공업화, 자본주의, 민주주의, 기독교의 혜택을 베푸는 것이라 믿었다. 미국이 세계 강대국으로 등장하면서 신학의 중심지는 독일에서 미국으로 바뀌었고, 미국에서 생겨난 개신교 사상들이 다른 나라로 전파되었다.

이런 백인 일색의 기독교에 변화가 일어났다. 남북 전쟁 이전 미시시피주 콜럼버스의 침례교회 구성원의 80퍼센트는 흑인이었고 조지아주 침례교 구성원의 35-40퍼센트는 흑인이었다. 남북 전쟁 이후 노예에서 해방된 흑인 목사들은 흑인 교회들을 세웠고 흑인 교회는 자신만의 예배와 설교 방식을 도입했다. 흑인은 백인보다 종교를 중요하게 여겼고, 실제 교회 출석률도 높았다. 1890년 흑인 인구의 51퍼센트가 9개의 흑인 교단들에 속해 있었고 흑인의 주일 예배 참석률은 79퍼센트(2014년)에 달할 정도로 높았다.

흑인인 윌리엄 시모어(William Seymour, 1870-1922)는 성령 세례를 받으면 누구나 하나님 앞에서 평등하다는 믿음을 가졌다. 로스앤젤레스 아주사 미션을 통해 오순절운동이 확산되면서, 흑인이나 백인, 남미인, 아시안들이 한자리에 모여 예배를 드렸다. 당시 짐 크로우 인종차별법으로 인해 인종차별이 심하던 시기에 다인종이 함께 모여 흑인 목사의 인도 아래 예배를 드린 것은 당시로서는 충격적인 장면이었고 여러모로 상징적인 사건이었다. 이후 흑인 목사 매이슨이 설립한 '그리스도 하나님의 교회'는 550만 명(2012년)의 흑인 신자들을 보유하며 세계에서 가장 큰 흑인 오순절교단이 되었다.

제2차 세계 대전이 끝난 이후, 서부 유럽은 급속히 세속화 과정을 겪었고 유럽 교회는 이성과 지성, 과학에 치우친 신학을 추구하면서 영성이 약해졌다. 개인과 사회를 개혁하고 변화시킬 수 있는 힘을 잃어버린 개신교의 교회 출석률은 10% 이하로 떨어졌다. 이런 현상은 유럽을 비롯한 북반구로 퍼져 나가면서 점차 비기독교화 되어갔다.

마침내 20세기에 들어서 기독교가 서구 백인의 종교이자 북반부 중심이라는 전제는 도전받았다. 1900년 전체 기독교 신자의 49.9퍼센트가 유럽에 거주했고, 기독교 신자의 81.1퍼센트는 백인이었다. 그러나 제3세계에서 교회 및 신자들의 수가 증가하면서 백인의 비율은 27.2퍼센트(1985년)로 줄어들었다.[99]

특히, 아프리카와 아시아, 남미에서의 기독교 성장은 눈여겨볼 만하다. 이들 지역은 초자연적 세계관이 강했고, 기적이나 신유는 기독교의 중요한 부분으로 받아들여지면서 오순절과 은사주의적 성향이 강했다. 남미는 세계 최대 가톨릭 지역이자 오순절 신자들을 보유하고 있다. 1900년 아프리카 인구는 1,000만 명에 불과했고, 그중 9퍼센트만 기독교인 이었다.

그런데 2005년 전체 인구는 4억이 넘었고, 그리스도인의 비율은 46퍼센트에 달했다. 종교를 아편으로 여기는 중국의 기독교 상황은 자세히 알

---

99 후스토 L. 곤잘레스, 『현대교회사』, 368, 404-5.

려진 것이 없지만 많은 중국인 기독교인들이 있는 것으로 알려져 있다.[100] 영국과 미국, 캐나다, 호주, 뉴질랜드의 성공회 신자들 수는 나이지리아의 성공회 신자 수보다 적다. 이들 지역에서의 기독교인 증가로 인해 기독교의 중심축은 북반부에서 남반부 중심으로 이동했다.

이제 기독교의 중심축은 백인이 아니라 스패니쉬와 아프리카인, 그리고 아시아인들이 주종을 이룬다. 간혹 미국 교단에서 한국인이나 제3세계의 인물이 총회장으로 당선되는 사례도 나타나고 있다. 그 결과 개신교는 더 이상 서구의 종교 혹은 백인의 종교가 아니다. 오히려 서구 교회는 영성이나 신학 면에서 그 위치를 잃어가고 있다. 제3세계의 교회는 더 이상 서구의 사상이나 가치관을 받아들이지 않게 되었고 서구 문화와 결별하는 과정에 있다. 유럽에서의 기독교인 수의 급감으로 인해 이제는 선교를 가야 할 곳으로 변했고 실제로 아프리카나 라틴 아메리카 교회들이 유럽에서 선교하고 있다.

11. 전쟁 참여

흔히 기독교는 사랑의 종교로 알려져 있다. 세상 사람들은 교회가 하나님을 사랑하고 이웃을 사랑하며 평화를 추구하는 것으로 이해한다. 그리고 하나님은 십계명을 통해 '살인하지 말 것'을 명하셨다.

---

100 앨리스터 맥그래스, 『기독교, 그 위험한 사상의 역사』, 707.

그렇다면 기독교는 전쟁 혹은 무력 사용에 대해 어떻게 생각했을까? 그리스도인은 전쟁이 나면 참전했을까? 사람의 생명을 해치는 것은 살인인데, 전쟁을 어떻게 이해해야 하는가?

기독교 역사를 살펴보면 교회가 수많은 종교 전쟁들을 일으켰고, 정통과 이단 싸움으로 인해 숱한 사람들의 생명을 빼앗았음을 알 수 있다.

초대 교회는 평화를 사랑했다. 로마 제국이 기독교를 핍박했으나 교회는 무력으로 저항하지 않고 순교자를 배출했다. 그러나 어거스틴은 교회의 일치와 통일성에 큰 관심을 보였고, 모든 신자의 어머니 되는 가톨릭 교회를 옹호했다. 그는 제도적이고 위계질서가 잡힌 교회관을 강조하면서 교회의 질서와 평화를 파괴하는 이단이나 분파에 대한 핍박 및 폭력을 신학적으로 정당화했다.

그는 선한 영적 목적을 달성하거나 기독교 확장을 위해 폭력을 사용해도 된다는 정당한 전쟁(Just War)을 지지했다. 전쟁의 목적이 타당하고, 합법적 국가 권력에 의해 수행되고, 사랑이라는 동기에서 이루어진다면 정당하다. 그는 "강권하여 데려오라"(눅 14:23)는 구절을 해석함에 있어, 교회 밖에 있는 자들을 단순히 초청하는 데에만 그쳐서는 안 되고, 강압적인 개종을 해야 함을 강조했다. 신앙이 없는 사람이나 이단자는 강제력을 동원해서라도 개종시켜야 한다.[101]

어거스틴은 자신이 이단으로 몰아세운 도나투스파에게 무력을 행사하는 것을 사랑의 행위로 정당화했다. 이단에 대한 징계는 교회의 파문을 넘어 행

---

101 E. H. 브로우드벤트, 『순례하는 교회』, 52.

정 당국의 간여 아래 이단자의 재산을 몰수하고 추방 및 사형에 처할 수 있었다. 412년 황제 호노리우스는 도나투스파에 대해 법적 권리를 박탈하는 칙령을 내렸고, 그들에게 벌금을 부과하고 극형에 처했다.[102] 그의 이론은 중세 교회가 이단에 대해 무력 탄압을 허용하는 신학적 정당성을 부여했다.

11세기까지 세속적 목적에 의해 벌어진 전쟁에서 사람을 죽이는 것은 중죄에 해당하였다. 그러나 가톨릭교회는 기독교의 본질인 사랑을 버리고 전쟁을 신성한 것으로 만들려 시도했다. 교황은 제왕처럼 군대를 보유했고 여러 가지 이유로 전쟁을 일으켰다.

제1차 십자군 원정(1096년)을 필두로 200년에 걸친 십자군 전쟁이 시작되었다. 이슬람 세력에게 예루살렘과 안디옥, 에데사를 빼앗긴 동방 제국의 알렉시우스(Alexius Comnenus, 1081-1118 재위) 황제는 교황 어반 2세에게 지원을 요청했다. 십자군 파병을 통해 동방교회를 흡수하고자 하는 욕심을 품은 교황은 이에 응했다.

그는 십자군 전쟁에 참전하면 죄를 사면해 주고, 부채를 탕감해 주고, 세금을 면제해 준다는 공략을 내세우며 성전(Holy War) 참여를 독려했다.[103] 그런데 제4차 십자군은 예루살렘을 탈환하는 대신 같은 기독교 형제인 동방 제국의 수도인 콘스탄티노플을 점령했고, 수많은 동방정교회 신자를 살육했고, 소피아 성당의 보물을 약탈해 서유럽으로 가져갔다.

가톨릭교회는 강요, 협박, 고문, 폭력 등에 의해 이교도나 이단자를 개종시켜야 하고 이방인에 대한 복음 전파에서 국가 차원의 폭력, 즉 공권력

102　헨리 채드윅, 『초대 교회사』, 261-62.
103　R.W. 서던, 『중세 교회사』, 39.

을 사용하는 것을 당연시했다. 15-16세기에 가톨릭 국가인 스페인과 포르투갈은 남미를 침략하면서 한 손에는 성경을, 한 손에는 총을 들고 기독교를 택하지 않은 원주민들을 집단 학살해 버렸다.

인문주의자 에라스무스는 십자가와 전쟁은 함께 할 수 없음을 천명하며 어거스틴의 정당한 전쟁 개념에 반대했다.

"어떻게 거룩한 전쟁이 있을 수 있는가?"

그는 이렇게 질문한 후 다음과 같이 항변했다.

> 그리스도는 자신을 암탉에 비유하셨지만, 그리스도인은 매처럼 행동한다. 그리스도는 양을 치는 목자였지만, 그리스도인은 이리처럼 서로를 잡아 찢는다…
>
> 당신 형제의 뱃속에 칼을 찔러 넣으면서 어떻게 우리 아버지라 말할 수 있는가?

스위스 인문주의자들은 전쟁 반대론을 펴면서 평화주의를 지지했다.

독일 귀족들의 힘에 의지해 종교개혁을 성공시켰던 루터는 정치적 권력에 절대적 순종을 강조했고, 정부에 대항하는 폭력이나 반란에 반대를 표명했다. 그는 영주의 압제를 비난했으나, 영주에 대항해 농민 반란이 일어나자, 무정부 상태의 혼란에 공포를 느꼈고 영주들에게 무력으로 진압하라고 요청했다. 농민 반란은 조직의 부재, 지도력의 결핍, 계획의 실패 등으로 실패했고, 십만 명 이상의 농민이 학살당했다.

그가 원했던 개혁은 종교적인 것이었지, 정치적이거나 사회적 개혁은 아니었다. 통치자가 정의로 나라를 다스리는 한, 국민은 통치자에게 반항할 수 없다. 그러나 루터는 교황이나 가톨릭 황제의 공격에 대한 정당방위로 무력을 사용하는 것을 허용했다. 개신교 영주들은 슈말칼트동맹(League of Schmalkald, 1531년)을 결성해 가톨릭교회와 신성 로마 제국의 찰스 5세가 독일을 가톨릭화 하는 것에 무력으로 맞섰다.[104]

칼빈은 통치자가 권위의 한계를 벗어나는 것은 하나님께 맞서는 것임을 주장했다. 하나님이 정해준 권위를 넘어선 왕이나 영주는 그 권력을 내려놓아야 한다. 왕권은 엄격히 제한되어야 하고, 백성은 폭군에 맞설 권리와 의무가 있다.[105] 그는 폭군에게 대항하는 폭군 축출론을 옹호했지만, 군주를 살해하는 것에는 동의하지 않았다. 그는 제네바 시 의회의 힘을 등에 업고 자신에게 동의하지 않던 이단자들을 처형했다.

이후 영국 의회를 장악한 청교도파는 국왕 찰스 1세를 붙잡아 폭군, 반역자, 살인자로 기소했고 참수해 버렸다. 청교도는 그리스도인의 자유를 파괴했고, 정통을 이단으로 선언하는 등 실정을 거듭했다. 그들의 종교적 경직성, 종교적 불관용, 편협한 신앙 등으로 인해 잉글랜드인들은 청교도에 등을 돌렸고 왕권을 선택했다.

츠빙글리는 스위스 용병들과 함께 이탈리아 원정에 참여해 스위스인들이 부상을 당하거나 죽는 것을 목격했다. 이 경험을 통해 그는 스위스가 안고 있는 죄악은 사회적 질서를 파괴하는 용병 제도라 확신했다. 돈을 벌기 위해 목숨을 담보로 다른 나라의 전쟁에 용병으로 참여하는 것은 비도

---

104 후스토 L. 곤잘레스, 『종교개혁사』, 70, 75. 루이스 W. 스피츠, 『종교개혁사』, 82-83. 존 딜렌버거, 클라우드 웰취, 『프로테스탄트 교회의 역사와 신학』, 85.
105 존 딜렌버거, 클라우드 웰취, 『프로테스탄트 교회의 역사와 신학』, 84-86. 앨리스터 맥그래스, 『기독교, 그 위험한 사상의 역사』, 220.

덕적이고 애국적 행위도 아니다.[106] 그는 스위스의 개신교 자치주들이 군사 동맹을 맺고 가톨릭에 맞서 군사적 조치를 해야 한다고 제안했다. 1531년 찰스 5세의 지원을 받은 스위스의 가톨릭 자치주들은 작은 도시에 불과한 취리히를 공격했고 그는 전쟁에 참여해 전투를 벌이던 중 46세의 젊은 나이로 사망했다. 폭력과 전쟁을 반대했던 루터는 그의 죽음을 칼로써 복음을 수호한 것에 대한 하나님의 정당한 형벌로 해석했다.

가톨릭과 개신교 진영은 아우크스부르크 조약(1555년)을 통해 각 지역의 통치자가 종교를 결정하자는 데 동의했다. 그러나 종교적 갈등은 지속되었고 개신교 진영은 복음주의 연맹(1608년)을 결성했고, 가톨릭 또한 동맹(1609년)을 결성했다. 독일 영지 내에서 가톨릭과 개신교 사이에 세력 확장과 생존이 걸린 30년 전쟁(1618-1648년)이 벌어졌다. 영국과 네덜란드, 덴마크의 연합군이 독일로 진격했고, 스웨덴 국왕 구스타프도 개신교 지원을 위해 동맹에 가입했다.

전쟁의 결과 많은 지역에서 인구의 10분의 1 이상이 사망했는데 특히, 주요 전쟁지였던 독일은 그 인구가 3,000만 명에서 1,200만 명으로 줄어들었다. 전쟁의 참상을 너무도 컸고, 마을은 황폐화되었고, 경작지는 피폐해졌다. 100년 이상 지속된 가톨릭과 개신교의 전쟁으로 인해 서부 유럽은 폭력과 굶주림, 전염병 등이 일상화되었다. 30년 전쟁은 베스트팔렌평화조약(1648)으로 종결되었으나, 유럽인들은 종교에 대한 혐오를 표출했고, 새로운 신념체계를 찾으면서 기독교는 쇠락의 길을 걸었다.

---

106 루이스 W. 스피츠, 『종교개혁사』, 144-45.

대부분의 종교개혁가는 진리를 보호하고 이 세상에 있는 악을 제거하기 위해 무력 사용을 지지했다. 그러나 재침례교의 메노나이트는 평화주의를 기독교의 필수적 요소로 생각했다. 로마 군병들이 예수님을 잡으러 왔을 때, 베드로는 칼을 들어 대항했으나, 예수님은 폭력에 저항하지 않으셨고, 오히려 '칼을 든 자는 칼로 망한다'(마 26:51-52)라는 말씀을 하시며 베드로의 폭력을 만류하셨다.

메노 시몬스(Menno Simons, 1496-1561)는 그리스도인의 투쟁은 검이 아니라 '비폭력평화주의'로 규정했다. 예수님의 발자취를 따라 그리스도인은 비록 적이 쳐들어오는 상황이라 할지라도 자신의 생명, 가족과 국가를 방어하기 위해 무기를 들어서는 안 된다. 그리스도인은 원수를 사랑하고, 자신에게 악을 행하는 자에게도 선을 베풀도록 명령받았다. 살인이나 방화 등을 자행하는 어떤 형태의 무력이나 전쟁도 정당화될 수 없다.

그들의 비폭력에 대한 신념은 예수님의 절대적 주권에 대한 철저한 순종을 의미했다. 이런 믿음 아래 재침례교 신자들은 가톨릭교회나 종교개혁가들이 그들을 이단으로 몰아 체포해 죽일 때도 칼을 들지 않는 무저항주의를 택했다. 그들은 무장하는 것과 전쟁에 참여하는 것, 병역의 의무를 거부했다.[107]

퀘이커 또한 어떤 형태의 폭력도 용납하지 않았고 무기 소지를 금지시켰다. 신자들은 전쟁에 참여하지 않았고, 핍박이나 폭력에도 대항하지 않았다. 그들 외에 모라비안과 형제교회 등도 평화주의를 지지했다. 이들 그룹은 국가에 대한 충성 맹세나 군복무를 거부했기에 정부에 의해 반역의

---

[107] 윌리엄 에스텝, 『재침례교도의 역사』(서울: 요단출판사, 1985), 85-86. 루이스 W. 스피츠, 『종교개혁사』, 183.

성향이 있는 것으로 간주되었다.

그들은 미국의 독립 전쟁이나 남북 전쟁에 참여하지 않았다는 이유로 벌금을 내거나 재산을 몰수당하고 감옥에 갇혔다. 평화주의자들은 인도적 차원에서 프랑스군 포로나 부상자, 도망병들을 돌보았는데, 적군을 도와줬다는 이유로 무거운 세금과 징역형을 선고받았다. 반면, 미국 주류 교회들은 전쟁을 적극적으로 지원했다.

미국의 북부 교회는 노예 제도를 옹호하는 남군을 악의 근원으로 몰아붙였고, 남부 교회는 북군을 진보적이고 자유주의적이라 공격했다. 제1차 세계 대전의 잔인하고 파괴적인 전쟁을 경험한 이후, 인류의 진보에 대한 믿음과 이성에 대한 신뢰는 산산조각이 났다. 미국의 감리교, 북침례교, 성공회, 회중교회 등은 전쟁을 가장 악한 죄로 정죄하고 다시는 전쟁을 지지하지 않겠다고 선언했다.

그러나 막상 제2차 세계 대전(1939-1945)이 발발하자 다시 교회들은 적극적으로 전쟁을 지지하면서 전쟁을 통해 '문명을 구원할' 필요성을 역설했다. 평화주의 노선을 고수해 온 메노나이트와 퀘이커 등을 제외하고, 정통 교단 목사들은 전쟁의 열기에 사로잡혔고 하나님의 이름으로 독일 국민들을 멸종시키라고 외쳤다.[108] 특히, 근본주의와 남침례교와 같은 보수주의자들은 전쟁을 적극적으로 지지했다.

교회는 주로 친정부적 성향을 보였고 국가가 전쟁에 나설 경우, 적극적으로 참전해야 함을 강조했다. 한국 전쟁이 발발했을 때, 북쪽 교회는 남한을 적으로 삼아 제거해야 할 대상으로 삼았고, 남쪽 교회 또한 공산주

---

108   후스토 L. 곤잘레스, 『현대교회사』, 372.

의를 적그리스도로 규정하고 적극적으로 전쟁을 지원했다. 사랑의 종교인 기독교는 겉으로는 전쟁을 반대했으나, 정부가 전쟁을 시작하면 이를 지지하고 따라갔다. 우크라이나를 침략한 푸틴을 러시아정교회 대주교가 축복을 빈 사건은 이런 사례를 잘 표현하고 있다.

12. 하위층에서 중·상위층으로

예수님은 권력자나 부자에게 다가가지 않으셨고, 가난하고 병들고 소외당하던 자들에게 다가가셨다. 초대 교회는 가난한 자와 과부, 고아를 돌보고 감옥에 갇히거나 노역을 선고받은 형제들을 방문했고 그들을 돕고 구제하는데 전력했다.

그러나 콘스탄틴 황제 이후 교회는 권력자와 부자들이 주도하는 곳이 되었고 교황이나 고위 성직자는 부와 권력을 손아귀에 넣었다. 수도사를 중심으로 하위층에 다가가는 시도가 일어났다. 아시시의 프란체스코(Francis of Assisi, 1181-1226)는 부모로부터 많은 재산을 물려받았으나 이를 가난한 사람들에게 나눠주고 자신은 탁발 수도사가 되었고 프란체스코 수도원은 늘 가난한 하층 계급을 위해 헌신 했다. 그러나 유럽 교회는 오랫동안 권력층과 부자들에 의해 유지되는 중·상류층 중심의 체제를 지속했다.

18세기 영국의 산업 혁명으로 인해 급격한 공업화와 도시화가 추진되면서 많은 시골 사람들이 일자리를 찾기 위해 도시로 몰려들었다. 그러나 영국국교회는 중·상위층을 위한 전통적 목회 방식을 고수하며 가난한 산업 노동자들에게 아무런 관심을 기울이지 않았다. 이때 그들에게 손을 내민 것은 감리교의 웨슬리였다. 그는 산업화의 중심지인 런던의 상업 지역, 광산 도시 브리스톨, 석탄재로 뒤덮인 뉴캐슬, 철광업과 제조업이 발달한 중부 지역에 감리회를 세웠고 순회 전도를 통해 그들에게 다가갔다. 감리회의 주요 구성원은 새로운 일터를 찾아 도시로 밀려든 공장 근로자들이었다.

초기 감리교회 지도자 중 제대로 신학 교육을 받은 사람은 드물었다. 이처럼 초기 감리교회는 가난한 사람들의 교회였다.[109] 19세기 초 감리교는 미국에서 회중교회, 장로교회, 영국국교회를 누르고 미국 최대 교단으로 등극했고 감리교의 성장은 중산층을 위한 교회를 지향하도록 만들었다. 전에는 교회 건물이 평범했는데, 이제는 건축미를 살린 예배당을 소유했고 예배당에 지정석을 만들어 돈을 낸 순서로 앉혔다. 그러자 가난한 사람들이 있기에 불편한 교회가 되고 말았다.

이런 감리교의 부르주아 현상에 반발해 자유감리교회(Free Methodist Church, 1860년)가 탄생했다. 이 교단은 교회가 부자에 의해 지배되는 것을 반대했고, 가난한 자도 차별 없이 예배드릴 수 있는 교회를 지향했다. 교회 건물은 소박하게 지었고 교회의 좌석은 누구나 자유로이 앉을 수 있게 했고 화려한 옷을 입는 것을 자제함으로 가난한 사람들이 소외감을 느끼지 않도록 배려했다. 윌리엄 부스는 1890년대 잉글랜드에서 수백만 명의 사람이 겪은 사회적 박탈감에 큰 관심을 가졌고 그들을 위한 구세군을 조직했다. 그는 평생을 가난한 사람과 미혼모, 고아, 버림받은 여성들을 돌보는데 헌신했다.

---

109   Frederick A. Norwood, *The Story of American Methodism* (Nashville: Abingdon, 1974), 58.

제도권 교단으로부터 핍박을 받던 침례교는 처음부터 전도의 대상을 가난한 농부와 하층민, 아프리카 노예에게 두었다. 미국 남부를 장악하고 있던 성공회의 크고 화려한 건물에 비해 침례교는 작고 낡은 건물에서 예배를 드렸다. 성결운동도 처음부터 가난한 계층을 중심으로 출발했다. 성결교단의 대표적 교회인 나사렛교회는 가난한 자에 대한 관심을 가졌고 고아원, 양로원, 긴급 구조대 등을 운영했다. 오늘날 최대 교단이 된 오순절교회는 처음부터 도시의 가난한 자, 소외된 자, 가지지 못한 자들에게 위로와 감동을 안겨주었다. 한국에 처음 복음이 전파되었을 때도 선교사들은 가난하고 소외받던 자들에게 다가갔다. 이화학당이 당시 무시를 받던 양반의 첩이나 기생을 중심으로 시작된 것이 그 대표적인 사례라 할 수 있다.

이처럼 갱신운동에 참여하는 사람들 대부분은 사회적으로 빈곤층에 다가갔다. 그러나 교단이 성장하면서 중·상위층에 올라가면 다시 그 내부에서 가난한 자들을 위한 새로운 갱신운동이 탄생하는 순환을 반복했다.

제2장
예배의 변화

1. 성례전 중심에서 설교 중심으로

초대 교회는 엄격한 세례 교육 및 세례식을 통해 교회의 멤버를 받아들였고, 주일마다 성찬식을 거행했다. 주일 예배는 감사와 성찬이 주목적이었고 세례를 받은 사람만 성찬에 참여할 수 있었다. 사회자는 떡과 포도주를 놓고 감사의 기도를 드렸고, 한 사람씩 나눠주는 떡과 포도주를 받았다. 축성된 떡과 포도주는 병이나 투옥 때문에 참여하지 못 한 사람들에게 보내졌다.[1] 3세기부터 순교자의 순교 일에 그의 묘지를 방문해 성찬을 행하며 기념했다.

안디옥의 이그나티우스는 감독이 집행하는 성례전에 하나님의 은총이 임재함을 강조했다. 감독이 성만찬을 집례했고, 집사는 보조 역할을 했다. 감독의 부족과 부재로 인해 2-3세기에는 집사가 성만찬을 집전하는 경우도 많았다. 그러나 콘스탄틴 이후 니케아 공의회(325)는 집사(목사)의 성만

---

1 헨리 채드윅, 『초대 교회사』, 36, 54, 304.

찬 집행을 금지시켰다. 400년경, 주요 도시에서는 주일 대성찬 외에 매일 성찬을 집례하는 것이 관습으로 굳어졌다.[2] 성찬 예배는 주로 설교 없이 행해졌고, 간혹 영감 있는 설교도 추가되었다.

어거스틴은 유아가 죄 용서를 받기 위해서는 반드시 유아 세례를 받아야 한다고 주장했다. 사제가 집행하는 유아 세례는 구원에 필수적 요소로, 세례를 받는 순간 원죄와 함께 그동안 지었던 자범죄가 씻기며 동시에 의로워진다. 중세에 접어들어 구원은 성례전과 연결되어 제도화되었고, 성직자가 베푸는 세례 없이는 죄 용서를 받을 수 없었다.[3]

중세 교회는 교회 성례전을 통해 신자들의 전 생애를 통제했다. 피터 롬바르드(Peter Lombard, 1100-1160)는 강론(Four Books of the Sentences, 1150년)에서 세례, 견진, 성만찬, 서품(사제 안수), 혼인, 고해 성사, 종부 성사를 칠성례로 규정했다. 예수님이 세례와 성만찬을 재정하셨고, 나머지 성례들은 사도들에 의해 고안되었다. 유아로 태어나면서 세례를 받고, 이후 청소년이 되었을 때 견진 교육을 받고 성만찬에 참여하며, 성찬을 받기 전에 고해 성사를 하고, 성인이 되어 혼인하고, 삶의 마지막에 이르렀을 때 종부 성사를 드렸다. 성직자의 간여와 중개가 없으면 신자는 용서와 위로를 누릴 수 없었고 교회와 사제는 성례전을 통해 신자의 출생부터 사망까지 통제할 수 있었다.

가톨릭교회는 외경인 제2의 마카베오 12장과 어거스틴의 림보 이론에 근거해 천국과 지옥 사이에 연옥이 있다고 주장했다. 성인은 죽어서 천국

---

2   헨리 채드윅, 『초대 교회사』, 54-55, 315.
3   알리스터 맥그라스, 『그들은 어떻게 이단이 되었는가』, 304.

에 들어가고 죄인과 이단은 지옥에 가나 대부분의 사람은 연옥에 들어간다. 연옥에 들어간 영혼은 그곳에서 죄과나 결점을 씻는 정화 과정을 거친다. 그런데 연옥에 거하는 기간은 이 세상에 있는 후손의 공덕 여하에 따라 조정된다. 지상의 후손이 연옥에 있는 조상을 위해 미사를 드리면 연옥에서 고통받는 시간이 단축될 수 있다. 후손은 30일 동안 진혼 미사를 드렸고, 매년 망자의 기일에 추도 미사를 드렸다. 가톨릭교회는 제3차 라테란 공의회(1179년)에서 죽은 자를 위한 희생 예배인 미사를 칠성례에 포함시켰다.[4]

고해 성사는 아일랜드와 스코틀랜드의 수도사들이 서로의 죄와 비밀을 귀에 대고 속삭이던 참회 제도에서 유래되었다. 가톨릭교회는 이 제도를 발전시켜 구원을 받기 위해서는 각자의 죄를 사제에게 고백하고 용서받는 제도를 고안해 냈다. 교황이나 주교, 사제는 하나님 나라의 문을 열고 닫을 수 있는 권세를 부여 받았기에 하나님을 대신해 죄의 고백을 듣고 사해줄 수 있는 권한이 있다. 토마스 아퀴나스(Thomas Aquinas, 1225-1274)는 성례전을 하나님이 은혜를 베푸시는 도구로 해석했다. 성례전에 참여한 사람들은 예수 그리스도의 공로를 전달받으므로 의롭고 거룩하게 되는 은혜를 받는다.

플로렌스 공의회(1439년)의 아르메니안 법령(Decree for the Armenians)은 성례전이 하나님의 은혜와 용서를 담지 하고 있으며, 참여하는 사람들에게 영적 표징 및 자양분을 공급한다고 선포했다. 동방정교회도 성례전을 매우 중시했는데, 성례전을 통해 하나님을 만나고 의로움과 은혜, 치유를

---

4 제임스 F. 화이트, 『기독교 예배학 입문』, 146-47, 353.

전달 받을 수 있다. 눈에 보이는 가시적 성례전을 통해 하나님과 은혜로운 인격적 관계를 형성할 수 있다. 실제로 성찬을 베푸는 가운데 치유와 축사, 성령 세례와 같은 능력이나 기적들이 나타났다.

중세 서방교회는 예배의 외적 형식과 성례전을 강조했고 매주 성찬 중심의 예배를 드렸다. 성례전이 예배의 중심에 놓이면서 화목 제사 개념이 발전했고 미사를 드리는 제단(altar)은 예배당 중앙에 놓였다. 미사를 올릴 때마다 그리스도가 희생제물로 제공된다. 종교개혁에 대항하기 위해 열린 가톨릭교회의 트렌트 공의회(1545-1563)는 구원을 얻기 위해서는 일곱 가지의 성례전을 필수적으로 받아야 할 것을 재확인했다. 칠성례 없이는 칭의의 은혜를 보장할 수 없다. 성례전의 숫자가 일곱보다 많거나 적다면 이단으로 파문했다.[5]

그러나 종교개혁가들은 가톨릭교회의 칠성례를 반대했고, 이를 두 성례전으로 축소시켰다. 위클리프는 사제에게 죄를 고백함으로 죄사함을 받는 것이 아니라, 스스로 죄에서 돌이켜 하나님께 회개해야 함을 강조했다. 그는 고해 성사나 죽은 사람을 위해 드리는 미사는 무효라 선언했다. 루터 또한 성례전이 세례와 성만찬 두 가지뿐이라는 결론을 내렸다.

회개 및 용서는 살아있는 동안만 유효하며, 미사는 사망한 사람에게는 아무런 소용이 없다. 미사를 통해 사망자가 연옥에서 나와 천국에 들어간다는 교리는 미신이자 무식의 소치이다. 그리고 성례전에 참여하거나 고해 성사를 함으로 구원받는다는 주장은 거짓 교리이다. 개신교는 고해 성

---

5   제임스 F. 화이트, 『기독교 예배학 입문』, 208.

사를 없애고 대신 주일 예배에서 참회 기도를 첨가하는 것으로 만족했다.[6]

종교개혁가들은 가톨릭교회의 성례전 중심의 예배에 비판적이었고, 성례전 중심의 예배를 설교 중심으로 바꾸었다. 교단에 따라 새로운 성례전, 신앙고백서, 예배 규정, 찬송가 등이 만들어졌다. 성례전을 통해 하나님의 은혜가 부어진다고 믿은 마틴 루터는 성경과 배치되지 않는다면 가톨릭교회의 예배 형식과 성례전을 그대로 받아들였다. 그는 설교의 의의를 재발견했고 예배 예식서를 출판하면서 말씀을 예배에서 가장 중요한 요소로 여겼다.

츠빙글리는 또한 성례전적 예배는 그리스도의 은혜를 기념하는 것으로 해석해 성례전에 특별한 위치를 부여하지 않았다.[7] 칼빈은 예배의 중심에 말씀이 있음을 강조했고 성례전은 그리스도와의 교제에 초점을 맞춘다고 설명했다. 믿음 없이 참여하는 성례에는 아무런 유익이 없고, 불신자나 악인의 성례 참여는 하나님의 진노를 불러일으킨다.

개신교는 설교를 중심에 놓으면서 미사를 드리던 제단을 제거하고 대신 강단(pulpit)을 교회 건물 중심에 놓았다. 하나님은 성찬을 통해 하나의 실체 혹은 신비로 만나야 할 분이 아니라 설교를 통해 만나야 한다. 개신교 예배는 성경을 낭독하고, 본문에 근거한 설교가 예배의 지배적인 부분으로 정착했다. 취리히 종교개혁가 하인리히 불링거(Heinrich Bullinger, 1504-1575)는 '설교는 곧 하나님이 말씀하시는 것'이라 주장하면서 설교자의 권위를 하나님 수준으로 높였다. 『하이델베르크 요리문답』은 하나님 말씀의 선포를 통해 하나님의 존재와 하나님을 아는 지식이 전달된다고 강조했다.

---

6   제임스 F. 화이트, 『기독교 예배학 입문』, 310.
7   제임스 F. 화이트, 『기독교 예배학 입문』, 210-211.

18세기에 접어 들어 대부분의 루터교회는 매주 행하던 성만찬 예배를 그만 두었다.[8]

미국에서 정교분리가 확립되기 전까지 서부 유럽의 개신교는 특정 국가나 시의 국교였고, 정부의 영향 아래 있었다. 설교자의 선동이나 사회불안을 두려워한 정부는 설교자와 설교 내용을 엄격하게 통제했다. 성공회는 『설교집』(Book of Homilies)을 출판해 설교의 표본을 제시하면서 설교자에게 이것만 전달할 것을 요구함으로 목사와 설교를 통제했다. 이 상황에서 설교자는 국가가 만들어 놓은 공인된 해석만을 전달했다.[9] 18세기 계몽주의의 출현으로 인해 성례전을 하나님은 자기의 뜻을 실현하기 위해 물질적 요소나 의례를 사용하지 않는다는 주장으로 인해 성례전의 비신성화 경향은 더욱 강해졌다.

가톨릭교회나 초기 개신교는 세례 시의 중생 이론을 가르쳤다. 세례를 받을 때 성령의 역사에 의해 죄인의 부패성이 제거되고 거듭남이 일어난다. 이를 고교회적 성례전 전통으로 분류한다. 그러나 청교도는 세례에는 중생시키는 능력이 없다며 성례전의 의미를 약화시켰다. 그리스도의 은혜는 성만찬을 통해 전달되는 것이 아니라, 설교를 통해 경험된다. 조지 휫필드는 제1차 대각성운동을 통해 설교 중심의 부흥회로 바꾸어 놓았다.

그런데 이런 흐름에 역행하는 일도 벌어졌다. 성공회는 성례전를 통해 신앙의 진리를 전달할 수 있다는 가톨릭교회의 전통을 받아들였다.

---

8 제임스 F. 화이트, 『기독교 예배학 입문』, 173.
9 앨리스터 맥그래스, 『기독교, 그 위험한 사상의 역사』, 466-67.

18세기에 접어 들어 대부분의 루터교회는 매주 행하던 성만찬 예배를 그만 두었다. 이제 대부분의 개신교회는 1년에 서너 차례 정도의 형식적인 성만찬을 드린다. 그런데 이런 흐름에 역행하는 일도 벌어졌다. 성공회는 성례전를 통해 신앙의 진리를 전달할 수 있다는 가톨릭교회의 전통을 받아들였다.

19세기 옥스포드운동의 결과 성공회는 가톨릭 예전으로의 복귀를 선언했고, 성례전 중심의 예배를 드렸다. 칼빈은 교회를 하나님의 말씀이 선포되고 성례전이 행해지는 곳으로 정의했다. 그런데 퀘이커나 구세군의 경우, 성례전의 필요성을 부정하고 이를 실행하지 않는다. 성공회 사제였던 존 웨슬리는 성례전이 믿음을 확증하고 증진시킨다고 믿어 세례를 받지 않은 사람도 성찬식에 참여시켰다.

가톨릭교회는 성례전 중심의 예배를 드렸고 개신교도 설교 중심의 예배로 전환했다. 목사나 설교자와 같은 전문 직업 계층의 등장은 만인 제사장을 표방하던 개신교의 근본 원리를 위협했다. 설교를 담당하는 목사 계층의 비중이 커지면서 '설교는 하나님의 말씀'이라는 공식을 만들어냈다. 전문적인 신학 교육을 받은 목사의 역할이 강조되면서 목사는 중세 교회 사제의 권한을 그대로 물려받았다.

예배 형식

1세기 유대인들은 회당에 모여 시편 찬송, 성경 읽기, 주석적 설교, 기도로 이루어진 단순한 예배를 드렸다.[10] 회당 예배의 영향을 받은 초대 교회는

---

10 헨리 채드윅, 『초대 교회사』, 8.

성경 봉독, 시편 찬송, 설교, 중보 기도, 성만찬 등의 간단한 순서로 예배를 진행했다. 수요일과 금요일에는 설교가 없는 성만찬을 시행했다. 어거스틴은 교회에 도착하자마자 인사를 나눈 후 바로 강론(설교)에 들어갔다.

4세기에 접어들면서 예배는 정교한 형태로 발전했는데, 성경 교독, 교창(시편), 기도문, 니케아 신앙고백, 찬송가 등이 첨가되었다. 예배 인도자는 예식서에 근거해 예배를 인도했고, 예배 준비 단계에 입당송(성직자가 제단으로 행진하면서 자비를 구하는 기도송), 영광송(지극히 높은 곳에서는 하나님께 영광), 짧은 기도 등의 순서가 추가되었고 이후 성경 낭독자, 성경 해설자, 찬양 전문가 등이 등장했다.

중세 교회는 직분 및 제도, 의식, 건물 등이 제국의 형태를 따랐고, 예배에 연극적인 화려함이 추가되었다. 성찬 예배는 설교 없이 행해졌다. 중세 수도원은 『매일기도서』(*Breviary*)를 이용해 하루 일곱 차례의 예배를 드렸다.

개신교 예배는 말씀의 예전으로 대체되면서, 성경 봉독과 설교가 예배의 중심이 되었다. 칼빈은 예배가 단순해야 한다고 믿었고 존 낙스는 제네바 회중이 사용하던 예배 순서를 따랐다. 낙스는 칼빈의 제네바 예식서를 개정해 『공동 예배 모범』(*Book of Common Order*, 1564)을 출판했는데, 예배 요소에는 성경 봉독과 시편 찬송, 중보 기도, 목회자의 고백 기도, 설교, 감사 기도, 주기도, 시편 찬송, 축복 기도 등으로 이루어졌다. 축도는 종교개혁 이전에는 나타나지 않았고 츠빙글리는 예배를 축도가 아닌 감사로 끝냈다.

개신교 교단들은 정통 교회로 자리 잡으면서 예식서와 성례서를 만들었고 예배 순서 또한 복잡하고 정교해졌다. 크랜머가 영국국교회 예배집인

『공동기도서』(1549년)를 출판함으로 영국의 모든 교회는 한가지 예배 형식을 사용했다. 여기에는 왕을 위한 특별 기도와 니케아 신조가 포함되었다. 가톨릭교회는 로마 미사예식서(1570년)을 제작해 사용했다. 연합감리교와 장로교, 연합 그리스도교회 등은 『표준 성경 일과』(Common Lectionary)를 제작했는데, 3년을 주기로 매주 세 가지 성경 본문(구약, 사도 서신, 복음서)을 설교의 표준으로 제시했다.

주일 예배 형식에는 다양성이 있었다. 퀘이커교의 예배 형식은 매우 독특한데, 설교나 찬양, 성경 봉독이 없이 침묵하면서 성령의 임재를 기다렸다. 한참 동안 침묵한 후, 누구든지 성령의 인도하심에 의해 발언할 수 있었는데, 주로 개인에게 자기반성의 말을 하도록 하는 자발성이 강한 예배를 추구했다. 쉐이커교는 춤을 예배의 중요한 부분으로 받아들였다. 미국 초기 개신교는 손뼉을 치고 춤을 추는 것을 예배의 한 부분으로 인식했다. 감리교는 찬송을 많이 부르면서 감정적이고 뜨거운 예배를 드렸다.

19세기 미국 교회는 교회에 출석하지 않는 사람들을 대상으로 하는 서부 개척자 전통의 예배를 개발했다. 천막 집회 및 야외 집회가 발전되었고, 찬양과 설교, 기도로 이루어진 단순한 예배를 선호했다. 맥퍼슨은 예배에 드라마와 뮤지컬을 도입한 역동적 설교로 큰 인기를 끌었다. 오순절교회는 각 사람의 다양한 은사를 이용한 자발적 예배와 찬양, 간증 등을 강조했다.

현대에 접어들어 미국 교회에서 형식에 매이지 않는 새로운 예배 양식들이 등장했다. 갈보리채플은 정해진 예배 순서 없이 찬송과 기도, 성경 봉독, 설교 등의 간단한 순서로 이루어진 예배를 드린다. 언제 앉고 언제 서고 언제 암송하고 언제 성경을 읽을 것인가 등에 대한 지침은 폐기되었다. 열린 예배는 드라마와 무용, 워십 댄스, 동영상 등의 시청각 요소가 가

미되었다. 심지어 빌 하이벨스와 릭 워렌 목사는 설교 대신 의자에 앉아 다른 사람들과 대담을 나누는 형태의 예배를 도입했다. 오늘날 예배는 형식에 매이지 말 것, 강요하지 말 것, 편안하게 해 줄 것 등을 강조한다. 물론 교회마다 차이는 있겠지만 한국 교회는 정해진 예배 순서대로 드리는 엄격한 예배를 선호하는 듯하다. 그러나 점차 젊은 층을 중심으로 찬양 집회 혹은 열린 예배로의 전환이 일어나고 있다.

2. 화체설에서 기념설로

유대교에서 식사는 하나님을 공급자로 인정하는 신앙 행위이자 사람들과 교제하는 방편이었다. 성찬식은 주님의 살과 피를 먹고 마심으로 예수 그리스도의 몸과 고난에 연합하는 성례전이다. 초대 교회는 주일마다 성찬식을 베풀었는데, 설교 및 기도를 한 후 빵과 포도주를 나누었다. 세례를 받지 않은 사람에게는 성찬식이 제공되지 않았다.

성찬식에는 한 끼의 충분한 식사가 제공되었는데, 부자들이 먼저 성찬식에 참여해 식사를 마친 후, 가난한 사람들이 먹었다. 그런데 부자들이 지나치게 많이 먹으므로 이후에 참여한 사람들은 먹을 것이 없었다. 이런 병폐로 인해 식사는 집에서 하는 것으로 결정되었고, 간단한 스낵으로 대처 되었다.[11] 성찬식을 마치면 부사제들이 병자와 감옥에 있는 사람들에게 축성된 빵과 포도주를 가져다주었다.

---

11 제임스 F. 화이트, 『기독교 예배학 입문』, 193-5.

어거스틴은 성만찬에 그리스도의 현존하심에 대해 상징적 해석과 실제적 해석을 병행해 내놓았다. 빵은 주님의 몸을, 포도주는 그리스도의 피를 상징한다. 그런데 성만찬은 불가시적 은총의 가시적 형식으로 빵과 포도주라는 보이는 물질 안에 보이지 않는 하나님의 은총이 숨어있다. 그는 떡과 포도주를 그리스도의 몸과 피로 동일시했다.[12] 4세기 말에 '이 떡을 그리스도의 살로 만드시고, 이 잔을 그리스도의 피로 변하게 하옵소서'라는 말이 추가되었다. 그의 이중적 해석은 이후 많은 해석과 혼란을 불러일으켰다.

가톨릭교회에는 사제가 축도하는 도중 빵과 포도주가 주님의 살과 피로 변한다는 화체설(transubstantiation)을 받아들였다. 알메리쿠스(Almericus)는 성찬식의 빵에 하나님이 존재하지 않는다고 주장했고, 이로 인해 파리에서 이단으로 몰려 화형을 당했다.

4세기 후반, 동방교회는 성찬의 거룩한 경외감과 초월적 경이감을 강조했고, 신자는 왼손으로 오른손을 받친 채 공손하게 떡과 포도주를 받았다. 사제는 성찬식을 거행하며 성령의 임재를 엄숙하게 기원했다. 7세기경, 서방교회는 성찬 때 누룩이 들어가지 않은 무교병을 사용했고, 동방교회는 유교병을 사용했다.

가톨릭교회는 제4차 라테란 공의회(Lateran Council, 1215)에서 화체설을 공식 교리로 인정하며 주님의 희생은 반복적일 수 있다고 규정했다. 떡과 포도주를 놓고 기도하는 동안 성별을 통해 떡의 모든 본질이 그리스도 몸의 본질로, 포도주의 모든 본질이 그분의 피의 본질로 바뀌는 변화가 발생한다. 토마스 아퀴나스는 믿음으로 그리스도의 몸과 피에 대한 실제적 인

---

12 제임스 F. 화이트, 『기독교 예배학 입문』, 200-201. 도날드 K. 맥킴, 『교회의 역사를 바꾼 9가지 신학 논쟁』, 297.

지가 가능하다고 주장했다.[13]

초대 교회는 유아가 태어난 지 8일 만에 유아 세례를 베풀었고, 사제가 손가락에 포도주를 적셔 유아의 입에 넣어주었다. 그러나 유아에게 포도주를 제공하는 것이 문제가 되자, 7세에 견진을 받고, 그 이후에 성찬식에 참석해 영성체를 받게 했다. 12세기 이후 어린아이는 이성을 갖는 나이가 될 때까지 성만찬에 참석할 수 없었다. 그리고 축성된 포도주를 바닥에 흘리는 것에 대한 염려와 포도주에 취해 주사를 부리는 평신도가 생기면서 평신도에게 빵만 제공하고 포도주를 제공하지 않았다.[14]

종교개혁가들은 가톨릭교회의 화체설이 영성체의 실제 임재를 믿는 신성 모독이요, 우상 숭배라고 비판했다. 마틴 루터는 화체설은 터무니없는 미신으로, 떡과 포도주의 본질이 변화될 수 없다고 해석했다. 그러나 그는 예수 그리스도의 살과 피가 떡과 포도주 속에, 아래와 주위에, 위에 임재한다는 육적 임재설(consubstantiation 공재설)을 주장함으로 화체설과 비슷하다는 비판을 받았다.

그에 의하면, 성례란 눈에 보이지 않는 은혜와 사랑을 눈으로 볼 수 있게 드러낸 표지로 비록 눈에 보이는 외형적 형태는 변하지 않지만, 본질은 바뀐다. 마치 눈에 보이지 않는 사람의 영혼이 육체에 거하는 것처럼 성찬식이 거행되는 동안 하늘에 계신 그리스도께서 보이지 않는 영체로 빵과 포도주에 실제로 임재 하신다.[15]

---

13 도날드 K. 맥킴, 『교회의 역사를 바꾼 9가지 신학 논쟁』, 305.
14 제임스 F. 화이트, 『기독교 예배학 입문』, 236-237.
15 존 딜렌버거, 클라우드 웰취, 『프로테스탄트 교회의 역사와 신학』, 79. 후스토 L. 곤잘레스, 『종교개혁사』, 60-61.

루터는 성직자와 똑같이 평신도도 떡과 포도주를 함께 받아야 한다고 믿었다.[16] 누구나 그리스도의 살과 피에 참예할 수 있고, 하나님의 은혜를 받을 수 있다. 그러하기에 불신자도 그리스도의 몸을 먹을 수 있다. 루터는 물질이 신앙생활의 방해물이 아닌 영적 생활을 위한 보조물로 파악했다. 인간의 예식이 거행되는 동안 하나님은 내면적으로 역사하신다. 독일의 일부 지역에서는 18세기 말까지도 매주 성찬식을 거행했다.

반면, 신플라톤주의의 영향을 강하게 받은 츠빙글리는 이원론적 사고에 근거해 영적 실체를 높이 평가했으나 눈에 보이는 물질을 경시했다. 신성한 것과 세상의 물질은 서로 구별되고, 영적인 것과 세속적인 것은 서로 무관하다. 영혼은 불사적이지만 육체는 죽고 사물은 인간을 깨끗하게 하거나 의롭게 할 수 없다. 눈에 보이는 물질을 통해 인간의 감각에 호소하는 것은 열등하다. 물질이나 행위는 영적 실재의 표시 혹은 상징에 불과하기에, 빵과 포도주에는 그리스도의 임재는 불가능하고 신비적 은혜도 없다.[17]

츠빙글리는 성례전을 그리스도인의 입문 의식이나 서약 혹은 맹세로 해석했다. 신자는 성찬에 참여함으로 예수 그리스도에 대한 믿음을 고백하고, 교회 공동체가 한 몸에 헌신함과 소속감을 보여 준다. "나를 기념하라"는 예수님의 말씀처럼, 성찬은 고난과 죽으심, 부활을 통해 구원의 은혜를 베푸신 구원을 주신 주님을 기념하는 것이다. 떡은 그리스도의 몸을 가리키거나 상징한다. 이로 인해 성찬식에 대한 비신성화가 이뤄졌고, 그의 성찬식 견해는 상징설로 칭해졌다.[18] 청교도는 성만찬을 그리스도의 은혜를

---

16 앨리스터 맥그래스, 『기독교, 그 위험한 사상의 역사』, 412-13.
17 후스토 L. 곤잘레스, 『종교개혁사』, 86-87.
18 앨리스터 맥그래스, 『기독교, 그 위험한 사상의 역사』, 418.

기념하는 것이라는 츠빙글리의 성례전을 받아들였다.

초대 교회나 가톨릭교회는 매주 성찬식을 거행했고 루터도 주일마다 성찬식을 베풀어야 한다고 주장한 데 반해, 츠빙글리는 1년에 3-4차례로 줄였다. 개신교 정통주의는 설교 중심의 예배를 강조하면서 성찬식을 1년에 몇 차례만 실시한다. 매주 거행되던 성만찬은 1년에 몇 차례로 제한되었고, 이로써 점차 성만찬이 가지는 공동체적 의미도 사라졌다. 그리고 세례를 받은 자만이 성만찬에 참여할 수 있었다.

영국국교회의 크랜머는 『공동기도서』(1549)에서 루터의 성찬론을 지지했으나, 1552년 이를 개정하면서 츠빙글리의 모델을 따랐다. 그러나 19세기 고교회의 옥스포드운동이 일어나면서 매주 성찬을 거행하던 초대 교회의 관습으로 되돌아갔다.

칼빈은 루터와 츠빙글리의 중간적 입장을 취했다. 성찬에 그리스도의 몸이 직접 임재하는 것이 아니며, 동시에 상징적인 것만도 아니다. 믿는 자들이 떡과 포도주를 먹고 마실 때 그리스도의 영이 성례전에 임재한다. 성령의 역사로 말미암아 성례전에 참여한 사람들은 천국 잔치에 참여하는 즐거움을 미리 맛볼 수 있다.[19] 칼빈의 성찬 이론은 영적 임재설로 분류되었다.

동방정교회는 성찬식을 은혜를 받는 수단으로 여겨 자주 거행했다. 성찬식이 거행되는 동안 실제로 많은 기적과 치유가 나타났다. 존 웨슬리는 세례와 성찬식을 통해 은총이 주입되고 전달된다고 믿었다. 예배에 참석해 설교를 들으면 믿음과 은혜가 자라듯이, 성례에 참여하는 자는 성령의 역사를 통해 하나님의 은혜를 전달받고, 도덕적·영적 성장 및 치유를 경

19　현요한, 『성령 그 다양한 얼굴』(서울: 장로회신학대학교, 1998), 180.

험하다.[20] 그래서 그는 가급적 자주 성찬식을 거행하라고 권고했고, 믿음이 적은 자도 성찬식에 참여시켰다.

반면, 퀘이커나 구세군은 성만찬을 실행하지 않는다. 실제로 포도주가 제공되었으나 평신도에게 포도주를 주면 알코올 중독을 조장하는 게 아니냐는 우려로 인해 포도 주스로 대체되었다. 화체설은 지나치게 미신적인 데 반해, 기념설은 성찬식을 의례로 해석해 단순화시켰다. 그 결과 성찬식의 진정한 의미와 하나님 은혜의 전달이라는 개념도 사라져 버렸다.

3. 유아 세례 인정에서 부정으로

나는 성인이 되어 예수님을 믿었고 세례를 받았다. 결혼하고 자식을 낳으니 유아 세례에 대해 처음으로 알게 되었다. 당시 다니던 미국 감리교회는 유아 세례를 실시하고 있었기에 당연히 유아 세례를 받아야 하는 것으로 알았다. 목사님에게 유아 세례가 성경적인지를 물었지만, 교회의 전통이란 답변을 들었다. 교회 역사와 성경을 공부한 끝에 이를 거부하고 아이들이 자란 후 신앙의 고백을 확인한 후 세례를 받게 했다.

유아 세례에 대한 논쟁은 교회의 오랫동안 이슈였다. 오늘날 대부분의 한국 교회는 유아 세례를 행하고 있고, 유아의 머리에 세 번 물을 적시는 약식 세례를 베풀고 있다. 성인 새 신자가 교회에 등록하면, 세례 교육을 받고 세례를 베푼다. 세례란 헬라어 동사 *baptizein*에서 유래되었고, '가라

---

20 케네스 콜린스, 『진정한 그리스도인: 존 웨슬리의 생애』(부천: 서울신학대학교출판부, 2009), 100.

앉다', '흠뻑 젖게 하다', '씻다' 등의 의미를 가진다.

예수님은 요단강에서 세례 요한으로부터 침례를 받으셨고 세례를 자신의 고난 및 죽음과 동일시하셨다. 세례는 그의 희생적 죽음과 부활의 표상이다. 신자는 예수 그리스도를 구주로 영접한 후 세례를 통해 그와 함께 죄에 대해 장사하고, 부활하고, 연합했음을 고백한다. 신자는 세례를 받으므로 죄악을 단호히 거부하고 주님을 따를 것을 다짐했고 교회의 일원으로 받아들여졌다. 신약은 물속에 잠겼다가 나오는 침례를 행했다. 신약에 성인의 세례에 대한 언급은 나오나, 유아에게 세례를 베풀었는지에 대한 명백한 증거는 없다. 온 가족이 세례를 받았는데(행 16:15, 33; 18:8; 고전 1:16), 아기가 포함 되었는지는 확실하지 않다.

초대 교회는 그리스도를 구주로 영접한 성인에 한해 침례를 베풀었고, 신앙을 고백할 수 없는 유아에게는 세례를 베풀지 않았다. 디다케(*Didache*)의 기록에 의하면 호수나 흐르는 강에서 완전 침수의 형태로 세례를 거행했다. 일단 '예수님은 주이시다'라는 고백을 하면 입교 자격이 주어졌고, 교회의 가르침을 받은 후 이에 따라 살겠다는 맹세와 함께 기도와 금식이 병행되었다.

터툴리안에 의하면, 당시 세례 교육은 매우 엄격했다. 세례를 받기 전 기도와 금식, 무릎 꿇기, 철야를 하고 죄와 사탄에 대한 완전한 단절을 선포해야 한다. 히폴리투스(Hippolytus, 170-235)에 의하면, 3년 동안 성경 공부와 기도, 축사 등이 포함된 길고도 엄격한 세례 준비 과정을 거쳤다. 주로 부활절에 세례가 거행되었는데, 세례 예비자는 성금요일과 토요일에 금식했고, 토요일 저녁에 철야기도를 드렸다.

그리고 부활절에 그리스도께서 죽음에서 일어나신 것처럼 수세자의 몸을 물에 담갔다 일으키면서 성 삼위의 이름으로 세례를 베풀었다. 이 고된 과정을 거친 사람들은 자신의 신앙을 위해 기꺼이 순교할 수 있다는 믿음을 가졌다. 세례를 받은 사람에 한해 성만찬에 참여할 수 있었다. 세례를 베풀 수 있는 조건이 안 될 경우 "아버지와 아들과 성령의 이름으로" 수세자의 머리에 세 번 물을 붓는 약식으로 거행되었다.[21]

최초의 유아 세례가 실시된 것은 2세기 말경이나 3세기경으로 추정된다. 콘스탄틴이 기독교를 공인한 이후 본격적으로 행해졌고, 4세기 말경 로마 제국 전역에 두루 퍼졌다. 이런 이유로 인해 유아 세례는 초대 교회의 전통이라기보다 콘스탄틴 시대에 형성된 로마 기독교의 산물로 여겨진다. 세례가 국민의 의무로 규정되면서 대부분의 성인은 신앙의 고백 여부와는 관계없이 세례를 받았고, 유아에게도 세례가 베풀어졌다. 히폴리투스는 온 집안이 세례를 받을 때 유아도 세례를 받은 것이라며, 부모로부터 신앙의 유산을 물려받은 유아의 세례를 지지했다.[22]

2세기에 접어들어 세례는 원죄와 더불어 살아생전에 지었던 자범죄, 이로 인한 형벌을 제거한다는 믿음이 퍼졌다. 그리고 세례를 받은 후 지은 죄에 대해 회개하고 용서받을 수 있는가에 대한 논쟁이 벌어졌다. 그런데 세례를 받은 이후에 지은 자범죄에 대해서는 용서받을 길이 없다는 사상이 퍼지면서 사람들은 세례를 가능한 한 뒤로 미루려 했다. 심지어 죽기

---

21 제임스 F. 화이트, 『기독교 예배학 입문』, 193, 231-32, 254. 헨리 채드윅, 『초대 교회사』, 302.
22 박명수, 『근대 복음주의의 주요 흐름』 (서울: 대한기독교서회, 1998), 405-6. 제임스 F. 화이트, 『기독교 예배학 입문』, 230-231.

직전에 세례를 받는 것도 드문 일이 아니었고, 콘스탄틴도 임종할 때까지 세례를 받지 않았다.[23]

세례를 구원과 연관시켜 설명한 사람은 어거스틴이었다. 그는 키프리안의 글에서 유아는 원죄의 용서를 받기 위해 반드시 세례를 받아야 한다는 부분을 발췌하면서 원죄의 사함과 구원을 받기 위해서는 반드시 세례를 받아야 한다는 세례적 중생을 강조했다. 인류는 아담 안에서 타락했고, 출산은 죄성의 전가와 맞물려 있다. 세례를 받는 순간 성령의 역사로 인해 아담으로부터 유전된 원죄뿐만 아니라 이후에 지은 자범죄의 사함을 받고 거듭난다.

특히, 유아는 유아 세례를 받아야 구원받는데, 만약 세례를 받지 못하고 죽으면 영벌에 처해진다.[24] 유아 세례를 받지 않고 죽은 영아의 영혼은 천국에 들어가지 못하고 일종의 중간 단계인 유아 림보(Limbus infantium)에 거한다. 이런 두려움은 유아 세례를 촉진시켰다.[25]

어거스틴의 세례론을 받아들인 중세 가톨릭교회는 유아 세례를 죄의 용서와 연관시켰고, '유아 세례를 받으므로 죄사함과 구원을 받는다'라고 가르쳤다. 세례를 통해 하나님의 속죄의 은혜가 죄인에게 전달된다는 '세례를 통한 중생'(baptismal regeneration) 교리가 발전되었다. 피터 롱바드(Peter

---

23 헨리 채드윅,『초대 교회사』, 149. 도날드 K. 맥킴,『교회의 역사를 바꾼 9가지 신학 논쟁』, 272-73.
24 필립 샤프,『스위스 종교개혁』, 63-64. 도날드 K. 맥킴,『교회의 역사를 바꾼 9가지 신학 논쟁』, 275-76. 제임스 F. 화이트,『기독교 예배학 입문』, 236, 247. E. H. 브로우드벤트,『순례하는 교회』, 53. 헨리 채드윅,『초대 교회사』, 271.
25 Millard J. Erickson, *Christian Theology* (Grand Rapids, MI: Baker Academic, 1998), 1100-1. 제임스 F. 화이트,『기독교 예배학 입문』, 199, 236, 247. 필립 샤프,『스위스 종교개혁』, 63-64. 도날드 K. 맥킴,『교회의 역사를 바꾼 9가지 신학 논쟁』, 275-76. E. H. 브로우드벤트,『순례하는 교회』, 53. 헨리 채드윅,『초대 교회사』, 271.

Lombard)는 유아 세례를 면죄(remission)로 정의하면서 세례를 구원과 직접 연관시켰다. 이로써 세례는 하나님 나라에 들어가기 위한 필수 조건이자 표로 여겨졌다. 견진(confirmation)은 유아 세례를 받은 아이가 일정 나이에 이르면 주교가 안수와 성유를 바르는 의식을 지칭했는데, 견진이 교회의 입교 의식으로 자리잡은 것은 9세기 경이었다.[26] 가톨릭교회는 종교개혁에 대항하기 위해 트렌트 공의회를 열었고 세례의 개념을 죄에 대한 용서와 구원과 연관 짓던 이전 관점에서 한 걸음 물러서는 경향을 보였다.

종교개혁가들은 가톨릭교회가 베푼 성례전의 유효성을 의심하지 않았고, 가톨릭 신자가 개신교로 전향했을 때 재세례를 베풀지 않았다. 루터는 가톨릭교회의 기본적 입장을 수용하면서 유아 세례를 하나님이 신앙을 일으키는 수단으로 해석했다. 유아 세례는 부모의 신앙과 헌신의 결단에 근거해 자녀를 하나님께 드리는 표징으로, 이를 거부하는 것은 하나님의 말씀을 거역하는 것이다.[27]

츠빙글리는 물질이나 외적인 의식이 영혼을 깨끗하게 할 수 없기에, 세례가 구원의 필수 조건이거나 은혜의 수단이라는 가톨릭교회의 주장을 강력히 부정했다. 세례는 하나님과 교회 사이의 언약을 상징하는 표지 혹은 헌신의 표식으로 죄인이 그리스도와 함께 죽고 새 생명으로 태어나는 입문 과정이다. 신자는 세례를 받으므로 그리스도를 따라 새로운 삶을 살겠다는 고백과 결단을 내린다.[28] 그는 성례전을 기념 혹은 언약으로 해석하는 경향이 강했다.

---

26 제임스 F. 화이트, 『기독교 예배학 입문』, 236, 247.
27 마틴 루터, 『루터 선집』 제9권, 지원용 편집 (서울: 콘콜디아사, 1983), 523.
28 제임스 F. 화이트, 『기독교 예배학 입문』, 249. 필립 샤프, 『스위스 종교개혁』, 95.

칼빈은 하나님이 신자를 인도하기 위해 성례전을 고안하신 것으로 정의했다. 세례는 원죄의 용서 혹은 씻음과 관련이 있고, 그리스도와의 연합을 통해 구원하는 능력을 가진다고 설명했다. 신자는 세례를 받으므로 교회의 구성원이 되며, 그리스도에게 접붙임을 받고, 하나님의 자녀로 계수된다.[29]

구약에서 유아에게 할례를 행했듯이 유아에게 세례를 베푸는 것은 옳다. 유아 세례를 통해 유아 안에 신앙의 씨앗이 심겨지며, 이것이 이후 믿음의 열매를 맺는다. 이처럼 주류 종교개혁가들은 유아 세례를 하나님과 백성 사이에 맺은 언약의 징표로 보았고, 세례를 언약의 공동체로 들어가는 의식으로 해석했다.

영국국교회는 유아의 몸 전체를 세례 통에 세 번 담그고 자동적으로 교회 회원 자격을 부여했다. 웨슬리도 어린아이를 물에 담그는 방식에 동의했다.[30] 이후 성공회는 유아의 안전을 위해 물을 뿌리는 방식으로 바꾸었다. 그리고 아기가 자라 신앙을 스스로 고백할 수 있을 때까지 신앙 안에서 성장하는 것을 지켜보는 대부모를 뽑았다. 유아 세례를 받은 아이는 견진례(confirmation)를 통해 교회의 완전한 구성원이 될 수 있었다.

웨슬리는 유아 세례 시 아담으로부터 유전된 죄책을 씻어버리고 중생한다고 믿었다. 그러나 자신의 회심 경험 이후, 세례와 중생을 구별했고, 세례를 받았다고 중생한 것은 아니라는 쪽으로 입장을 선회했다. 왈도파는 유아가 죄에 대한 분별력이 없고 믿음을 가진 상태가 아니므로, 유아 세례를 받으므로 구원받는다는 가르침은 잘못된 교리라고 주장했다.

---

29 John Calvin, *Institutes of Christian Religion* (Philadelphia: Westerminster Press, 1960), IV 16, 17. Calvin, *Institutes*, IV, xv.1
30 제임스 F. 화이트, 『기독교 예배학 입문』, 238.

츠빙글리와 그의 성경 모임은 유아 세례에 대한 성경적 근거가 빈약하고, 사도들도 유아 세례를 행한 적이 없고 초대 교회의 역사적 기록도 없다는 결론을 내렸다. 신중한 성경 공부 끝에 츠빙글리도 유아 세례 금지가 성경적이라는 결론에 동의했고, 그 결과를 시 의회에 전달했다. 그러나 시 의회는 유아 세례의 정당성에 가치를 부여했고, 그도 시 의회의 결정에 따라 성인의 재침례는 잘못되었다는 쪽으로 입장을 선회했다.[31]

츠빙글리가 시 의회와 타협하는 과정 가운데 뒤로 물러서는 것을 목격한 예언 그룹 멤버들은 그와 결별하고 재침례교를 세웠다. 1525년 조지 블라우락(George Blaurock, 1491-1529)은 그레벨에게 침례를 베풀어 달라고 요청했고, 그레벨은 만츠(Felix Mantz, 1498-1527)의 자택에서 최초의 침례를 베풀었다. 침례를 받은 블라우락은 다른 사람들에게 재침례를 베풀었다. 비록 가톨릭교회나 정통 개신교회에서 유아 세례를 받았다 할지라도 재침례파의 일원이 되고자 한다면 믿음을 고백한 후 다시 침례를 받아야 했기 때문에 재침례파라 불렸다.[32]

재침례파는 유아 세례를 받으므로 구원받는 것이 아니라, 각자가 개인적 의지의 결단에 의해 예수 그리스도를 구주로 영접할 때 중생이 이루어짐을 주장했다. 한 인간이 기독교 사회에 출생해 유아 세례를 받으므로 신자가 되는 것이 아니라 신자의 조건에는 반드시 신앙고백이 전제되어야 한다(막 16:16; 행 2:38). 그들은 신앙의 결단이 없이 행해지는 유아 세례를 거부했고, 성인이 된 후 회심을 경험하고 믿음을 고백한 신자에게만 침례를 베풀었다.

---

31 E. H. 브로우드벤트, 『순례하는 교회』, 223-24.
32 윌리엄 에스텝, 『재침례교도의 역사』, 34-35, 64-69.

유아는 선과 악에 대한 인식이 없고 죄에 대한 분별력이 없기에, 믿음을 고백할 수 있는 나이에 이를 때까지 세례를 연기해야 한다. 우리는 세례를 받았기 때문에 거듭나는 것이 아니라 믿음으로 거듭났기에 세례를 받는 것이다.[33] 재침례교는 세례를 신자가 제자의 삶으로 입문하는 공적 선언으로 해석했고 세례 후의 제자도를 강조했다.

재침례교의 세례 방법은 머리에 물을 뿌리는 약식이 아니라, 온몸이 물속에 들어가는 침례이다. 예수님은 요단강에서 온몸을 담그심으로 전신 침례의 모범을 보이셨다. 약식 세례는 무효로 재침례교에 가입하기 위해서는 침례를 받아야 한다. 특별 침례교인은 런던신앙고백(1644년)을 통해 성경이 제시하는 침례 방법은 신체 전부를 물속에 담그거나 들어가는 것으로 규정했다.[34]

그러나 당시 유아 세례는 교회의 입교식인 동시에 정부의 호적 등록 절차였다. 정부는 호적 등록을 통해 조세를 거둬들이고 국방의 의무를 집행할 수 있었기에, 유아 세례는 중요한 행정 절차였다. 유아 세례를 받은 아이는 국가 교회의 일원으로 등록되었는데, 이를 거부한다는 것은 국교의 일원이 되는 것을 부정하는 행위로 유아 세례를 거부하고 재침례를 주는 순간, 그들은 국가에 대한 반역자이자 교회에 대한 이단이 되었다. 많은 재침례교 신자는 체포되어 수장당했다.

재침례교는 유아 세례 거절로 인해 가톨릭과 개신교회 모두로부터 이단으로 정죄되어 오랫동안 멸시와 박해를 받았다. 재침례교의 정신은 미국의 침례교를 통해 활짝 꽃을 피웠다. 유아 세례를 거부하고 믿음을 고백한

33　Harold S. Bender, *Menno Simon's Life and Writings* (Mennonite Publishing House, 1936), 78. 윌리암 에스텝, 『재침례교도의 역사』, 171.
34　마크 놀, 『미국 캐나다 기독교 역사』, 87. 필립 샤프, 『스위스 종교개혁』, 87.

신자에게만 완전 침수인 침례를 베풀어야 한다는 입장을 수용한 남침례교는 미국 개신교에서 가장 큰 교단으로 등극했다. 침례교를 방문해 보면 강대상 옆에 침례탕을 갖춰 놓고 설교가 끝나면 회중 앞에서 침례를 행하는 경우를 볼 수 있다. 캘리포니아의 갈보리채플이나 새들백교회를 방문했더니 예배 후에 언제든지 침례를 베풀 수 있도록 침례탕이 준비되어 있었다.

4. 부흥회의 탄생

서부 유럽에서 황제나 왕, 영주, 시 의회가 특정 교단을 국교로 선택하면 모든 국민은 그 결정을 따라가는 집단 개종이 대세를 이루었다. 유럽 기독교는 오랫동안 국교 시스템을 유지했기에 개인의 회심이나 종교적 체험은 그리 중요한 개념이 아니었다. 수치상으로는 전 백성이 기독교인 이었지만, 명목상의 기독교인들도 적지 않았다.

국가의 강요 아래 국교를 선택했기에 신자들이 영적 각성이나 종교적 열정을 불러일으킬 수 없는 구조였다. 주일 예배 참석은 국민의 의무였고 이를 어길 시 벌금을 내거나 형벌을 받았다. 수동적인 상황에 놓인 신자들은 복음을 전할 필요성을 느끼지 못했고, 국가 교회 또한 영적 쇄신을 위한 부흥회를 열 필요도 없었다. 국가로부터 전적인 후원과 사례를 받는데 익숙했던 국교 목회자들은 부흥이나 전도, 선교에 대한 열정 및 헌신도가 현저히 낮았다.

중세의 왈도파 평신도 설교자들은 순회하면서 복음을 전했다. 그러나 교황청은 그들을 무자격 설교자라는 이유로 인해 이단으로 정죄했다.

가톨릭교회는 소수 교파의 야외 집회나 순회 전도자, 감정적 설교 등에 대해 교회의 질서와 통일성을 어지럽힌다는 이유를 들면서 금기시했고 이단으로 몰았다. 이런 상황은 종교개혁 이후 개신교 지역에서도 마찬가지였고 영주가 종교를 바꾸면 거주민들은 따라갈 수밖에 없었다.

그런데 미국 교회의 상황은 전혀 달랐다. 뉴잉글랜드의 청교도나 버지니아의 영국국교회는 주 정부의 지원을 받았지만, 주 정부의 지원을 전혀 받을 수 없었던 침례교나 감리교 등은 자생할 수밖에 없었다. 게다가 초기 북미 대륙의 교회 등록율은 10퍼센트 미만일 정도로 현저히 낮았다. 미국 교회는 생존을 위해 열심히 불신자를 전도해야 했고 집회를 열었다. 중세 서부 유럽에서 이단으로 공격받았던 야외 집회나 순회 전도 등은 부흥의 중요한 수단으로 떠올랐다. 부흥운동의 핵심은 신앙고백서나 교리적 측면보다는 불신자를 변화시켜 신자로 만드는 회심의 경험에 있었다. 그 결과 유럽 교회에서는 보기 힘든 제1차 대각성운동, 제2차 대각성운동, 무디의 부흥운동 등과 같은 대부흥운동이 탄생했다.

존 웨슬리는 교회 예배당 밖에서 예배드리고 영혼을 구원하는 것을 죄라 여겼다. 그런데 영국국교회의 배척을 받던 휫필드는 1739년 킹스우드에서 200여 명의 광부들을 상대로 최초의 야외 설교를 행했고, 3주가 못 되어 청중의 숫자는 만여 명으로 늘어났다. 휫필드의 야외 집회의 성공을 목격한 웨슬리는 생각을 바꾸었고, 야외 설교를 통해 큰 성공을 거두었다.

웨슬리가 전도 여행과 야외 예배를 열자, 영국국교회의 브리스톨 감독은 교구의 질서를 어지럽힌다며 나무랐다. 이에 그는 '전 세계가 나의 교구' 라고 응수했다.³⁵ 뜨거운 가슴을 강조한 감리교의 부흥회가 미국에 소개되자 많은 사람은 죄를 회개하며 통곡하고 경련을 일으키고, 고함을 지르고, 온몸을 떨고, 울음을 터뜨리거나 기뻐 소리치다가 죽은 것처럼 바닥에 쓰러지는 현상들이 나타났다.³⁶

청교도는 경험적 신앙과 회심을 교회의 멤버가 되고 사회의 일원이 되는 기초로 여겼다. 그러나 회심 혹은 중생은 기나긴 자기 성찰과 훈련의 과정을 거쳐야 했다. 그나마도 18세기 접어들면서 청교도는 더 이상 회심의 경험을 요구하지 않았고 미국 개신교는 침체에 빠지면서 신자들도 크게 줄어들었다.

조나단 에드워즈(Jonathan Edwards, 1703-1758)는 17세쯤 회심을 체험했고, 예일대를 졸업한 후 노샘프턴교회를 담임했다. 그는 초기 청교도 신앙의 회복을 주장했고, 영적으로 잠들어 있던 교인들은 부흥의 불길이 치솟았다. 그들은 눈물을 흘리며 죄를 자복했고, 믿음으로 말미암아 의롭게 되는 중생을 경험했다. 회심은 인간의 준비와 훈련에 의존하지 않고 하나님의 전적인 은혜에 의해 순간적으로 일어나는 성령의 역사이다. 부흥회가 진행되는 짧은 기간 동안 사람들은 성령의 역사로 인해 즉각적인 회심과 중생을 경험했고, 종교적 황홀경을 비롯한 종교적 현상들을 체험했다.³⁷

천부적인 연극적 재능으로 청중을 사로잡는 비상한 능력이 있었던 휫필드는 감정과 양심에 호소하는 열정적인 설교로 가는 곳마다 많은 사람들

---

35 후스토 L. 곤잘레스, 『현대교회사』, 144-146.
36 Wesley M. Geweher, *The Great Awakening in Virginia, 1740-1790* (Durham, NC: Duke University Press, 1930), 153-55.
37 Conrad Cherry, *The Theology of Jonathan Edwards: A Reappraisal* (Bloomington, IN: Indiana University Press, 1990), 55-65.

을 몰고 다녔다. 그의 무원고 설교는 영국국교회나 청교도로부터 경박하다는 비판을 받았지만, 사람들의 심금을 울리며 감동으로 몰아넣었다. 그는 교회 예배당이 아닌 탁 트인 광장이나 공공장소에서 야외 집회를 열었는데, 2만여 명의 사람이 몰려들 정도로 큰 반향을 불러일으켰다.

그는 짧은 부흥회 기간에 결과를 보기 원했고, 참석자들이 죄를 깨닫고 회심하고 예수님을 구주로 영접하는 데 집중했다. 구원은 긴 신앙 교육의 과정이 아니라 즉흥적이고 순간적으로 이루어지며, 진정으로 회심을 경험한 사람이야말로 진정한 그리스도인이다.[38]

휫필드에 의하면 기독교는 이성의 종교가 아닌 가슴의 종교로, 신자 각자가 하나님을 직접 만나야 한다. 그의 설교를 들은 청중들은 죄를 깨닫고 고통에 못 이겨 비명을 지르거나 울부짖고 죽은 것처럼 바닥에 쓰러졌다. 그 외에 웃고 환상을 보고 경련을 일으키는 종교적 현상들이 속출했다.[39] 그의 부흥운동을 지지한 사람들은 신파로 불렸다.

제1차 대각성운동은 세속화의 길로 나아가던 청교도들을 초기 청교도 신앙으로 환원시키는 역할을 했다. 미국 기독교는 유럽의 교리적이고 이성적인 신앙에서 탈피해 개인적이고 감성적이며 경험적 기독교를 추구했다. 미국식 복음주의는 성례전이나 설교를 중심으로 하나님과의 간접적 만남을 중시하던 유럽식 사고를 버리고, 하나님을 인격적 대상으로 여겨 하나님의 임재를 체험하는 경건주의 형태의 신앙을 따르게 했다.[40]

---

38 로저 핑크, 로드니 스타크, 『미국 종교 시장에서의 승자와 패자』, 90. 마크 놀, 『미국 캐나다 기독교 역사』, 128-29.
39 마크 놀, 『미국 캐나다 기독교 역사』, 142-43.
40 박명수, 『한국 교회 부흥운동 연구』 (서울: 한국기독교역사연구소, 2003), 23. 류대영, 『미국 종교사』 (서울: 청년사, 2007), 150.

1776년 영국으로부터 독립한 미국은 정교분리 정책을 도입했고, 미국 교회는 국가의 도움 없이 스스로 신자를 확보해야 했다. 연방 정부나 주 정부의 정치적, 경제적 지원을 받을 수 없게 된 상황에서 부흥회나 전도 집회 등은 기독교 신앙을 전달하고 부흥을 모색할 수 있는 좋은 수단이었 다. 부흥회는 18세기 미국 기독교가 새로운 환경에 적응하기 위해 만들어 낸 근대 기독교의 산물이었다.

19세기 초 야외, 캠프 집회는 미국 교회의 독특한 현상으로 등장했다. 1800년 장로교 제임스 맥그레디(James McGready, 1763-1817) 목사는 추수기 가 끝난 넓은 들판에서 야외 집회를 가졌는데, 많은 사람이 몰려 들었고 놀라운 성령의 역사가 나타났다. 1801년 켄터키주의 케인 리지(Cane Ridge) 에 일주일 동안 캠프 집회가 열렸는데, 약 2만 5천여 명의 사람들이 몰려 들었다.

설교가들은 교리적이거나 논리적 설교가 아닌 평이하고 단순하고 직설 적인 언어로 개척지 사람들에게 다가갔다. 사람들은 성령의 강한 임재를 느끼면서 죄책감으로 울부짖고, 경련을 일으키고 바닥에 쓰러지고, 개처 럼 짖었다. 어떤 이들은 정신없이 웃기만 하고, 온몸으로 춤을 추며, 여러 시간 동안 누워 있는 특이한 종교적 현상들이 많이 나타났다.[41] 신자들은 손뼉을 치고 발을 구르는 것을 예배의 자연스러운 부분으로 받아들였고 수많은 사람이 종교적 체험을 하며 간증들로 넘쳐났다.[42]

---

41 James Rogers and William Rogers, *The Cane Ridge Meeting-House* (Cincinnati: Standard Pub. Co., 1910), 153-54. Vinson Synan, *The Holiness-Pentecostal Tradition* (Rand Rapids, Mich.: William B. Eerdmans Pub. 1997), 9-12.

42 Mark A. Noll, *Christianity in America* (Grand Rapids: Eerdmans, 1983), 181-83. 제임스 F. 화이트, 『기독교 예배학 입문』, 129. 하워드 A. 스나이더, 『교회사에 나타난 성령의

찰스 피니는 『종교 부흥에 대한 강의』(1836년)에서 회심으로 이끄는 기술들과 부흥을 이끄는 구체적인 방법들을 설명했다. 그는 교회가 부흥이 일어나기를 기다려야 한다는 생각에 전적으로 반대를 표명하면서 하나님의 은혜나 기적을 하염없이 기다릴 것이 아니라 부흥을 위해 적절한 방법과 수단을 사용해야 함을 강조했다.

그는 부흥 집회를 앞두고 홍보팀과 전도팀을 만들어 대대적인 광고와 홍보에 돌입했다. 그리고 부흥회를 위해 기도팀을 구성해 전적으로 기도에 전념했다. 그는 성령 충만을 강조했고, 준비된 원고 없이 즉석 설교를 선호했다.[43] 그는 대중 집회를 통해 그 누구보다도 많은 사람에게 복음을 전한 대부흥사가 되었다. 그는 집회의 마지막에 회개하고 믿기로 작정한 사람들을 강단으로 초청했는데 이후 드와이트 무디와 빌리 선데이(Billy Sunday, 1862-1935), 빌리 그래함(Billy Graham, 1918-2018) 등이 그의 부흥 방법론을 적극적으로 활용했다. 그는 제1차 대각성운동과는 구별된 새로운 부흥 방법론을 도입함으로 미국 기독교의 방향을 바꾸었고, 그 공로로 인해 '근대 부흥운동의 아버지'라 불린다.[44]

시카고의 구두 점원이었던 드와이트 L. 무디(Dwight L. Moody)는 YMCA의 사역자가 되었고 1872년 런던을 방문하던 중 설교할 기회를 얻었다. 그의 설교는 간단하고도 열정적인 것으로 회개를 촉구하고 예수 그리스도를 구세주로 받아들이는 데 집중했다. 인간의 본성은 인간의 노력으로 개선

역사』, 264.

[43] Charles Finney, *Lectures on Revivals of Religion* (Cambridge: Harvard University Press, 1960), 9-13.

[44] Sydney E. Ahlstrom, *A Religious History of the American People*, 459.

되는 것이 아니고, 순간적인 결단에 의해 거듭남이 이루어진다. 그는 음악 사역자인 아이라 데이비드 생키(Ira David Sankey, 1840-1908)와 함께 부흥회를 인도했고, 부흥회는 미국 특유의 종교 생활의 일부분으로 정착했다.[45]

20세기 초에 이르러 부흥운동은 세계적 현상이 되었다. 그 예로는 다음과 같다. 인도부흥운동(1905년), 아주사미션운동(1906년), 1907년 평양대부흥운동(1907년), 만주부흥운동(1908년), 칠레부흥운동(1909년), 아프리카 코트디부아르부흥운동(1914년)이 그것이다.

5. 교회 음악

우리는 찬송이나 시를 통해 감정과 믿음을 표현한다. 하나님을 찬양하는 찬송은 멜로디가 있는 운율 시에 가락을 붙인다. 오늘날 예배에서 음악이 차지하는 비중은 매우 높다. 그런데 놀랍게도 예배에서 회중들이 찬송을 부르는 관습이 생긴 지는 얼마 되지 않았다.

4세기에는 성경 구절에 운율을 붙여 감사, 선포, 회개, 간구, 헌신 등의 마음을 표현했다. 4세기 후반에는 성가대의 규모가 커지면서 교송으로 찬송을 불렀다. 어거스틴은 밀라노에서 불렀던 시편 찬송이 매우 감동적이었다고 기록하면서, 찬양 인도자는 갑절로 기도해야 함을 강조했다. 예배 도중 신자들은 찬송을 부르지 않았고 성직자나 성가대가 라틴어 찬송을 불렀다. 중세 시대에는 성가대를 통한 합창이 발달했고, 그레고리 성가대

---

[45] 후스토 L. 곤잘레스, 『현대교회사』, 202-03.

는 이름을 떨쳤다.

마틴 루터는 성경에 배치되지 않는 한 가톨릭교회의 음악적 전통을 고수했다. 뛰어난 음악가였던 그는 설교 다음으로 음악을 중요시했고, 공 예배에서 음악을 적극적으로 사용했다. 그는 오르간이나 악기의 사용 등은 아디아포라(선도 악도 아닌 개념)에 속한다고 믿었다. 그는 "하나님은 우리의 피난처시요, 힘이시니, 환난 중에 만날 큰 도움이시라"(시 46)를 변형해 <내 주는 강한 성이요>를 작사했다. 루터는 대중들이 좋아하는 가락에 가사를 붙여 부르는 것을 선호했고, 루터교회는 독일 민요를 예배 음악에 적극적으로 사용했다.[46]

반면, 다른 종교개혁가들은 음악에 대해 루터와는 다른 입장을 표명하면서 음악을 제거하거나 금지시켰다. 츠빙글리는 가톨릭교회의 모든 의식과 함께 음악을 배제했다. 그는 음악 애호가였으나 자신이 목회하던 교회의 오르간을 분해해 폐기할 정도로 교회 음악에 대해 배타적인 태도를 취했다. 그는 성경에 나오지 않는 악기는 교회에서 축출되어야 한다고 생각했고 오르간이나 피아노, 바이올린의 사용을 금지했다. 개혁교회는 성가대의 찬양과 시편 찬송을 제외한 회중의 찬송을 금지했다.

칼빈 또한 오르간 사용을 금지시켰고, 회중에게 시편 찬송만을 부르도록 권면했다. 개혁교회는 예배용 찬송가라는 개념이 예배를 불완전하게 하거나 부적절한 인상을 줄 수 있다며 찬송을 꺼렸다. 시편을 제외한 시는 감각을 자극하고 방종을 조장하며, 소박함과 엄숙함을 찾을 수 없다며 반감을 표시했다. 모든 악기는 세속적 음악에나 어울리는 것으로 공 예배에

46　Helga Robinson-Hammerstein, *The Transmission of Ideas in the Lutheran Reformation* (Dublin: Irish Academic Press, 1989), 141-72.

는 적합하지 않다. 예배에서 사용할 수 있는 찬송은 오직 시편 찬송뿐이었고 악기 반주 없이 시편 찬송을 목소리로만 불렀다.[47]

청교도 또한 시편과 같은 성경 구절이 아닌 다른 가사를 만들어 찬송하는 것을 극렬히 반대했다. 시는 상상에서 비롯된 허구이기에 절대로 사용해서는 안 된다. 청교도 저술가 리처드 백스터(Richard Baxter, 1615-1691)는 문학이 사람들의 마음을 홀리고 타락시킨다고 비판했다. 그래서 예배에서 반주 없이 시편을 노래했고, 다른 찬송이나 악기 사용은 타락한 의식으로 간주하였다.

성공회는 시편 본문을 변경하지 않고 단선율로 부르도록 지시했다.[48] 그러나 얼마 지나지 않아 시편 본문을 쉽게 익힐 수 있도록 가락을 넣기 시작했다. 그리고 단순히 시편을 그대로 사용하기보다 시의 운율에 맞게 본문을 작사하기 시작했다.

영국 찬송가의 아버지라 불리는 아이작 와츠(Isaac Watts, 1674-1748)는 750여 곡에 이르는 찬송가를 썼다. 그는 시가 심미적 쾌락을 추구하는 것이 아니라 하나님의 은혜와 기독교 사상을 가르치고 전달할 수 있다고 믿었다. 그는 이전의 개신교 음악과 과감하게 결별을 선언했고, 시편 본문을 영어로 직역하는 대신 시적 감각을 살려 개사했다. 더 나아가 그는 성경 본문에 구애받지 않고 신학적 주제에 초점을 맞춰 작사를 했다. 이는 시편을 토씨 하나 틀리지 않고 그대로 부르던 전통을 깨뜨리고 종교시를 쓴 최초의 시도였다. 찬송가는 주로 교육적인 목적을 띠고 사용되었다.

---

47 앨리스터 맥그래스, 『기독교, 그 위험한 사상의 역사』, 473, 577.
48 Suzanne Lord and David Brinkman, *Music from the Age of Shakespeare: A Cultural History* (Westport, CT: Greenwood Press, 2003), 73-92.

진젠돌프는 다작의 시인이자 찬송가 작곡가였고 모라비안의 음악은 존 웨슬리에게 큰 영향을 미쳤다. 웨슬리는 당시 대부분의 사람들이 문맹인 점에 착안해, 하나님을 찬양하고 복음을 가르치는 방편으로 찬송을 적극적으로 사용했다. 그의 동생 찰스 웨슬리는 수많은 찬송가를 만들어 예배의 감성을 높이는 데 기여했다. 그는 주저 없이 세상의 음악적 모델을 그대로 가져와 찬송에 도입했다.

웨슬리는 좋은 찬송가는 믿음을 증진시키고 영감을 고취시킨다고 믿었다. 감리교는 부흥 집회에 찬송을 적극적으로 도입했고, 찬송을 가르침으로 신학 교육 혹은 교리 교육의 도구로 활용했다. 감리교 예배에서 음악은 큰 비중을 차지했고 감리교 집회는 뜨거운 찬양을 통해 감정적, 종교적, 체험적 신앙을 표현했다. 웨슬리의 찬송집(1741년)과 모라비안 찬송집(1742년)은 영어로 된 최초의 찬송집이었다.[49]

제2차 대각성운동에서 많은 찬송가가 쏟아져 나왔다. 미국 개신교는 손뼉을 치고 발을 구르는 것을 교회 음악의 한 부분으로 인식했다. 미국 교회는 부흥운동을 통해 불신자들에게 복음을 전하는 방편으로 찬송이 중요한 기여를 한다는 사실을 깨달았다. 음악의 중요성을 발견한 드와이트 무디는 생키(Ira David Sankey)와 팀을 이루어 부흥운동을 이끌었다.

1870년 무디는 인디애나 폴리스에서 생키를 만났고, 그에게 찬송을 불러 달라고 부탁했다. 그의 찬송을 듣기 위해 군중들이 몰려들었고, 무디는 연단에 올라 설교했다. 생키는 가르침과 전도의 방편으로 복음 성가를 만들어 냈고, 복음 성가는 만민에게 복음을 선포하는데 강력한 방편이 되었

---

49 A. J. Lewis, *Zinzendorf the Ecumenical Pioneer* (Philadelphia: Westminster, 1962), 164.

다. 특히, 합창은 모든 회중을 예배에 참여시켰고, 예배 분위기를 고양시키는 강력한 수단이 되었다.[50]

아프리카의 흑인들은 오랫동안 노예로 핍박받았던 그들의 삶의 고통과 박탈감, 절망을 표현하고 위로를 주는 방편으로 영가를 발전시켰다. 그들은 아프리카 리듬에 맞춰 손뼉을 치고 춤을 추면서 찬양을 불렀다. 아프리카인들은 예배에서 드럼의 리듬에 따라 손발을 이용해 춤을 추는 것이 자연스럽다. 아프리카 교회를 방문해 보면 박수를 치면서 온몸으로 춤을 추면서 같은 찬양을 반복해서 부르는 모습을 목격할 수 있다.

20세기에 들어서자 빅토리아 시대의 찬송가는 낡고 진부한 것으로 여겨졌다. 교회에 파이프 오르간이 도입되면서, 찬양은 무반주에서 반주로 변신했다. 현대 기독교 음악(Contemporary Christian Music)은 1950-60년대 미국 컨트리 음악적 요소가 가미되면서 크게 발전했다. 밝고 생기 있는 소리를 가진 피아노, 기타, 드럼, 키보드 등의 악기와 약간의 진동을 가진 악기들이 애호되었다.

갈보리채플은 근대 교회의 전통적 악기인 파이프 오르간을 없애고 기타와 드럼을 주로 사용한다. 통일된 예복을 입은 성가대는 사라지고, 찬양팀이 등장했다. 그리고 찬송가 대신 복음 성가를 중심으로 한 경배와 찬양으로의 전환이 시도되었다. 회중은 음악적 소양이 뛰어난 사람이 혼자 노래하는 것을 듣는 것보다 자신들도 참여해 찬송하는 것을 더 좋아한다. 회중 찬송은 음악적 아름다움을 추구하기보다 모든 신자를 예배에 참여시켰

---

50 Don Cusic, *The Sound of Light: a History of Gospel Music* (Bowing Green, OH: Bowing Green State University Press, 1990), 59-60. 앨리스터 맥그래스, 『기독교, 그 위험한 사상의 역사』, 486-88.

고 만인 제사장 원리를 재확인시켰다.

회중은 복음 성가를 부름으로 하나님께 찬양 드리고 자신의 감정을 마음껏 표현할 수 있게 되었다. 이처럼 교회 음악이 신자가 하나님과의 인격적 교제를 가지고 신앙고백을 하는데 강조점을 두면서, 비형식적이고 개인주의 형태를 띤 복음 성가가 폭발적으로 늘어났다.

심지어 귀가 찢어지고 심장이 두근거릴 정도인 기독교 락 밴드(Rock and Roll)도 등장했다. 전자 기타와 키보드, 드럼, 심벌즈를 사용한 반복적이고 자극적인 비트는 감정을 흥분시키고 격화시킨다. 그리고 율동의 도입으로 인해 워십 예배 댄싱의 중요성도 커지고 있다.

한때 한국 교회는 예배 시간에 박수를 치거나 몸을 흔들면서 찬양을 하면 이단이라 칭했다. 내가 어렸을 때는 교회에서 기타나 드럼을 치지 못하게 했다. 보수적 입장에서 신성한 강대상에서 세속적 악기를 연주한다는 것은 상상도 할 수 없는 일이었다. 심지어 오늘날에도 예배당에 드럼을 놓지 못하게 하는 교회도 있다. 그러나 오늘날 대부분의 교회는 기타와 드럼을 비롯해 전자 악기를 받아들이고 있고 찬송가보다 복음 성가를 선호하고 있다.

6. 토착화

종교는 홀로 움직이지 않는다. 종교가 가는 곳에는 문화가 따라가고 정치와 경제, 사회, 가치관 등도 함께 포함된다. 기독교는 서부 유럽 혹은 미국의 역사와 전통, 문화와 깊이 연관되어 있다. 유럽에서 태동했던 교단들이 미국으로 이주했지만, 미국 교회는 유럽 교회의 전통과 신앙을 그대로 따라가지 않고, 미국 토양에 맞는 토착화 과정을 거쳐 창조적인 교회를 형성했다.

특히, 미국은 자유, 평등, 정의의 사상 아래 민주주의 정신이 강했는데, 민주적 정신은 교회 정치 제도에도 큰 영향을 미쳐 수직적이고 계급적인 조직보다 모든 신자가 평등하다는 회중 제도를 선호하게 만들었다.

대각성운동을 거치면서 미국 교회는 유럽과는 다른 문화와 분위기를 가진 교회가 되었다. 유럽의 교리나 신학 중심보다는 개인의 회심과 구원을 강조하는 부흥회적 전통을 중요시했다. 미국 교회는 유럽 교회에서 이단시되었던 야외 집회와 순회 전도자, 즉흥적 무원고 설교, 감정적 호소 등을 적극적으로 사용했다.

18세기 계몽주의와 세속주의는 서구 사회에서 중요한 가치관으로 자리잡았고 신앙은 지나치게 철학화, 이성화되었고, 교리에 대한 지적 동의로 여겨졌다. 유럽과 미국의 초기 선교사들은 백인 우월주의와 사회적 진화론에 근거해 오만하고 부정적인 태도로 선교지의 문화에 접근했다. 그리고 기독교 절대주의 및 우월주의적, 제국주의적 입장에서 원주민들을 다루었고 토착종교와 문화를 폄하했다.[51]

계몽주의 문화의 영향을 받은 개신교 선교사들은 아프리카의 전통 종교를 악하고 미개하며 미신적이라 업신여겼다. 그들은 아프리카 문화를 우상 숭배라 단정했고, 현지인들에게 자신의 전통을 버리고 유럽이나 미국에서 수입된 종교와 문화를 따르도록 강요했다. 그 결과 기독교는 아프리카와 맞지 않는 이방 문화라는 인식이 팽배했다.

51　이덕주, 『한국 토착교회 형성사 연구』, 337.

선교사의 현지인 문화에 대한 무지와 외면은 곧 선교의 실패로 이어졌고 아프리카와 아시아는 서구 기독교 모델에 반발했다. 미국 교회는 필리핀에 선교사를 파송했으나 지역 문화에 둔감했고 개인주의에 근거한 방법으로 서구화된 개신교를 강요하다 실패하고 말았다. 공동체적 성향이 강한 필리핀에서는 이와 다르게 가족이나 친척, 친구들과 연결된 집단적 정체감에 토대를 둔 셀 교회가 성장했다. 필리핀 신자들은 주중에는 구성원의 집에서 셀 모임을 가지며, 주일에는 온 회중이 축하하기 위해 교회에서 모인다.

한국에 파송된 미국 선교사들 또한 인종적 우월감을 가지고 있었고, 한국 문화와 한국인을 미개하게 여겨 무시하는 성향이 강했다.[52] 초기 한국 신자들은 선교사들의 가르침과 문화를 일방적으로 받아들이지 않았고, 한국 문화에 맞게 변형시켰다. 평양대부흥운동의 특징 가운데 하나는 통성 기도였다. 통성 기도는 선교사들이 전혀 예상하지 못한 돌발적 현상이었다. 선교사들은 천여 명에 달하는 한국 교인들이 한꺼번에 큰 소리로 기도하는 것을 보고 큰 충격을 받았다.

선교사들은 합리주의와 현대 과학에 근거해 신앙을 이해했고, 기적은 사라졌다고 믿었다. 그들은 건강에 문제가 생기면 기도보다는 병원을 더 의지했다. 그런데 한국 교인들은 병자를 위해 기도하고 주님의 이름으로 축사, 즉 귀신을 내쫓았다. 전도 부인들은 악령에 사로잡힌 사람들을 기도로 치유했는데, 한국인들도 귀신 들린 사람이 있으면 선교사 대신 전도 부인을 찾았다. 이는 무교적 문화를 기독교에 적용한 대표적인 사례라 할 수

---

52 박용규, 『평양대부흥운동』, 44, 52.

있다.[53] 한국 신자들은 교회에 헌금 대신 성미를 바쳤는데, 이는 귀신을 섬길 때 한 줌씩 쌀을 모아둔 성주 단지와 비슷한 개념이었다.

새벽 기도회 또한 선교사가 시작한 것이 아니라 한국 기독교인들이 자발적으로 시작했다. 한국인들은 아침 일찍 일어나 정한수를 떠 놓고, 가족의 건강과 자녀를 위해 천지신명에게 기도드리던 습관이 있었다. 한국 교인들은 자발적으로 새벽 기도를 결행했고 선교사들은 오히려 한국 교인의 새벽 기도를 만류했다. 특히, 길선주는 선도를 수행하며 하루 3차례 기도하던 습관을 갖고 있었다. 그는 기독교로 개종한 후에도 새벽 기도를 한 후 선수식 체조를 하며 몸을 단련했다. 길선주가 개인적으로 하던 새벽 기도에 1906년 장대현교회의 당회가 이를 받아들임으로 전 교인이 참여하는 새벽 기도회가 시작되었다.[54] 길선주 목사는 전통 아악을 교회 음악에 접목하기 위해 연구했다.

점차 세계 선교에서도 현지인의 문화를 존중해야 한다는 의견이 제시되었다. 에든버러 선교대회는 선교지의 고유문화를 존중하고 지지해 줄 것을 요구했다. 방콕 WCC대회(1973년)는 각 지역의 문화 및 종교, 전통을 인정한 토착화를 공식적 선교 방식으로 채택했다. 전통적 개신교회는 교회를 세우기보다 교육과 의료 활동을 선교의 중심에 두었다. 남반구의 개신교는 그 지역에 고유한 신학을 발전시켰다.

제3세계의 교회는 자신들의 전통적 도덕 가치를 그대로 보존하며 서구의 모더니즘식의 성경 해석을 따라가지 않았다.[55] 아프리카는 기독교 신학

---

53   이덕주, 『한국 토착교회 형성사 연구』, 116-17, 157-58, 302-3, 371-73.
54   이덕주, 『한국 토착교회 형성사 연구』, 368-70.
55   앨리스터 맥그래스, 『기독교, 그 위험한 사상의 역사』, 707.

을 아프리카의 문화 형식에 맞게 변형시켰고, 교회 전례에 아프리카 의식을 추가했다. 아프리카 신자들은 성경을 문자 그대로 읽고 받아들이는 것을 어려워하지 않았다. 선교사들은 질병을 합리주의와 과학적 입장에서 해석했고, 마귀나 영혼 등의 개념은 이성에 어긋나는 것이라 믿었다. 그러나 아프리카 신자들은 이런 서구식 성경 해석법을 거부했고, 예수님의 가르침에서 병과 죽음을 물리치고 악한 영을 정복하는 영적 세계관을 발견했다. 그들은 병든 자를 고치고 귀신을 쫓아내라는 복음의 명령을 문자 그대로 받아들였고 이를 따르자 동일한 기적들이 나타났다.

계몽주의 및 합리주의 세계관에 물들어 있던 서구 선교사들은 이런 모습을 보고 깜짝 놀랐다.[56] 그리고 아프리카의 예배는 서구식의 엄격한 전례를 피해 노래와 춤의 혼합 형태를 보이는데, 특히 드럼의 리듬에 맞춰 손발을 이용해 춤을 추는 것을 자연스럽게 만들었다.

서구식 기독교가 무조건 옳은 것은 아니다. 아프리카 교회는 유럽 선교사들이 세운 교회에 대해 신학적·정치적·행정적 반발을 했고, 결국 아프리카인이 주도하는 교회(African Initiated Churches)를 설립했다. 아프리카 남부, 서아프리카, 콩고 분지, 케냐 중부 등에서 현지인의 문화를 받아들인 교회가 대세를 이루고 있다. 특히, 오순절운동은 지역의 문화나 가치관을 긍정적으로 수용했는데, 오순절운동에 뿌리를 둔 '선지자의치유교회'는 선교사가 전해준 신앙 체계를 그대로 받아들이는 대신 자신들의 전례 및 치유 행위 등과 조화를 이룬 신앙 체제를 발전시켰다.

---

56   Elizabeth Isichei, *A History of Christianity in Africa from Antiquity to the Present* (London: SPCK, 1995), 254.

그리고 아프리카 신자들은 전통 관습에 의해 일부다처제를 허용했다. 이처럼 아프리카 교회는 자신들의 고유 상황에 적합한 성경 해석과 신학, 사역, 예배 스타일을 발전시켰다.

한때 '우리 것은 좋은 것이여'라는 말이 유행한 적이 있다. 안타깝게도 한국 교회는 서구식 신학과 신앙을 그대로 수용하는 경향이 강하다. 초기 한국 교회는 통성 기도와 신유 및 축사가 강했다. 그러나 선교사들이 반대하자 한국 교회 특유의 특성들이 사라졌다. 그래서 한국 교회만의 독특한 신학으로는 해방 신학 정도만 있는 상태이고 고유의 기독교 문화를 창출하지 못했다.

7. 온라인 예배

신자들은 주일이 되면 교회 예배당에 나와 예배를 드리고 교제를 나눈다. 교회에 출석하지 않는 신자들은 신앙에 문제가 있는 무교회주의자로 취급되었다. 그런데 대중 매체의 발전과 테크놀로지의 발전, 의학적 상황에 의해 온라인 예배가 전면에 등장했다.

맥퍼슨은 라디오 설교의 중요성을 깨닫고, 미국 최초의 종교 방송국을 설립해 오순절 복음을 전했다. 오랄 로버츠의 경우, 텔레비전을 통해 보급으로 인해 방송 집회를 적극적으로 활용했고, 수백만 명에 달하는 시청자들을 확보했다. 1970년대와 80년대를 거치면서 라디오 및 텔레비전을 통한 주일 예배가 도입되었다. 특히, 텔레비전을 통한 복음 전파가 급격히 성장하면서 전자 교회가 큰 관심을 끌었다. 빌리 그래함은 '빌리 그래함

복음주의 협회'를 설립해 풍부한 재정을 바탕으로 라디오와 TV 방송을 활용해 복음주의 운동을 확산시켰다.

팻 라버슨(Pat Robertson) 목사는 '크리스천방송네트워크'(CBN)을 설립해 '700 Club'이란 TV 프로그램을 통해 각종 사회적 이슈를 기독교적 입장에서 설명하고 정치적 참여를 독려했다. 교회도 테크놀로지의 발전으로 인해 OHP를 이용한 파워포인트가 도입되었다.

21세기 인터넷 교회라는 새로운 예배 공동체가 형성되었다. 커뮤니티 성경교회(Community Bible Church)의 에드 뉴톤(Ed Newton)은 인터넷 사이트인 온라인 닷컴(online.com)을 개설해 설교 프로그램을 제공했다. 온라인 교회인 라이프교회(The Life Church)는 '교회에 가지 말라'고 광고했다. 장애인이나 병에 걸리거나 직장 혹은 일 때문에 교회에 출석할 수 없는 사람들에게 온라인 교회는 실제적인 교회가 되었다. 이런 파격적인 현상에 대해 『기독교 투데이』(Christianity Today)의 칼 베이터스(Karl Vaters)는 '온라인 교회는 참 교회인가?'라는 제목의 칼럼을 썼다.

교회들은 팟캐스트, 생중계, 소셜 미디어, 블로그 등의 디지털 매체를 통해 사람들에게 다가가는 것이 더 용이함을 발견했다. 오늘날 온라인 예배가 보편화된 데는 교회 자체의 변화보다는 외부적 영향이 절대적이었다. 이제 코로나바이러스로 인해 전자 교회(electronic church) 혹은 온라인 예배가 대중화되면서 쉽고 빠르고 세계 어디서나 접속이 가능한 온라인 교회는 필요할 뿐만 아니라 필수적으로 되었다. 시대가 많이 바뀌면서 이제 주일에 교회 예배당에 나가지 않더라도 무교회주의자로 비판을 받지 않게 되었다. 온라인 교회 혹은 유투브는 개교회 중심에서 벗어나 신자들에게 주제와 설교자를 선택할 수 있는 기회를 제공하고 있다.

제3장
신학적 변화

1. 축자영감설에서 고등 비평으로

하나님의 말씀인 성경은 교회와 그리스도인의 신앙과 행위에 대한 규범을 제공한다. 초대 교부들은 성경이 하나님의 영감으로 기록되었고 성경의 저자들은 단순한 필사자로 하나님이 불러 주시는 대로 받아 기록했다고 믿었다. 루터교회의 멜랑히톤(Philipp Melanchthon, 1497-1560)은 성령께서 무엇을 쓸지를 불러 주셨다는 축자영감설을 지지했다. 리처드 후커(Richard Hooker, 1544-1600)의 표현에 의하면, "성경 저자들은 자신들의 생각은 아무것도 말하거나 기록하지 않았고, 성령이 그들의 입에 넣어 주시는 대로 한 음절 한 음절 발음했다."

성경을 기록할 당시 저자들의 정신 활동은 정지되어 있었기에, 그들의 지식이나 생각, 감정 등은 성경을 기록하는 데 아무런 영향을 끼치지 않았다. 영감에 대한 강조는 무오설과 연관되어 성경을 절대 무오한 것으로 해석한다. 벤자민 워필드(Benjamin Warfield, 1851-1921)는 성경에 하나님의 영감을 받은 성경은 어떤 종류의 과오, 즉 신학적 과오는 물론 역사적, 지리적, 과학적 오류도 없다고 단정했다. 주로 개혁주의 및 근본주의는 성경의 축자영감설과 절대무오성을 교리로 받아들였다.[1] 그러나 축자영감설은 성경의 저자들을 인격이나 개성이 없는 로봇으로 만들었고 성경이 쓰인 당시의 사회와 문화, 역사적 상황 등을 전혀 고려하지 않고 문자적 해석에만 집착한다는 비판을 받았다.

이에 대한 반발로 성경의 기록은 성령의 영감에 의지하기는 했으나, 저자들의 인격과 재능, 교육 등의 특성이 성경의 기록에 영향을 미쳤다는 유기적 영감설이 대두되었다. 사복음서는 동일한 예수님의 생애와 사역에 대해 기록했지만, 서로 다른 강조점과 관점, 문체를 가진다. 그리고 계시된 부분, 복음과 관련된 부분, 중심 주제 및 구원에 대한 부분에서는 오류가 없는 반면, 비계시적인 부분, 즉 성경의 주변적인 문제 등에서는 오류가 있을 수 있다.

칼 바르트(Karl Barth, 1886-1968)의 신정통주의를 지지하는 장로교 통합 측은 성경에 "인간적인 요소와 신적인 요소가 함께 있다"라고 밝힌다. 인간적 요소란 성경이 기록될 당시의 문학 작품이나 신화, 전통 등을 참고해 기록한 부분으로, 본문 비평과 역사 비평 등의 고등 비평을 사용할 수 있다.[2]

19세기 후반 유럽에서 태동한 고등 비평은 성경을 하나님의 말씀이라기보다 전승해 내려온 자료들을 편집한 역사적, 문화적 산물로 해석했다. 성경

---

1 Niegel M. De. S. Cameron, ed., *The Challenge of Evangelical Theology* (Edinburgh: Rutherford House, 1987), 1-16. 레이몬드 E. 브라운, 『신약개론』 (서울: CLC, 2003), 83.
2 이형기, 『세계개혁교회의 신앙고백서』 (서울: 한국장로교출판사, 1991), 497. 최종호, 『칼 바르트, 하나님 말씀의 신학』 (서울: 한들, 2010), 32, 41.

은 인간에 의해 시대의 문학적 관습에 따라 기록되었다. 고등 비평은 성령의 영감설을 부정하고, 성경에 많은 역사적 오류들이 있다고 주장했다.[3]

유럽 대부분의 교단이나 신학자들은 독일에서 태동한 자유주의 신학의 고등 비평을 적극적으로 받아들였다. 반면 미국의 보수적 교회들은 1920년대 근본주의 운동을 펼쳤고, 다섯 가지 교리들을 기독교의 본질적 신앙으로 규정했는데 그중 하나가 성경의 축자영감설과 절대 무오성이었다. 존 그레샴 메이첸(John Gresham Machen, 1881-1937)은 고등 비평을 주장하는 자유주의 신학을 기독교가 아닌 이교로 선언했다. 그는 프린스턴 신학교가 축자영감설을 부인하고 유기적 영감설을 받아들이자, 프린스턴을 떠나 보수 신학의 요람인 웨스트민스터신학교를 설립했다. 복음주의의 대표적 신학교인 플러신학교도 축자영감설에서 유기적 영감설로 돌아섰다.

한국 교회에서도 성경관에 대한 치열한 공방전이 벌어졌다. 1952년 장로교 박형룡 박사는 성경의 비평적 해석을 펼친 김재준 교수를 총회 재판에 회부해 장로교 목사직에서 면직시키고 이단으로 정죄해 교단에서 추방했다. 김재준 교수는 그를 지지하던 목사들을 중심으로 조선신학교(오늘날의 한신대학교)를 운영했고, 기독교장로회(기장)를 발족시켰다.[4] 이처럼 축자영감설에 기초해 고등 비평을 이단으로 정죄한 사건이 벌어졌다.

오늘날 대부분의 성경 신학자는 성경의 영감을 받아들이되 성경을 기록한 저자의 인간적 한계와 부분적인 오류가 있음을 인정한다. 많은 신자도 유기적 영감설이나 고등 비평을 받아들이고 있다. 오늘날 장로교 합동 측

---

3   레이몬드 E. 브라운, 『신약개론』, 82.
4   서정민, 『한국 교회 논쟁사』 (서울: 이레서원, 1994), 221-28.

이나 고신 측은 축자영감설을, 장로교 통합 측은 유기적 영감설을, 기독교 장로회(기장)와 감리교 신학자들은 고등 비평을 지지한다. 비록 오늘날 기장과 감리교가 성경의 편집설과 고등 비평을 받아들이지만 더 이상 공식적인 이단으로 정죄하지 않는다.

2. 철학과 세속주의, 과학의 수용

초대 교회 변증가들은 소수 종파에 불과했던 기독교가 저열한 철학 및 신학에 근거한다는 비판에 시달렸다. 기독교를 변증하는 방법으로 주로 사용된 것은 당시의 유명 철학에 근거해 기독교를 설명하는 것이었다. 저스틴(Justine Martyr, 100-165)은 플라톤 철학을 적극적으로 사용해 악의 개념을 선의 결여로 설명했고 세상의 무질서는 자유 의지의 오용 때문에 발생한다고 가르쳤다. 클레멘트는 철학이 신학에 합리적인 방법론을 제공해 준다고 생각했다.

심지어 플라톤(Plato)은 모세와 선지자들을 표절했고, 헬라 철학은 헬라인들을 그리스도에게 인도하고 죄를 억제하는 몽학 선생으로 해석하던 교부도 있었다. 하나님은 모든 피조물 안에 진리의 씨앗을 뿌려 놓으셨고, 철학이 말하는 진리와 선은 창조주로부터 왔다. 소크라테스는 예수님 이전의 그리스도인이었고 기독교는 스토아학파의 윤리 및 아리스토텔레스(Aristotle, BC 384-322)의 논리학과 유사점이 많다.[5]

---

5   헨리 채드윅, 『초대 교회사』, 111-13.

오리겐(Origen of Alexandria, 185-253) 또한 플라톤 철학을 적극적으로 인용하여 성경의 가르침을 체계적으로 집대성했다. 영혼은 하나님과 닮은 존재로, 육체와 결합하기 이전부터 존재했다. 영혼은 잠시 물질세계에서 살고 있지만, 이 세상이 끝난 후에도 존재한다. 물질세계는 한시적이고 잠정적인 것이며 세상에서의 삶은 영혼의 삶과 비교할 때 찰나에 불과하다. 그는 헬라 철학에도 정통했고, 윤리적 문제와 섭리에 대해서는 스토아 철학의 논증을 사용했다. 그는 성경 내용을 철학적 논의와 혼합해 풍유적으로 해석한다는 비판을 받았다.[6] 반면, 터툴리안은 철학적 논쟁에 상당한 지식을 가진 사람이었으나, 기독교의 진리는 불합리하기 때문에 믿는다고 대답하며 철학을 경계했다.

중세 신학은 스콜라 철학의 영향을 크게 받았다. 토마스 아퀴나스는 인간의 이성을 강조한 아리스토텔레스의 철학을 신학에 접목시켰다. 인간이 먼저 도덕적 행동을 하면 하나님은 은혜로 응답하신다는 '근대의 길'(via moderna) 사상이 철학과 신학을 지배했다. 반면, 오컴의 윌리엄은 철학과 신학을 엄격히 구분했고, 하나님 존재와 전지전능하심을 논리적 증명이 아닌 믿음으로 받아들일 것을 주장했다.

르네상스(Renaissance, 1450-1550)는 고대 그리스와 로마의 사상, 철학, 문화로 돌아가자는 운동이었다. 르네상스는 재생 혹은 부흥이란 뜻을 가졌고, "기원 혹은 원천으로 돌아가자"라는 슬로건을 내걸었다. 수도원과 대학을 중심으로 고전 연구가 붐을 이루었고, 고대 문서의 원전을 연구하는 바람이 거세게 불었다. 이는 중세 시대의 신 중심 세계관을 탈피해 유럽

---

6 헨리 채드윅, 『초대 교회사』, 116-22.

문명의 근원인 그리스·로마 문화를 재생하고 인간 중심으로 돌아가자는 운동이었다.[7] 중세는 신을 중심으로 한 신본주의를 추구한데 반해, 르네상스는 인간의 위대성과 존엄성, 자유 의지를 강조하면서 인간은 스스로의 정체성과 미래를 결정할 수 있는 능력을 갖춘 자율적 존재로 해석했다. 그 결과 하나님 중심을 벗어나 탈종교화를 선언했고 인간 실존의 중요성이 부각되면서 인간이 차지하는 위치에 큰 변화가 일어났다.

중세 말 가톨릭교회도 르네상스의 영광에 심취했고, 고대 로마의 영광으로 복귀하는 것을 목표로 삼았다. 교황은 로마 문화의 재건을 위해 대규모의 건설 공사를 시작했고 예술과 문학 등을 크게 장려했다. 교황 레오 10세나 클레멘트 7세는 종교적, 신앙적 문제보다는 정치적 권력과 사회적 지위에 더 큰 흥미를 느꼈고, 예수님이나 베드로보다는 주피터(Jupiter)나 카이사르(Julius Caesar) 등과 비교되기를 원했다.[8] 인간의 이성과 합리성을 강조하는 인본주의가 태동하면서 교회가 잘못되어 가고 있다는 인식이 늘어났다.

유럽에서 30년 종교 전쟁 이후 종교적 문제는 국가의 강요가 아니라 개인의 자유 선택에 맡겨야 한다는 관용론이 제기되었다. 그리고 합리주의 및 과학주의 시대가 도래하면서 신앙의 시대는 이성에게 자리를 내주었다. 근대 철학의 아버지로 불리는 르네 데카르트(Rene Descartes, 1596-1650)는 과학적, 수학적 법칙에 근거해 이성적으로 증명된 사실만을 받아들였고, 확실하지 않은 것은 불신했다. 그는 모든 것을 회의할 때 확실한 지식을 얻을 수 있다고 믿었고 불가침 영역인 종교까지도 회의의 대상으로 만들었다.

---

7 Nick R. Needham, *2000 Years of Christ's Power, Vol. 3* (London: Grace Publication, 2004), 16-17.
8 후스토 L. 곤잘레스, 『종교개혁사』, 11-12, 19.

합리주의는 감성이나 초자연성에 호소하는 종교가 아니라 이성에 근거해 논리를 따라가는 합리적이고 윤리적인 종교를 신봉했다. 인간의 이성은 모든 것을 판단할 수 있고, 이성적이고 관용적이며 비판적으로 종교를 분석했다. 18세기 계몽주의는 인간의 이성을 믿음과 실천을 판단할 수 있는 유일한 기준으로 삼았다.

존 로크는 인간의 지성은 태어날 때 백지와 같고, 그 이후 경험이 지식을 형성한다는 경험 철학을 주장했다. 인간의 삶에 지침을 주는 근거인 이성을 통해 모든 문제를 해결할 수 있고 절대적 진리와 최고의 선에 도달할 수 있다. 그는 『기독교의 합리성』(The Reasonableness of Christianity, 1695)이란 저서에서 신앙을 하나님의 섭리나 교회의 권위보다 이성의 영역 안에서 분별해야 함을 강조했다. 모든 진리는 경험에 기초한 이성에 근거해 판단되어야 하며, 성경의 계시나 신앙의 문제도 합리적 논리나 사고로 풀어야 한다. 그는 삼위일체와 그리스도의 신성과 인성의 교리는 합리적이지 않기에 폐기시켜야 한다고 생각했다.[9]

이성과 과학의 강조로 인해 하나님이 설 자리가 점점 좁아져 갔다. 아이작 뉴턴(Isaac Newton, 1643-1727)은 '기계론적 철학'을 통해 신이 세상을 창조할 때 법칙과 질서를 정립해 놓았다고 강조했다. 시계 제조자인 하나님은 창조 이후 세계의 일에 전혀 개입하지 않는다. 이 세상은 태초에 정해진 질서정연하고 통일적이며 불변하는 자연법과 이성에 의해 운행된다. 그는 성경에 기록된 초자연적 기적이나 계시 등을 거부했고, 정통적 삼위일체론이 이성적이지 않다며 부정했다. 자연 신학(Natural Theology)은 자연을 하나님의 계시

---

9   후스토 L. 곤잘레스, 『현대교회사』, 105. 로저 올슨, 크리스터퍼 홀, 『삼위일체』 (서울: 대한기독교서회, 2004), 114-15.

가 나타난 접촉점으로 여겨 자연의 법칙을 잘 살피면 하나님을 알 수 있다고 주장했다.

합리주의와 계몽주의의 영향으로 인해 영국 신학계에 이신론(Deism)이 팽배하면서 과학적 세계관에 근거해 신앙과 신학을 규정했다. 하나님은 세상의 창조주이시며 도덕법의 창시자이시다. 종교는 계시나 가슴이 아닌 논리와 이성, 과학과 일치해야 한다. 급기야 이신론은 하나님의 초자연성과 예수의 신성, 인간의 죄성을 강조한 정통 교리를 부정했다. 그리고 예수를 유대교 선지자 중의 한 사람이거나 계몽된 윤리 교사로 해석했다. 삼위일체와 기적과 같은 비합리적인 교리는 신앙적이지 않기에 폐기되어야 한다.

계몽주의의 호소력은 특히, 개혁주의 진영에 큰 영향을 끼쳤고, 칼빈주의는 합리주의를 적극적으로 받아들였고 제네바와 에든버러는 유럽 합리주의의 중심지가 되었다. 원인과 결과의 연계성을 통해 상식적 결론에 도달할 수 있다는 스코틀랜드의 상식 철학은 관찰 가능한 세계와 보편적 경험을 토대로 한 객관적 진리를 추구했다.[10] 청교도가 주도하던 뉴잉글랜드에는 인간의 자유와 이성, 하나님의 사랑을 강조한 유니테리언 교회들이 들어섰다. 그들은 전통적 삼위일체와 예수의 신성을 부정했고 삼위일체론 중 양태론을 받아들였다.

19세기 자유주의 신학자들은 한걸음 더 나아가 예수는 로마 군병과 마리아 사이에서 태어난 사생아로 해석했다. 그의 초자연적 수태 혹은 동정녀 탄생은 신화에 불과하다. 예수는 제한된 지식을 가진 인간에 불과하며 단지 도덕적 표본을 제시했다. 이스라엘을 로마로부터 독립시키려던 그의

---

10 마크 놀, 『미국 캐나다 기독교 역사』, 199-201. 제임스 스마일리, 『간추린 미국 장로교회사』, 137. 앨리스터 맥그래스, 『기독교, 그 위험한 사상의 역사』, 238-39.

사역은 실패로 끝났고 체포되어 십자가에 달려 죽음으로 생을 마감했다. 그의 시체를 훔친 제자들이 예수님의 부활을 주장했다. 이성에 어긋나는 성경의 기적 이야기와 예수의 부활은 사기에 불과하다. 이외 초자연적 계시나 원죄 교리 등도 이성에 부합하지 않는다.

초대 교회는 성경을 영적으로 이해했고 초자연적 세계관과 영적 세계관을 받아들였다. 그러나 20세기 말 인간의 실존을 세속주의적 관점에서 해석하는 입장이 우위를 차지함으로 개신교는 세련되고 합리적인 종교로 변모하고 말았다. 과학과 이성은 종교를 포함한 모든 세계를 해석하는 유일한 법이 되었고 종교적 진술이라 할지라도 이성의 범주를 벗어나면 잘못된 것으로 간주되었다.

초자연적 세계관을 부정하는 현 시대에 예수에 대한 성경의 기록은 신화적 묘사에 불과하다. 성경에 기록된 예수는 진짜 모습이 아니기에 역사적 인물로 파악하는 역사적 예수에 대한 연구가 대두되었다. 그 결과 하나님과 영적 존재는 존재하지 않고 기적은 일어날 수 없다는 생각이 교회를 지배하고 있다. 그야말로 서구 기독교는 지적인 기독교, 철학에 물든 기독교가 되고 말았다.

기독교와 과학

기독교와 과학의 관계는 어떨까?

기독교는 전통적으로 하나님이 무에서 천지를 창조하셨다는 창조론을 지지해 왔다. 창조론은 우주에 규칙과 질서가 있고, 자연 연구를 만물 속에 나타난 하나님의 지혜와 비밀을 알아내는 간접적 방법으로 받아들였다. 오리겐은 이 세상이 상징들로 덮여 있지만, 상징의 의미를 밝힘으로 하나님을 알 수 있다고 주장했다. 성경은 하나님의 말씀을 담은 책이고, 자연은 하나님의 작품을 담은 책이다.

칼빈은 하나님이 지으신 세계를 살펴보면 하나님을 알아낼 수 있다고 믿었다. 자연은 보이지 않는 하나님을 드러내는 아름다운 책이다. 그는 자연이란 책을 읽으면 성경의 계시를 더 잘 이해하게 해 준다며 자연 과학을 칭송했고 제네바 아카데미의 커리큘럼에도 과학 과목이 첨가되었다.

개신교는 종교적 차원에서 과학 연구를 긍정적으로 해석했고 자연을 과학의 차원에서 자연을 연구하는 입장을 지지했다. 그 결과 사물을 눈에 보이는 그대로 설명하는 방법론이 등장했고, 자연을 관찰할 때 상징을 찾아내려는 의도는 상실되었다. 자연 현상과 사물을 과학 탐구의 대상에 두고 의미를 부여하면서 자연의 탈 신성화 현상이 나타났다. 개신교 신학은 물질에서 거룩한 것이 존재할 수 있다는 생각을 단념했다.[11] 성만찬에서 떡과 포도주의 신비성은 사라지고 단지 기념하는 차원에서 이해하는 것이 주류를 이루었다.

중세나 종교개혁 당시 지구가 우주의 중심이라는 해석이 지배적이었다. 태양과 다른 천체들이 지구를 돌고 있다. 폴란드 사제이자 수학자였던 니콜라우스 코페르니쿠스(Nicolaus Copernicus, 1473-1543)는 태양 중심의 모델을 발견했다. 교황청은 지구가 태양을 돌고 있다는 그의 저서를 금서로 지정했고, 그의 우주론을 지지한 이탈리아 과학자 조르다노 브루노(Giordano Bruno, 1548-1600)를 이단으로 몰아 로마에서 화형 시켰다. 갈릴레오 갈릴레이(Galileo Galilei, 1564-1642)는 코페르니쿠스의 태양 중심설이 가설

---

11 Peter Berger, *The Sacred Canopy: Elements of a Sociological Theory of Religion* (Garden City, NY: Doubleday, 1967), 111-13.

이 아니라 지구가 태양 주위를 돌고 있으며 지구는 둥글다는 것이 과학적 사실임을 주장했다.

가톨릭교회는 갈릴레오가 이단적 주장을 한다 하여 종교 재판(1633년)에 세웠고, 생명의 위협을 느낀 그는 주장을 뒤엎는 고백을 할 수밖에 없었다. 재판에서 갈릴레오는 자신의 과오를 참회한 후 코페르니쿠스의 학설을 포기한다는 각서를 쓰고 큰 소리로 암송한 후 금고형에 처해졌다. 자연 과학과 기독교는 상반된 가치관을 드러내며 적대적 관계임이 밝혀졌다.

자연 과학의 방법론은 성경 해석법에 큰 영향을 끼쳤고 이는 곧 정통 교리를 부정하는 이단으로 빠지는 통로가 되었다. 자연 과학을 신봉한 뉴턴은 삼위일체를 부인했고 이신론적 시각으로 성경을 읽었다. 과학적 지식은 우주나 인간의 기원에 새로운 해석과 통찰력을 제공하면서 큰 위력을 발휘했고 사람들의 과학에 대한 신뢰는 종교를 뛰어넘었다. 찰스 다윈(Charles Darwin, 1809-1882)의 『종의 기원』(On the Origin of Species, 1859년)은 창조론에 의문을 제기했고, 인류의 기원을 진화론으로 설명했다. 생명체는 자연도태와 적자생존의 원리에 의해 점진적으로 진화한다. 인류를 포함한 모든 종은 오랜 생물학적 진화 과정을 거쳤고, 인간과 동물 사이에 생물학적 기원 및 차이점은 존재하지 않는다.

과학의 발달에 반비례해 창조론을 주장하는 기독교의 위상은 점점 추락해갔다. 코넬대학교의 설립 총장인 앤드류 화이트(Andrew White, 1832-1918)는 그동안 기독교가 과학의 진보를 방해해 왔다고 비판했다. 교육가이자 사회 철학자인 존 듀이(John Dewey, 1859-1952)는 미국의 공교육이 기독교적 세계관에서 벗어나 과학적 방법론으로 전환되어야 함을 강조했다. 허버트 스펜서(Herbert Spencer, 1820-1903)는 사회적 진화론에 근거해 우월한 인종이나 민족이 열등한 인종을 침략하거나 다스리는 것은 정당하다고 주장했다. 사회적 진화론은 선진국이 후진국을 계몽하고 이끌어가야 한다는 제국주의적 논리와 연결되었다. 이런 논리에 근거해 국가의 구제 사업을 반대하고 기업 간의 무제한적 경쟁을 옹호하는 무한 자본주의 정책이 실시되었다.

1925년 테네시주의 공립학교 생물학 교사인 존 스콥스(John Scopes, 1900-1970)는 주 의회가 통과시킨 창조론을 지지하는 '진화론 반대법'을 어기고 학생들에게 진화론을 가르쳤다. 그는 재판에 회부되었고, 이 사건은 '원숭이 재판'으로 불리며 큰 주목을 받았다. 이 재판은 창조론자이자 근본주의자인 브라이언과 진화론자 대로우의 변론으로 인해 세계적인 사건이 되었다. 브라이언은 진화론을 기독교적 가치관을 파괴하는 사상으로 몰았고, 재판을 승리로 이끌었다. 이 재판의 결과 테네시주는 공립학교에서 진화론을 가르치지 못하게 규정했다.[12]

비록 근본주의가 재판에서 승리했지만, 여론은 근본주의에 등을 돌렸고 진화론을 지지했다. 재판 과정에서 근본주의는 과학의 발전과 학문의 진보, 현대 문화 등에 대해 적대감과 무지를 드러냈다. 재판을 지켜본 사람들은 근본주의를 상식과 과학적 사실을 부정하는 시대에 뒤처지는 그룹으로 치부했다.

근본주의는 생물학적 진화론이 성경의 가르침에 어긋난다는 견해를 유지했지만 찰스 핫지(Charles Hodge, 1797-1878)는 진화를 하나님의 인도하는

---

12 Bruce I. Shelley, *Church History in Plain Language* (Nashville: Thomas Nelson, 2008), 437.

과정으로 받아들였다. 워필드는 다윈의 자연선택설이 하나님의 일반 섭리를 나타내는 자연법으로 해석했다. 미국 공립학교는 창조론을 거부하고 진화론을 받아들였다. 기독교는 점차 자연 과학이 제시한 통찰을 받아들였고 이제 대부분의 개신교 그룹은 세계가 오랜 시간을 거쳐 생성되었음을 받아들인다. 많은 복음주의 신학자들은 우주를 지으신 첫 창조와 지구 위에 생물이 등장하는 사건 사이에 상당한 시간적 간격이 존재한다는 오랜 지구설을 지지한다. 전통적 기독교 교리와 상반되는 과학적 사실 혹은 가설들이 나왔을 때, 처음에는 극렬하게 반대를 표명했으나 시간이 지나면서 이를 수용하는 쪽으로 전환하고 있다.

3. 이단에서 정통으로[13]

성경에 나오는 이단이란 용어는 '같은 견해를 가진 사람들의 무리'를 지칭하는 중립적 용어로 이전 정통과는 다른 새로운 신앙이나 교리를 주장하는 종교적 분파나 철학 학파를 가리켰다. 유대교에는 바리새파나 사두개파, 질롯파(혁명파), 에센파 등과 같은 종파들이 있었는데, 이들 네 그룹은 믿음을 이해하는 방식과 세계관, 교리 등에 뚜렷한 차이가 있었다.

바리새인은 죽은 자의 부활과 천사의 실존을 믿은 데 반해, 사두개인은 사후 세계 및 영적 존재를 부정했다. 질롯파는 이스라엘의 정치적 해방에 관심이 많았던 반면 에센파는 세상과의 엄격한 분리주의를 지향하며 따로

---

[13] 이단에 관한 자세한 내용은 저자의 『이단 바로 보기』(서울: 서로사랑, 2013)을 참조하기 바란다.

공동체를 이루고 살았다.[14] 이들은 서로를 이단이라 불렀는데 이처럼 유대교 내에서 이단이란 용어는 구별된 견해나 학파를 가리켰다.

유대인들은 유대교를 정통에 두고 이와 다른 주장을 하는 기독교를 이단으로 정죄했다. 한마디로 당시 이스라엘에서 기득권을 가진 유대교는 정통이고 소수파에 불과했던 기독교는 이단이었다. 기독교 역사에서 최초로 이단 정죄를 받은 사람은 다름 아닌 예수님이셨다. 바리새파의 입장에서 예수님의 가르침을 분석해 보면, 그는 그들과 다른 독자적 견해를 가지고 계셨다.

예수님은 안식일에 치유를 행하심으로 안식을 범하셨고, 하나님을 친아버지라 부름으로 신성 모독죄를 범했다. 결국 바리새인과 서기관들은 유대교의 교리와 전통에 근거해 다른 견해를 주장했던 예수를 불법자 혹은 이단자로 정죄해 십자가에 못 박아 죽였다. 이처럼 종전의 입장에 반대되는 새로운 교리를 주장하는 자를 이단으로 칭했다.

예수님 이후 이단으로 정죄를 받은 대표적 인물은 사도 바울이었다.

> 나는 그들이 이단이라 하는 도를 따라 조상의 하나님을 섬기고(행 24:14).

바울은 유대교의 변절이자이자 나사렛 예수의 이단 사상을 전하던 자였다. 기독교 최초의 순교자인 스데반 또한 이단 정죄를 받고 돌에 맞아 죽었다. 유대에서 그리스도인들은 이단으로 몰려 극심한 박해를 받았고, 유대교 회당은 85년 공식적으로 기독교를 이단으로 정죄했다.

---

14 헨리 채드윅, 『초대 교회사』, 12-14. 레이몬드 E. 브라운, 『신약개론』, 143-46.

나사렛파와 이단들은 갑작스럽게 멸망 당하게 하시고, 생명 책에서 지워지게 하소서.[15]

그런데 이단의 의미는 시대와 장소, 정치, 문화 등에 따라 변했다. 고린도 교회의 신자들은 바울파, 아볼로파, 게바파 등과 같이 특정 지도자들을 중심으로 서로 편을 나누었고 논쟁을 벌였다. "분쟁과 시기와 분냄과 당 짓는 것과 분열함과 이단"(갈 5:20)에서 보듯이, 이단이란 한 교회 안에 있는 당파나 분파였다. 고린도 교회처럼 다른 지도자를 중심으로 파당을 구성한다면 서로에게 이단이 되었다.

그런데 점차 힘의 우위를 점한 다수파는 기득권을 유지하기 위해 안간힘을 썼고 자신들의 권위에 도전하거나 반대하는 그룹을 억누르고 제거했다. 그 결과 참 신앙을 주장하는 갓 태동한 소수파는 이단으로 몰렸다. 초대 교회는 감독을 중심으로 한 교회 조직을 수립했고, 세례 교육용으로 신조 및 교리를 작성했다.

감독의 권위에 맞서는 소종파는 이단으로 낙인찍혀 퇴출되었다. 집권파의 신학과 교리, 전통에 반대하는 소수파를 자신들의 교권 유지를 위해 이단으로 정죄해 사형에 처하기도 했다. 이단 정죄는 다수파가 소수파를 길들이고 핍박하고 제거하기 위해 사용된 정치적 수단이었다. 이를 교권적 이단이라 칭한다. 교권적 이단은 주로 정통적 교회가 조직화, 교권화, 세속화되면서 성령의 생명력을 상실할 때 나타났다. 소수파가 정통교회의 경직성과 타락을 비판하고 성경과 성령으로 돌아가자는 개혁을 주장하

---

15 헨리 채드윅, 『초대 교회사』, 22.

면 정통 교회는 그 개혁안을 받아들이기보다 교권으로 누르면서 이단으로 정죄했다. 이런 면에서 이단 정죄는 기득권을 유지하기 위한 유용한 수단이었다.

키프리안은 감독이 인도하는 교회의 울타리 밖으로 나가는 것은 구원을 상실한 것으로 해석했다. 감독을 중심으로 한 교권은 각종 신조를 만들면서 정통 교회를 수립했다. 감독은 교회의 이단 시비 문제를 결정할 수 있는 권한을 가졌고, 자신의 권위에 도전하거나 반대하는 자를 제거하기 위해 이단으로 몰고 갔다. 노바티안(Novatian, 200-258)은 불법적인 성직 수여에 대해 비판을 가하자, 감독이었던 키프리안은 한 몸인 교회를 찢으려 한다며 노바티안을 비판했고 이단 정죄를 내렸다.[16]

성령의 시대를 강조했던 몬타누스는 감독의 권위와 지도력에 대해 의문을 제기하면서 당시 교회가 성령의 역동성과 충만함을 잃어버렸다고 비판했다. 그는 감독의 권위에 의지하는 교회 구조보다는 성령의 카리스마적 권위에 의존하는 교회로 변신해야 함을 강조했다. 그의 주장은 감독의 권위 유지에 심각한 도전이 되었고, 이로 인해 그는 이단으로 정죄되었다. 존 웨슬리는 몬타누스를 당시 지상에서 가장 위대한 신앙의 사람으로 다음과 같이 선언했다.

"내가 오랫동안 의심했지만 이제 몬타누스파가 진정한 성서적 그리스도인이었다는 사실에 대해 완전한 확신을 가지게 되었다."[17]

---

16 E. H. 브로우드벤트, 『순례하는 교회』, 34.
17 John Wesley, *"The Real Character of Montanus,"* Thomas Jackson, ed., *The Works of John Wesley* (London: John Mason, 1829), 11:47.

칼 오이시(Karl Heussi, 1877-1961)는 몬타누스를 교회 최초의 개혁가로 평가했고, 하워드 스나이더는 몬타누스파를 사도적 교회의 기적과 예언, 은사의 지속성을 주장한 카리스마운동의 효시로 해석한다.

네스토리우스는 예수님이 구세주가 되기 위해서는 피를 흘릴 수 있는 완전한 인간이 되어야 한다는 안디옥 학파의 입장을 대변했다. 반면, 예수의 인성보다 신성을 강조했던 알렉산드리아 학파는 네스토리우스의 주장에 이단성이 있음을 주장했고, 이에 대한 시비를 가리기 위해 에베소 공의회(431)가 소집되었다. 알렉산드리아 감독 시릴(Cyril, 376-444)은 네스토리우스가 도착하기도 전에 그리스도의 신성을 부인했다며 이단으로 정죄했다.

시릴은 로고스가 육체와 연합되면서 신성과 인성의 완전한 연합이 일어나 한 성품이 되었다는 단성론을 지지했다. 이후의 칼세돈 공의회(451)는 그리스도의 인격 안에 완전한 신성과 인성의 두 본성이 있다는 결론을 내림으로 네스토리우스의 양성론이 승리했고 단성론을 이단으로 파문했다.[18] 그런데 단성론적 경향이 강했던 동방정교회는 제2차 콘스탄티노플 공의회(553년)에서 시릴의 단성론을 정통으로 지지했다. 이처럼 상황에 따라 정통이 되었다가 이단이 되고 이단이 이후에 정통이 되는 상황이 자주 발생했다.

중세에는 로마가톨릭교회가 유일한 정통 교단으로 존재했고, 교회 밖에는 구원이나 죄 용서가 없었다. 그리고 가톨릭교회의 신자만이 시민권의 혜택을 누릴 수 있었다.[19] 교황권을 앞세운 가톨릭교회는 자신의 정통과

---

18 도날드 K. 맥킴, 『교회의 역사를 바꾼 9가지 신학 논쟁』, 99, 105-6. 리차드 A. 노리스, 『기독론 논쟁』(서울: 은성, 1998), 44.
19 R.W. 서던, 『중세 교회사』, 13.

권위, 교리 등에 대항하는 개혁적 주장을 편 인물이나 소수파를 무고하게 이단으로 정죄하고 박해했다. 이단 정죄에 정치적 의미가 가미되면서 이단으로 정죄되면 재산을 압류당했고 체포되어 사형에 처해졌다.

이단 정죄는 기득권을 가진 교회의 수호와 통제의 수단으로 유용하게 사용되었다. 당시 기득권을 가진 가톨릭교회에 의해 이단으로 정죄되었다가 이후 혹은 오늘날 정통으로 인정된 수많은 교단과 인물이 있었다.

프랑스의 피터 왈도(Peter Waldo, 1140-1218)는 리옹의 부유한 상인이었으나, 전 재산을 내놓았고 가난을 신자의 덕목으로 삼아 청빈의 삶을 살았다. 그는 '리옹의 가난한 사람들' 이라는 단체(1170년)를 조직했고, 이후 왈도파로 불렸다. 그는 누구나 성경을 해석하고 가르칠 수 있다고 믿었고, 라틴어 대신 평민이 알아들을 수 있는 언어로 복음을 전파했다. 교황 루시어스는 평신도가 복음을 전파하고 교회의 통일성을 무너뜨린다는 이유로 왈도파를 이단으로 규정했다. 이처럼 당시의 이단이란 가톨릭교회의 권위 및 전통에 대항해 싸우다 종교 권력에 의해 패배한 사람을 지칭했다.

교황 이노센트 3세는 종교 재판소를 만들어 교회의 변증에 열정적이던 도미니크 수도사를 재판관에 임명해 가톨릭교회의 부패나 교리, 전통에 비판적인 사람들을 심문하고 핍박했다. 종교 재판소의 대법관인 토마스 토르케마다(Tomas de Torquemada, 1420-1498)는 이단으로 간주된 인물들에 대한 가차 없는 탄압으로 인해 악명을 떨쳤다.

특히, 그는 유대인과 이슬람 무어인들을 가혹하게 다루었고, 그들은 가톨릭으로 개종하든지 유배를 가든지 선택해야 했다. 종교 재판소는 개혁신앙을 가진 자들을 체포해 자백을 끌어내기 위해 심한 고문을 가했고, 결국 이단자로 몰아 재산을 몰수하고 화형에 처했다. 그의 주재 아래 9천 번

에 달하는 이단 화형식이 거행되었다.[20]

마틴 루터의 종교개혁 이전부터 많은 그리스도인이 가톨릭교회의 타락과 부패에 이의를 제기했다. 존 위클리프는 교황 제도가 비성경적이며 화체설이 거짓임을 주장했다. 보헤미아의 개혁을 주도한 얀 후스는 면죄부 판매에 반대하다 콘스탄츠 공의회(1414-1418)에서 이단으로 정죄되었다.

루터는 교황의 절대적 권위와 가톨릭교회의 우월성을 거부하고 신적 영감에 의해 쓰인 성경만이 배타적인 권위를 가진다고 주장했다. 성경대로 사는 신자가 교황이나 종교회의보다 더 큰 권위를 가진다. 그리고 면죄부 판매는 구원을 빌미로 돈을 벌려는 상술에 불과하다.

루터의 주장에 격분한 교황 레오 10세는 "주여, 일어나소서"(Exsurge Domine) 칙령(1520년)을 내려 그를 '교회의 통일성을 파괴한 반란자', '주님의 포도원을 짓밟은 산돼지', '술 주정뱅이', '어머니에게 반항하는 악한 자식' 등으로 표현하며 이단으로 파문하면서 41가지에 달하는 이단 사항들을 열거하며 이단으로 파문했다.[21]

가톨릭교회의 수호자인 찰스 5세는 루터를 제국회의(Diet of Worms, 1521년)에 소환했고, 그에게 발언과 반박문을 철회할 것을 요구했다. 그러나 루터는 그의 제안을 거절했고 신성 로마 제국 위원회는 루터를 분파주의자이자 이단으로 간주하면서 "아무도 그에게 머물 처소를 제공할 수 없다"라고 사형 선고를 내렸다. 이처럼 중세 유일의 가톨릭교회에서 분리되어

---

20 후스토 L. 곤잘레스, 『종교개혁사』, 185-86.
21 알리스터 맥그라스, 『그들은 어떻게 이단이 되었는가』, 312. 후스토 L. 곤잘레스, 『종교개혁사』, 45. 헤롤드 브라운, 『교회사 안에 나타난 이단과 정통』, 122. E. H. 브로우드벤트, 『순례하는 교회』, 168-69.

나간 개신교는 그릇된 길로 나간 탕자이자 이단으로 정죄되었다. 비록 루터는 가톨릭교회에 의해 이단으로 정죄되었지만, 개신교는 루터를 '순수한 복음 전파를 가능하게 한 신앙적 영웅', '성경적 진리의 수호자', '부패했던 배교 교회의 개혁가' 등으로 평가한다.

그런데 개신교 또한 신학적 통일성과 질서를 유지하기 위해 인간의 생명을 빼앗았다. 왕이나 영주가 특정 교단을 국교로 선택하면 다른 개신교 교단들은 이단으로 정죄되어 정치적 핍박과 차별을 받았다. 루터교회가 국교로 받아들여진 곳에서 개혁교회는 이단으로 몰렸고, 마찬가지로 스위스의 제네바에서는 칼빈주의만 받아들여졌다. 루터파는 칼빈파를 공통된 신앙을 가진 동지라기보다 위협이 될 수 있는 남으로 간주했고 서로의 이익이 다를 경우 전쟁도 벌일 수 있는 별개의 종교 단체로 보았다. 가톨릭 교회로부터 이단으로 정죄받았던 루터파와 칼빈파는 같은 개신교 그룹인 재침례파 신자들을 국가에 대한 반역자이자 하나님에 대해 이단으로 정죄해 사형에 처했다.[22]

개신교가 주도권을 잡은 미국에서는 오히려 가톨릭교회가 이단으로 정죄되었다. 매사추세츠 대법원장 폴 더들리(Paul Dudley, 1675-1751)는 로마교회를 저주 받을 이단이자 혐오스러운 미신 종교로 규정했다. 라이언 비처는 "서부를 위한 호소"에서 교황이 미국의 미시시피 계곡을 차지하려는 음모를 꾸미고 있다고 주장했고 유럽의 가톨릭 지역에서 이민오는 사람들을 막았다.[23] 미국 개신교는 1960년대에 이르기까지 가톨릭교회를 적대시했다.

---

22 후스토 L. 곤잘레스, 『종교개혁사』, 92-93. 알리스터 맥그래스, 『기독교, 그 위험한 사상의 역사』, 167.

23 Mary Augustina Ray, *American Opinion of Roman Catholicism in the Eighteenth Century*

가톨릭교회와 개신교가 화해하기까지 많은 시간이 걸렸다. 제2차 바티칸 공의회(1962-1965)는 개신교를 형제로 인정했다. 종교개혁이 일어난 지 482년이 지난 1999년, 가톨릭교회와 루터교회 양측은 「공동 선언문」을 작성하고 이단 철회를 선언하고 신학적 일치를 모색했다. 20세기 초에 태동한 오순절운동은 정통 개신교로부터 심한 이단 정죄를 받았으나, 교세가 늘어나고 신 오순절운동의 확산에 따라 이제는 정통 개신교로 인정받고 있다. 이처럼 이전에는 이단으로 정죄를 받았으나 시간이 흘러 정통 교회로 해석되는 경우가 많이 있다.

4. 행위 구원에서 이신칭의로

교회 역사를 연구해 보면 놀랍게도 시대에 따라 구원관이 변해 왔음을 볼 수 있다. 초대 교회에서 감독권을 강조했던 키프리안은 감독이 있는 교회에만 구원이 있고, 감독이 없는 교회에는 구원이 없다는 주장을 폈다. 그에 의하면 구원은 감독이 인도하는 교회 공동체에 속해 있느냐에 따라 좌우되었다.

어거스틴은 원죄에 대한 개념을 정립하면서 교회가 베푸는 성례전을 통해 구원에 도달한다는 교리를 발전시켰다. 성례는 구원에 이르는 필수적인 수단인데, 특히 세례를 통해 죄 씻음을 받고 구원받는다. 그는 유아가 세례를 받지 않고 사망하면 원죄로 말미암아 지옥문에 내려가게 된다고

(New York: Octagon books, 1974), 128.

경고했다.²⁴ 그의 가르침을 받아들인 가톨릭교회는 세례를 죄 용서와 연관시켰고, 유아가 태어난 지 8일 만에 유아 세례를 베풀었다.

아리스토텔레스의 윤리학은 인간이 행위를 통해 덕을 쌓는 것이 구원을 받음에 있어 인간의 행위는 매우 중요하다고 강조했다. 인간은 노력에 의해 스스로 의로워질 수 있고 하나님과 사귐을 가지려면 먼저 선한 사람이 되어야 한다. 인간이 도덕적 행위를 통해 덕을 쌓으면 하나님은 그를 의롭다고 인정하시고 은혜로 응답하신다. 그러나 사람이 공로를 행하지 않으면 하나님도 보상하지 않으신다. 가톨릭교회는 인간이 도덕적, 종교적 업적을 쌓음으로 하나님의 의에 이르고 구원을 받는다는 개념을 발전시켰다.

가톨릭교회는 예수님에 대한 믿음과 함께 사랑의 행위와 고행, 봉사와 헌신, 금욕과 절제, 성지 순례, 재산 기증 등을 강조했다. 교회의 전통적 구원관은 '예수 그리스도에 대한 신앙과 함께 선행을 실천해야 구원받을 수 있다'였다. 선행이나 고행은 연옥에서 받을 형벌을 소멸시키거나 감소시켜 주는데, 고행을 채우지 못하고 죽으면 저주받는다는 소문이 퍼지면서 대리 고행도 실시되었다. 귀족들은 고행을 면제받기 위해 교회에 일정 금액을 지불하거나 대신 고행 받을 사람을 고용할 정도였다. 교황 바울 2세는 로마로 성지 순례를 오는 사람은 연옥에서 받을 형벌이 면제된다고 선포했다.²⁵

하나님은 구원 사역을 교회에 위임하셨고, 오직 가톨릭교회에만 구원이 있다. 구원을 얻는 길은 거룩한 공동체인 가톨릭교회에 속하는 것이다. 교

---

24   E. H. 브로우드벤트, 『순례하는 교회』, 51.
25   R.W. 서던, 『중세 교회사』, 25, 147, 242-43, 296.

황은 천국의 문을 열고 닫을 수 있는(형벌을 사면해 줄 수 있는) 권한을 가지고 있기에 하나님 나라에 들어가게 하거나 내어 쫓을 수 있는 권세를 가졌다. 교황 어반 2세(Urban II, 1088-1099 재위)는 이슬람과의 십자군 전쟁 참여를 독려하기 위해 유명한 설교를 했다.

> 십자군 전쟁에 참여한 자는 모든 형벌에서 면제를 받고, 전사할 경우 자동적으로 천국에 들어간다.

교황은 재물이나 조언 등으로 십자군을 후원하는 귀족에게도 완전 면죄를 보장했고, 감옥에 복역 중이던 죄수도 십자군 전쟁에 참여하면 원죄와 법적인 죄를 동시에 사함 받는다고 선언했다.[26]

교황 요한 23세는 가톨릭 국가를 침략했던 나폴리를 공격하기 위해 군인을 모집하는 과정에서 교황의 군대에 들어오는 자에게 모든 죄를 사해 주는 면죄부를 발행했다. 면죄부는 죄인을 세례보다도 더 깨끗하게 만들며, 타락 이전의 아담보다 더 순결하게 만든다. 교회는 전쟁에 참여하지 않는 일반인에게도 면죄부를 판매해 전쟁 자금을 마련했다.

교황은 산 자와 죽은 자를 연옥에서 구원할 수 있는 권한이 있기에 그가 발부한 면죄부를 구입한 사람은 지옥 형벌에서 면제를 받고 천국에서 보상을 받는다.[27] 교황의 이름으로 판매된 면죄부는 일종의 돈으로 구입하는 천국 입장권이었다.

---

26 후스토 L. 곤잘레스, 『종교개혁사』, 29.
27 R.W. 서던, 『중세 교회사』, 144-45. 루이스 W. 스피츠, 『종교개혁사』, 67.

서방교회는 베네딕토수도회 회칙을 종교적 이상으로 여겼고, 수도회칙을 엄격히 준수함으로 의롭게 됨을 천명했다. 13세기 초 이탈리아에 채찍질 고행자들이 나타났고, 스스로를 자학하지 않으면 신앙이 없는 사람으로 취급되었다. 이처럼 중세 교회는 인간의 의, 선행 고행 등으로 하나님께 나아갈 수 있다는 영광의 신학을 추구했다.

이런 행위 중심의 구원론에 반기를 든 그룹들이 나타났다. 왈도파는 유아 세례와 같은 성례전을 받으므로 구원받는 것이 아니라, 예수 그리스도를 믿음으로 의롭게 됨을 주장했다. 얀 후스는 교황이 발부한 면죄부를 돈으로 구입함으로 구원이 이루어지지 않고 오직 그리스도의 은혜를 믿음으로 말미암는다고 강조했다.

어거스틴 수도사였던 루터는 가톨릭의 가르침을 따라 선행과 고행을 통해 하나님 앞에 의롭다는 판결을 받는다고 믿었다. 구원에 이르기 위해서는 하나님의 계명과 규율을 엄격히 지키고 금욕과 고행, 절제의 의무를 다해야 한다. 그는 죄 문제를 해결하기 위해 모든 죄를 철저히 상급 사제에게 고백하는 고해 성사에 성실히 임했고 고행과 선행에 매진했고 육체적 욕망을 다스리기 위해 금식과 기도에 몰두하는 금욕생활을 했다. 그러나 그는 여전히 죄 사함에 대한 확신을 가질 수 없었고, 오히려 자신이 죄 앞에 무력한 존재임을 절감했다. 그는 점점 선행과 고행 및 고해 성사를 통해 죄 사함을 받고 구원에 이른다는 가톨릭교회의 가르침에 의문을 품었다.

루터는 지옥에서 벗어나 천국에 들어갈 수 있는 길을 알기 원했고 성경이 구원에 대해 무엇이라 말하는지 밝혀내기 위해 성경 본문과 씨름했다. 1515년 그는 로마서 강해를 통해 "의인은 믿음으로 말미암아 살리라"

(롬 1:17)는 사실을 발견했고 인간의 노력이나 행위, 공로가 아닌 "오직 믿음으로 말미암아 의롭게 된다"라는 이신칭의(justification by faith)의 교리를 발견했다. 용서와 구원은 하나님이 죄인에게 값없이 주시는 선물이다.

> 너희는 그 은혜에 의하여 믿음으로 말미암아 구원을 받았으니 이는 너희에게서 난 것이 아니요, 하나님의 선물이라. 행위에서 난 것이 아니니(엡 2:8-9).

하나님의 의는 죄인을 심판하는 데 목적이 있는 것이 아니라, 믿는 자에게 은혜를 베푸시고 구원하는 데 있다. 예수님은 십자가에서 죽으시고 부활함으로 구원의 길을 열어 주셨고, 그리스도를 구주로 영접할 때 그의 의가 죄인에게 전가되므로 의롭다 함을 받는다.

루터는 미사를 집전함으로 사망자가 연옥에서 나와 천국에 들어간다는 가톨릭의 가르침을 무식의 소치로 치부했다. 성례전 참여나 고해 성사로 구원받는다는 것은 거짓된 교리이고, 면죄부 판매는 복음의 본질을 부정하는 것이다. 하나님을 알기 위해 천국의 계단을 오르고자 하는 인간의 업적이나 행위, 공로는 헛된 것이다.[28] 그는 "95개 논제"(1517년)에서 면죄부와 그 신학적 전제들을 공격했다.

그의 이신칭의는 당시로는 새로운 발상으로, 중세의 구원관을 무너뜨릴 만한 파괴력을 발휘했다. 그의 구원론은 천년 동안 지속된 가톨릭교회의 가르침과 정면충돌을 일으켰다. 가톨릭교회는 트렌트 공의회를 열어 믿음과 사랑의 행위를 통해 구원받는다는 전통적 견해를 고수했다. 인간은 죄

---

28 루이스 W. 스피츠, 『종교개혁사』, 61-61. 존 딜렌버거, 클라우드 웰취, 『프로테스탄트 교회의 역사와 신학』, 38-40. 후스토 L. 곤잘레스, 『종교개혁사』, 31-33.

사함을 받고 구원받기 위해 신앙과 함께 선행, 봉사, 헌신, 고행 등을 필수적으로 실천해야 한다. 이런 의미에서 믿음으로만 구원받는다는 루터의 이신칭의는 교회의 전통과 통일성을 깨뜨리는 것이다.[29]

가톨릭교회는 인간의 이성이나 노력으로 하나님께 다가갈 수 있다는 '영광의 신학'(아래로부터 위로의)을 추구했고 루터는 그리스도의 '십자가 신학'(위에서 아래로의)에 기초한 칭의를 강조했다. 토마스 크랜머는 이신칭의야말로 '기독교의 강력한 반석이자 토대'로 "이 교리를 거부하는 사람은 누구나 진정한 기독교 신자로 간주될 수 없으며 … 그리스도의 적"으로 규정했다.[30] 이신칭의의 구원관을 가진 개신교는 가톨릭교회에서 분리되어 나왔다.

유럽 교회는 오랫동안 유아 세례를 신자 됨의 근거로 여겼으나, 청교도는 유아 세례가 신자 됨을 보증하지 않는다고 생각했다. 참된 신자의 표징은 외적인데 있는 것이 아니라 내면적인 것으로 그리스도를 믿는 믿음을 통한 중생의 체험에 있다고 보았다. 이신칭의는 참된 신자와 명목상의 신자를 구별하는 중요한 기준이다.[31]

오늘날 대부분의 개신교 교단은 "행위로 의롭다 함을 받는다"라는 개념을 이단으로 여기고, 이신칭의를 구원의 유일한 방법으로 받아들인다.

---

29 루이스 W. 스피츠, 『종교개혁사』, 335. 알리스터 맥그래스, 『기독교, 그 위험한 사상의 역사』, 99.

30 Thomas Cranmer, "Sermon on Salvation" in First Book of Homilies (London: Society for the Propagation of Christian Knowledge, 1914), 25-26.

31 Timothy L. Smith, *Whitefield and Wesley on the New Birth* (Grand Rapids: Zondervan, 1986), 64-67. Nathan Hatch, *"Forward," in Harry Stout, The Divine Dramatist: George Whitefield and the Rise of Modern Evangelism* (Grand Rapids, MI: William B. Eerdmans, 1991).

이처럼 역사에 따라 영생의 문제가 달린 구원관의 개념이 변해왔다. 오늘날의 구원관을 기준으로 중세 신자들의 믿음을 분석해 보면 과연 그때 구원이 가능했는지 궁금해진다.

5. 자유주의 신학에서 신정통주의로

근대에 접어들어 계몽주의 및 합리주의, 과학주의의 영향으로 인해 교회에서 자유주의 신학이 득세했다. 우스토 소치니(Fausto Sozzini, 1539-1604)는 이성을 기독교의 믿음과 실천을 판단하는 기준으로 삼았다. 기독교에서 비이성적이고 미신적 요소를 제거해야 한다고 생각한 그는 성경에 기록된 초자연적 기적들과 예수의 신성, 인간의 전적 타락과 원죄, 영혼 불멸 및 삼위일체 등의 교리를 부정했다. 그리스도는 선지자적 사명을 받은 도덕적 인간이었고 승천을 앞두고서야 하나님의 인정을 받아 참 하나님이 되었다.

합리적 신앙을 추구한 존 로크는 그리스도의 신성과 인성의 연합 개념은 결코 이성적이지 않다고 생각했다. 예수는 하나님의 계시를 인간에게 전달해 준 예언자에 불과하다. 이신론은 인간이 죽었다가 다시 살아나는 것은 비과학적이라는 이유로 예수의 부활을 전면 부정했다.[32]

헤르만 S. 라이마루스(Hermann S. Reimarus, 1694-1768)는 예수를 로마의 식민지 상태에 있던 이스라엘을 로마로부터 해방시키려 했던 혁명가요,

---

32 로저 올슨, 크리스터퍼 홀, 『삼위일체』, 111-15.

독립운동가로 이해했다. 그러나 예수의 시도는 실패로 돌아갔고, 추종자들은 그의 시체를 훔쳐 감춘 후 그를 신격화하기 위해 그가 부활했다고 주장했다. 또 다른 가능성으로는 예수는 십자가에서 잠시 기절했고, 서늘한 동굴로 옮기자 의식을 회복했다.[33]

이처럼 과학적, 합리적, 이성적 사고방식은 기독교에 큰 영향을 미치면서 초자연적 세계관에서 벗어나 합리성 위에 서도록 유도했다. 계몽주의 및 과학의 발달은 교회의 신학에 큰 영향을 미쳤고 학문의 중심지가 대학으로 옮겨가면서 독일 대학은 이성주의와 진화론을 적극적으로 받아들였다.

자유주의 신학은 고고학과 고대 근동 역사, 역사 비평학에 근거해 성경의 저자와 연대에 의문을 제기했고, 성서가 하나님의 영감에 의해 쓰여진 절대 무오한 하나님의 말씀이라 기보다 여러 구두 전승과 자료들을 편집한 역사적 문서라 주장했다.

모세오경은 모세가 쓴 것이 아니라 여러 사람에 의해 오랫동안 편집된 문서이다.[34] 성경은 고대 원시적 세계관과 기록자의 견해와 경험이 들어간 시대적 산물로, 오늘날의 관점에서 본다면 많은 과학적, 지리적, 역사적 오류들이 있다.

알브레히트 리츨(Albrecht Ritschl, 1822-1889)은 종교는 서구 문화가 표방하는 사상과 가치를 따라가야 한다고 주장했다. 신학과 신앙은 근대 사상의 변화에 맞춰 적절하게 변해야 하고, 신학의 출발점을 하나님이나 성경이 아닌 인간의 경험이나 정황에 둬야 한다. 그는 원죄나 예수의 신성, 삼

---

33 데이비드 웬함, 스티브 월튼, 『복음서와 사도행전』 (서울: 한국성서유니온선교회, 2007), 208-9. 레이몬드 E. 브라운, 『신약개론』, 1144. 프랭크 틸만, 『신약신학』, 78.
34 레이몬드 E. 브라운, 『신약개론』, 1148.

위일체 교리 등은 시대 정신에 동떨어지고 더 이상 유용한 가치를 발견할 수 없기에 이를 비본질적인 것으로 해석했다.

다비트 프리드리히 스트라우스(David Friedrich Strausss, 1808-1874)는 예수의 동정녀 탄생, 초자연적 이적, 부활, 승천 등의 역사성에 의문을 던졌다. 아돌프 폰 하르낙(Adolf von Harnack, 1851-1930)은 예수를 삼위일체 하나님의 선재 하신 제2위가 아니라 근본적으로 선한 사람, 위대한 영적 진리의 교사, 지고의 도덕성을 가진 예언자 등으로 묘사했다. 예수는 로마 군병과 마리아 사이에서 태어난 사생아로, 그의 초자연적 수태는 신화에 불과하고 지고의 도덕성을 지닌 예언자에 불과하다.[35]

이제 기독교는 하나님의 초월성, 그리스도의 선재, 성육신, 동정녀 탄생, 예수의 부활, 성경의 기적 및 계시를 버려야 한다. 자유주의는 원죄설이나 성서 무오설은 낡아빠진 유품에 불과하다고 평가했다.

미국 교회는 전통적으로 성서의 절대적 권위를 인정하고 하나님의 창조를 의심하지 않았다. 그러나 19세기 말 독일에서 자유주의 신학과 다윈의 진화론, 고등 비평 등이 미국 교회와 신학교에 소개되자 큰 반향을 불러일으켰다. 독일에서 신학을 공부한 신학자들이 미국의 신학교에서 주도권을 잡자 많은 신학교에서 자유주의적 관점을 지지하고 가르쳤다.

자유주의 신학의 영향 아래 기독교 신앙을 과학적, 이성적, 합리적 입장에서 해석해야 한다는 주장이 거세졌다. 특히, 장로교의 유니온신학교와 북침례교의 시카고신학대학은 자유주의 신학의 집합소가 되었다. 자유주의 신학을 받아들인 연합감리교를 비롯한 교단들은 세속적 가치들을 적극

---

35 Millard J. Erickson, *Christian Theology*, 663. 헤롤드 브라운, 『교회사 안에 나타난 이단과 정통』, 62-63.

적으로 수용했다.

　미국성공회의 존 셸비 스퐁(John Shelby Spong, 1931-2021) 주교는 미래의 교회는 하나님의 초월성, 예수의 부활, 성경에 기록된 하나님의 계시 등을 버리게 될 것이라 선언했다. 하비 콕스(Harvey Cox)는 『세속 도시』(Secular City, 1965년)를 통해 '하나님은 죽었다'라고 선언했다. 그는 기독교가 생존하기 위해 종교적 색채를 버리고, 현대 사상과 가치에 순응해야 한다고 외쳤다. 결국, 종교가 다루는 것은 하나님이 아니라 인간이었다.

　'역사적 예수' 연구는 성경에 기록된 예수와 실제 예수는 다르다고 가정한다. 편집과 오류로 얼룩진 복음서에서 거짓된 부분을 제거할 때 진정한 예수의 모습을 발견할 수 있다. '예수 세미나'를 주도한 존 D. 크로산(John D. Crossan)은 성경에 기록된 초자연적 기적을 부인했고 예수의 육체적 부활 또한 일어나지 않았다고 주장했다. 예수의 시체는 아마도 들개들이 먹었을 것이다.[36] 요한복음에는 예수님이 직접하신 말씀은 한마디도 없고, 추종자들이 그를 신으로 만들기 위해 조작한 인간의 창작물 내지 편집 물에 불과하다.

　미국 교회는 전통적으로 성서의 절대적 권위를 인정하고 하나님의 창조 를 의심하지 않았다. 유럽에서 고등 비평과 진화론 등의 자유주의의 물결이 밀려오자 보수적 신앙을 수호하기 위해 일어난 것이 근본주의다. 보수주의는 성서의 권위를 부정하는 자유주의의 성서 비평 및 세속주의와는 결코 타협하거나 양립할 수 없다는 결론을 내렸다.

　메이첸은 『기독교와 자유주의』에서 자유주의는 기독교가 아닌 이교에 불과하다고 단정했다. 자유주의는 그리스도의 신성과 역사성을 부정하는

36　레이몬드 E. 브라운, 『신약개론』, 1147-48, 1151.

다른 종교 이자 위험한 이단적 사상이다.[37]

독일의 신학자 칼 바르트(Karl Barth, 1886-1968)는 교회의 규범과 정당성의 근거를 문화 규범에서 찾을 것이 아니라 예수 그리스도와 성경에서 찾아야 함을 주장했다. 세상의 문화와 하나님의 계시, 인간의 세계와 하나님의 나라, 시간과 영원 사이에는 뛰어넘을 수 없는 본질적인 차이가 존재한다. '하나님은 하나님이시고 인간은 인간이다.'

그는 『로마서 강해』(1919)를 출판하면서 자유주의의 낙관론을 비판하고 기독교는 인본주의에서 벗어나 하나님의 계시인 성경으로 돌아가야 함을 강조했다. 그의 주장은 자유주의 신학자들이 놀던 놀이터에 떨어진 폭탄으로 비유되었다.

미국 교회는 근본주의와 복음주의 계통의 보수적 교회가 강세를 보였다. 켈리는 『왜 보수적 교회들이 성장하는가?』라는 저서에서 1960년대 진보적 자유주의 신학을 받아들인 감리교와 성공회를 비롯한 주요 교단들은 성장을 멈추고 쇠퇴했다는 결론을 내렸다. 감리교 신학은 웨슬리의 중생과 성화, 종교적 체험을 등지고, 19세기 이후 독일 자유주의 신학의 영향을 받아 고등 비평을 받아들였다. 그 결과 감리교는 반웨슬리적, 비복음주의적, 반성서적으로 변해갔고 그 결과 쇠퇴했다.[38] 반면, 일반 회중들은 보수적이고 열정적인 목회자를 선호했고 보수적인 침례교는 계속 성장했다.

자유주의 신학의 본산지인 유럽 교회는 교회 및 신자의 격감으로 인해 이제는 선교를 가야 하는 곳이 되고 말았다. 반면, 보수주의가 강세를 보

37　N. B. Stonehouse, *J. Gresham Machen* (South Holland, Illinois: Park Press, 1978), 342.
38　George W. Wilson, *Methodist Theology vs. Methodist Theologians* (Cincinnati: Jennings & Pye, 1904), 10-12.

이는 미국 교회의 사정은 다르다. 자유주의의 물결에도 불구하고 교회는 사망하지 않고 오히려 성장하자, 콕스는 『세속 도시의 종교』를 통해 이전 자신의 견해를 뒤집었으며, 종교는 여전히 사회에서 중요한 원동력임을 인정했다.

그는 다시 『하늘로부터의 불』(Fire from Heaven)이란 책에서 21세기가 세속주의가 아닌 하나님을 체험하는 오순절 시대가 될 것을 예언했다.

6. 신앙고백서

한국의 어떤 신학자나 목사는 예배 시간에 사도 신경을 고백하지 않는 교회는 이단이라 정죄한다.

이는 사실일까?

교회는 역사를 통해 수많은 신조들과 신앙고백서들을 배출해 왔다. 초대 교회는 성경이 완성되기 전, 교인에게 세례 교육을 시키기 위해 세례 문답이나 신앙고백서를 만들어 가르쳤다. 이단들이 출현하자 정통 신앙을 지키기 위해 종교 공의회가 열렸고 각종 신조들을 만들어 냈다. 종교 회의를 통해 결정된 신조들은 점차 성경과 동일한 권위를 가지게 되었다.

동방정교회는 공의회가 결정한 니케아 신조(325년)와 칼세톤 신조(451년) 등을 비롯해 7차에 걸친 공의회의 신조들에 최종적 권위를 부여했다. 서방교회는 콘스탄티노플 신조를 인정했지만, 동방교회는 필리오케 문구가 들어갔다는 이유로 이를 신앙고백으로 받아들이지 않았다. 이후 동방교회는 니케아-콘스탄티노플 신조(381년)를 신앙고백으로 받아들였고, 성찬 전례에 포함시켰다.³⁹ 이처럼 공의회를 통해 수많은 신조들이 쏟아졌고 각 교회는 자신의 사정에 맞게 신조들을 취사선택했다.

흔히 사도 신경(Apostles Creed)은 열두 사도의 고백에 근거해 만들어졌다고 말한다. 그러나 사도 신경은 신약성경 27권이 정경화 되기 전에 니케아 신조를 보완해 4세기경에 완성되었다는 것이 정설이다. 그러므로 사도들이 사도 신경을 만들었다는 것은 역사적으로 맞지 않다.

아직 신약성경이 완성되지 않은 관계로 인해 교회는 사도 신경을 만들어 세례 교육용으로 보급했고 6세기에 이르러 서방교회의 세례 신조가 되었다. 최종본이 완성된 것은 750년경으로 추정된다.⁴⁰

사도 신경에는 많은 신학적 문제점들을 가지고 있다. 성부와 성자의 관계가 불분명하고, 성령에 대한 고백은 각주 수준으로 언급되며, 삼위일체론을 충분히 설명하지 못한다. 그리고 하나님의 말씀인 성경이 계시와 신앙의 유일한 규범이라는 '오직 성경'의 원리가 전혀 언급되어 있지 않다.

거룩한 공회는 가톨릭교회를 지칭하는 것이 아닌가 하는 의문이 제기된다. 전체적 맥락에서 볼 때, 성경의 권위보다 가톨릭교회의 권위 혹은 교황의 권위를 강조하는 의도가 깔린 것이 아닌가 하는 의혹을 낳고 있다. '성도가 서로 교통하는' 것은 성인 숭배 및 공로를 언급한 것은 아닌가 하는 의문이 제기된다.

---

39   도날드 K. 맥킴, 『교회의 역사를 바꾼 9가지 신학 논쟁』, 58. 헨리 채드윅, 『초대 교회사』, 173. 필리오케는 And the Son이란 뜻을 가진 라틴어로, 성령이 아버지와 아들을 통해서 발현된다는 서방교회의 신학을 대변하는 용어이다.
40   웨인 그루뎀, 『조직신학(중)』 (서울: 도서출판 은성, 2006), 118.

더욱 큰 문제는 예수께서 십자가에서 죽으신 사흘 동안 '그가 지옥(음부)에 내려가셨다'라는 문구이다. 이 구절은 4-5세기 문서에는 보이지 않다가 추후에 추가된 것으로 알려진다. 가톨릭교회는 이 부분을 연옥설의 근거로 삼는다. 동방정교회는 사도 신경이 교회의 공의회를 통해 작성되지 않았다는 이유로 신앙고백으로 받아들이지 않는다.

영국국교회는 사도 신경 대신 니케아 신조를 받아들였고, 감리교도 예배 순서에 사도 신경을 넣지 않았다. 그러므로 사도 신경의 채택 여부로 정통과 이단을 나누는 것은 적합하지 않다.

개신교 교단들은 신앙고백서 및 신조, 교리를 만들어 신자들에게 가르치는 것을 신앙의 본질로 삼았다. 신앙고백서에 동의하면 세례를 베풀고 교회의 멤버로 받아들였다. 이를 통해 구원받는다고 가르쳤다. 점점 신앙은 예수 그리스도를 만나고 성경을 믿는 것이 아니라 신앙고백서를 수용하고 이에 대한 지적 동의로 간주되었다.

루터는 요리문답(1529년)을 제작해 신자들을 가르쳤고, 이후 루터교회는 아우크스부르크신앙고백(Augsburg Confession, 1530)을 받아들였다. 1560년대와 1570년대 각 개신교 교단은 '신앙고백서'를 작성하는데 열중했다. 신앙고백서는 그 나라나 도시의 정치적 상황과 목표에 맞추어 종교적 신념과 관습을 표현했다.

각 지역의 국교는 교리와 실천해야 할 내용을 신앙고백서에 담아 전달했다. 이전에 중요시되지 않던 종교적 신념과 관습들도 신앙고백서에 명시됨으로 서로를 구별하는 기준이 되었다.[41]

---

41 앨리스터 맥그래스, 『기독교, 그 위험한 사상의 역사』, 168-69. 존 딜렌버거, 클라우드 웰취, 『프로테스탄트 교회의 역사와 신학』, 141-42.

1580년부터 1680년까지 백 년에 걸쳐 개신교 정통주의가 발흥하면서 개인적, 집단적 종교 체험보다는 교리적인 충실과 정밀성에 큰 관심을 두었다. 각 교단이 믿는 바를 집약한 신앙고백서는 성경의 특정 구절을 해석할 때 절대적 영향을 미쳤다. 각 교단은 교리를 결정하거나 다른 교단의 신앙고백서에 이의를 제기할 때 성경 구절을 사용하기보다 자신의 교리에 근거했다. 각 교단이 교리 지상주의와 예전 중심의 신앙을 강조하는 모습은 이전의 가톨릭교회를 연상시켰다.

자신의 신앙고백서가 옳다는 것을 증거하기 위해 성경 전체를 보지 않고 특정 성경 구절을 인용했고 이로 인해 신앙고백서의 권위가 성경보다 높아지는 경향으로 이어졌다. 개신교 내에서 신앙고백서를 강조하는 양상은 성경의 영향력을 감소시켰다.[42] '오직 성경'의 정신 아래 태동한 개신교는 신앙고백서를 성경 위에 놓는 우를 범했다.

심지어 같은 교단도 주변 정황에 따라 신앙고백서를 끊임없이 수정했다. 영국국교회는 「공동기도서」(Book of Common Prayer, 1549)와 '42개 조항'을 만들면서 예배 순서에 왕을 위한 특별 기도와 니케아 신조를 넣었다. 성공회는 이를 '39개 조항'(1571년)으로 수정했다.

칼빈의 영향을 받은 개혁교회는 다른 교단들보다 더 많은 신앙고백서들을 만들었는데, 칼빈주의는 각 나라의 사정에 따라 다른 신앙고백서를 만들었다. 칼빈은 프랑스의 위그노파 신자들을 변호할 목적으로 「프랑스신앙고백서」(1559)를 작성했고, 존 낙스는 스코틀랜드 장로교회를 위해 「스코틀랜드신앙고백서」(1560)를 만들었다.

---

42 하워드 A. 스나이더, 『교회사에 나타난 성령의 역사』, 78. 앨리스터 맥그래스, 『기독교, 그 위험한 사상의 역사』, 171.

벨기에 또한 다른 지역의 신앙고백서를 그대로 받아들이지 않았고, 하나님이 왕을 세우셨기에 백성은 국가 질서에 복종해야 한다는 국가관을 담은 「벨기에신앙고백서」(1561)를 작성했다. 개혁주의는 「하이델베르크 요리문답」(1563)를 만들었고, 스위스의 개혁파 또한 「스위스신앙고백서」(1562)를 따로 작성했다. 이처럼 신앙고백서도 나라와 역사와 문화, 정치에 따라 토착화 과정을 거쳤다.

청교도 의회파는 혁명을 일으켜 정권을 잡았고 웨스트민스터 종교회의를 열어 칼빈주의 정통 신학의 토대라 할 수 있는 「웨스트민스터신앙고백서」(1647년)를 작성했다. 칼빈 파의 신앙고백서는 하나님이 모든 일을 미리 정하셨고(예정론), 전적으로 타락한 인간은 선을 행할 수 없으며(전적 타락), 선택 받은 사람은 믿음에서 떨어지지 않고 견인(성도의 견인)됨을 명시했다.[43]

그런데 미국 연합장로교회는 웨스트민스터신앙고백과는 상반되는 「수정신앙고백」을 채택했다. 1902년 북장로교는 웨스트민스터신앙고백에 수록된 제한적 속죄 개념을 반대하고, 그리스도의 대속은 모든 인류를 포함한다고 수정했다. 북장로교 목사들은 '오번 선언'(1924년)을 통해 근본주의의 다섯 가지 교리가 정통주의 신앙을 대변하는 것은 아니라는 선포를 했다.[44] 이처럼 장로교라 하더라도 정통성과 신학적 견해, 정치적 상황 등에 따라 채택하는 교리나 신앙고백서가 달랐다. 신앙고백서는 그 지역이나 시대의 필요성에 근거해 작성되었기에, 어떤 신앙고백서도 절대적

---

[43] Alan P. F. Sell, *A Reformed, Evangelical, Catholic Theology: The Contribution of the World Alliance of Reformed Churches, 1875-1982* (Grand Rapids, MI: Eerdmans, 1991), 73-78. 앨리스터 맥그래스, 『기독교, 그 위험한 사상의 역사』, 372-73. 후스토 L. 곤잘레스, 『현대교회사』, 47-55, 96-97.

[44] 제임스 스마일리, 『간추린 미국 장로교회사』, 190-1.

권위를 가지지 않았고, 이후 세대가 검토해 개정했다.

17세기 유럽은 신앙고백서를 강조하는 정통주의 시대를 맞이해 신앙고백서를 작성하는데 열중했고, 이를 수용하는 것을 기독교의 본질로 이해했다. 각 교단이 교리 지상주의와 예전 중심의 신앙을 강조하는 모습은 이전의 가톨릭교회를 연상시켰다.

루터주의와 츠빙글리, 칼빈주의, 가톨릭주의 등은 자신의 신학적 견해는 정통이며 다른 곳에는 구원이 없다는 편협한 태도를 취했다. 자기 교단의 신앙고백서만이 진리이며 다른 교단의 신앙고백서는 인정하지 않았다. 루터파는 성공회의 39개 조항(1567년)을 인정하지 않았고, 마찬가지로 성공회는 루터파의 아우크스부르크신앙고백서를 인정하지 않았다. 각 교단의 신앙고백서는 교단 내에서만 권위를 가질 뿐이었다.[45]

그런데도 루터교회와 개혁교회, 장로교회가 정통으로 자리잡자 그들은 곧 자신과 다른 신앙고백서를 만들거나 다른 주장을 펴는 소 종파 개혁 단체들을 이단으로 정죄하기 시작했다. 그리고 자신의 교리를 지키기 위해 전쟁도 마다하지 않았다. 30년 종교 전쟁 이후 교리나 신앙고백서에 대한 논쟁이 유혈 사태를 불러일으킬 만큼 가치가 있는가 하는 회의가 일어났다.

재침례교의 메노 시몬스는 니케아 신조와 콘스탄티노플 신조, 사도 신경을 비롯한 어떤 신조도 사용하지 않고 오직 성경만을 받아들였다. 신앙고백서는 성경이 가르치는 일부를 발췌해 요약한 것이지, 성령의 감동으로 된 절대 영감을 가진다고 할 수 없다. 이 세상의 어떤 신조나 신앙고백

45　앨리스터 맥그래스, 『기독교, 그 위험한 사상의 역사』, 372. 존 딜렌버거, 클라우드 웰취, 『프로테스탄트 교회의 역사와 신학』, 143.

서도 성경 전체의 진리를 완벽하게 다 담을 수 없다. 재침례파는 특정 교리나 신학을 만들기보다 성경, 특히, 신약에 최고의 권위를 두었고, 성경만을 삶의 푯대로 삼고 성경 중심의 신학을 전개했다.[46]

남침례회연맹(Southern Baptist Convention, 1845년)의 초대 총회장인 윌리엄 B. 존슨(William B. Johnson)는 성경을 최고의 권위로 받아들이면서 어떤 신앙고백서나 신조도 채택하지 않았다. 인간이 만든 신경이나 신앙고백서는 성경보다 더 좋은 교리를 제시할 수 없고 성경의 권위를 뛰어넘을 수 없다. 「침례교 신앙과 메시지 선언」(1925년)은 "그 어떤 세속적 권위나 종교적 권위도 신앙고백서를 교회나 교회 연합체에 강요할 수 있는 권리가 없음을 천명한다"라고 밝혔다. 미국 회중교회 또한 각 회중의 독립성을 존중하는 의미에서 신앙고백서를 선택하지 않았다.

사정이 이러한데, 간혹 한국 교회는 예배에 사도 신경이 들어가 있지 않으면 이단이라 주장하는 사람들이 있다. 어떤 장로교 신학자는 웨스트민스터신앙고백을 받아들이지 않으면 이단이라 주장한다. 웨스트민스터신앙고백을 정통의 잣대로 내세우는 것은 이를 성경보다 높은 권위에 놓는 것이고, 타교단을 철저히 무시하는 행위이다. 수많은 교단으로 나뉘어 있는 상황에서 자신의 교단이 채택한 신앙고백서에 근거해 다른 교단이 이를 받아들이지 않는다고 이단시하는 것은 일종의 지적 폭력이라 할 수 있다.

---

46 윌리암 에스텝, 『재침례교도의 역사』, 408-9.

7. 예정론에서 자유 의지로

초대 교회 변증가 저스틴은 인간이 하나님에게서 오는 은총을 받아들이거나 거절할 수 있는 자유 의지를 가지고 있다고 주장했다. 인간의 구원은 예정된 것이 아니라, 개인의 선택에 달려 있고, 자신이 자신이 전적인 책임을 진다.[47] 이레니우스 또한 인간은 선과 악의 차이를 구별할 수 있고 자유 의지로 선을 택할 수 있는 능력이 있다고 믿었다.

영국 태생인 펠라기우스(Pelagius, 354-418)는 인간의 자유 의지와 책임을 강조한 동방정교회 및 수도원 주의의 영향을 받았다. 그는 '인간은 악하기 때문에 죄를 지을 수밖에 없다'라는 견해를 거부하고, '인간은 자신의 의지로 하나님을 기쁘게 하는 결단을 내릴 수 있다'라고 주장했다. 비록 인간은 타락했지만 본성에 여전히 선한 자유 의지가 남아 있어 성결의 삶을 살 수 있는 능력이 있다.

이에 반해 어거스틴은 아담의 타락으로 인해 인간의 자유 의지는 완전히 오염되고 부패하였다고 해석했다. 모든 인간은 원죄를 유전 받고, 자유 의지는 죄의 힘에 의해 완전히 사로잡혀 있기에 인간은 절대로 선을 행할 수 없고 오직 악을 지향한다. 하나님의 은혜는 모든 사람에게 열려 있는 것이 아니라 택함을 받은 소수의 사람에게만 미친다.

어떤 이는 축복으로 예정되어 있고, 다른 이는 지옥의 길로 예정되어 있다. 하나님의 은혜는 인간의 공로와는 무관하게 하나님이 미리 정해 놓으

---

47 도날드 K. 맥킴, 『교회의 역사를 바꾼 9가지 신학 논쟁』, 152.

신 선물로, 인간이 이를 거부할 수 없다.[48] 카르타고 회의(418년)는 어거스틴의 손을 들어 주었고, 펠라기우스가 유아 세례를 통한 구원을 부정한다는 점을 들어 이단으로 정죄했다.

인문주의자 에라스무스는 『자유 의지론』(1524년)이란 저서에서 인간의 본성을 긍정적으로 평가했다. 그는 '의지의 자유'(freedom of the will)를 옹호하는 반(半)펠라기우스적 입장을 표명했다. 하나님은 구원 문제에 있어 일방적으로 선택하지 않으시고 인간의 자유에 맡기셨다. 타락 이후에도 인간에게는 자유 의지가 남아 있고, 하나님의 구원 사역에 협력하거나 혹은 하나님의 은혜를 거부할 수 있다. 하나님은 모든 사람을 구원하려는 결단을 내리셨고, 인간은 이를 받아들이기만 하면 된다.

반면, 종교개혁가 대부분은 예정론을 지지했다. 루터는 인간이 죄 앞에서 무력한 존재임을 뼈저리게 깨달았다. 타락으로 인해 인간은 자유 의지를 잃어버리고, 오로지 죄를 추구하는 성향만 가진다. 인간은 자신의 구원을 위해 할 수 있는 것은 아무것도 없고, 고행이나 선행, 고해 성사 등도 죄를 없앨 수 없다. 구원은 인간의 행위나 노력의 결과가 아니라 오직 하나님이 값없이 주시는 은혜로 오직 하나님의 선택, 즉 예정에 달려 있다.[49]

츠빙글리는 하나님은 전지전능하심에 근거해 하나님은 모든 사람의 운명과 사건들을 아신다는 선지식에 근거해 예정론을 지지했다. 루터는 에라스무스와 자유 의지 논쟁을 벌였고, 루터는 에라스무스가 하나님보다 인간에게 더 흥미가 있다는 비판을 했다. 그 결과 루터란과 인문주의자 간

---

[48] 헨리 채드윅, 『초대 교회사』, 271-72. 도날드 K. 맥킴, 『교회의 역사를 바꾼 9가지 신학 논쟁』, 165-67.
[49] 후스토 L. 곤잘레스, 『종교개혁사』, 85.

의 종교개혁을 위한 협력 관계는 종식되었다. 루터는 이중 예정론을 지지했으나 그의 후계자들은 특정 사람을 구원하겠다는 하나의 결정만 있을 뿐 택함을 받지 못 한 사람들을 배제하지 않는다는 단일 예정론을 받아들였다. 저주는 예정되어 있지 않다. 그렇기에 버림을 받게 될 사람은 아무도 없다. 택함을 받지 못한 자가 영벌을 받게 된 것은 하나님 때문이 아니라 그들이 복음을 배척했기 때문이다.

어거스틴의 예정론을 추종했던 칼빈은 인간 구원에 있어 하나님의 절대적 주권과 은총을 강조했다. 아담의 원죄로 인해 인간의 본성을 철저히 부패되었고, 인간의 의지는 육체적 욕망과 죄악만을 추구하는 노예 의지만 있다. 인간은 자신의 능력으로는 하나님을 알 수 없고 영생에 도달할 수 없다. 하나님은 전지전능하시므로 모든 사물과 사건을 이미 결정했고 알고 계신다. 구원은 전적으로 하나님의 절대 주권에 달렸고, 선택을 받은 자만이 구원에 이른다. 루터파가 단일 예정론을 지지한데 반해, 칼빈은 창세 전에 하나님은 구원할 사람과 영벌에 처할 사람 모두를 선택하셨다는 이중 예정론을 지지했다.[50]

네덜란드의 제이콥 알미니우스(Jacob Arminius, 1560-1609)는 하나님이 아담의 타락 전에 소수의 구원받을 자를 선택했다는 예정론은 하나님의 사랑과 배치된다는 결론을 내렸다. 예수 그리스도는 모든 인류를 위해 죽으셨고 보혈의 공로는 모든 사람들에게 보편적이다. 비록 아담의 원죄로 인해 인간의 영혼이 타락하기는 했으나, 선과 악을 구별할 수 있는 능력은 여전히 남아 있고 하나님의 은혜에 응답하거나 거부할 수 있다. 하나님은

---

50 John Calvin, *Institutes of Christian Religion*, II-3-21, III-22-2. 앨리스터 맥그래스, 『기독교, 그 위험한 사상의 역사』, 421-24.

은혜를 강요하지 않으시고, 예수 그리스도를 구주로 영접한 자에게 구원의 길을 열어 두셨다.[51]

알미니안 논쟁을 해결하기 위해 도르트 회의(Synod of Dort, 1618-1619)가 열렸고, 다수파인 칼빈주의는 알미니우스를 펠라기우스 이단으로 규정했다. 알미니안 성직자들은 감옥에 체포되었고, 일부는 사형을 당했다. 도르트 회의를 통해 칼빈주의의 5대 교리가 다음과 같이 구체화되었다.

① 인간은 전적으로 타락했다(전적 타락)
② 하나님은 구원받을 사람을 선택하셨다(무조건적 선택)
③ 보혈의 공로는 택함을 받은 소수의 사람만을 위한 것이다(제한 속죄론)
④ 택함을 받은 사람은 하나님의 은혜를 거절할 수 없다(불가항력적 은혜)
⑤ 택함을 받은 사람은 반드시 구원을 받는다(성도의 견인)

웨스트민스터신앙고백 제3장은 "하나님이 어떤 사람들은 영생으로, 또 어떤 사람들은 영원한 멸망으로 예정하셨다"라고 명시한다.

그렇다고 예정론 논쟁이 여기서 종결된 것은 아니었다. 멜랑히톤은 십자가의 효력이 택자 에게만 한정된다는 칼빈의 주장에 반대했다. 칼빈주의는 인간의 타락을 지나치게 강조한 나머지 인간이 구원을 위해 아무것도 할 수 없는 무능한 존재로 단정했다. 하나님의 절대적 주권에 대한 일방적 강조는 인간을 수동적으로 만들었다.

51　Herschel H. Hobbs & Edgar Y. Mullins, 『기독교 신학의 6대 공리』 (서울: 침례신학대학출판부, 2005), 121.

영국국교회는 극단적인 칼빈주의를 배격하고 알미니안 사상을 받아들였고, 영국국교회의 사제였던 존 웨슬리 또한 아담의 타락이 인간의 책임 및 자유 의지적 본성을 완전히 파괴한 것은 아니라고 해석했다. 비록 인간은 타락했지만 하나님의 선행적 은총에 응답할 수 있는 자유 의지를 가진다.

"천국 혹은 지옥에 가는 것은 하나님의 선택이 아니라, 인간의 자유 의지에 달려 있다."[52] 그는 "하나님은 모든 사람이 구원을 받으며 진리를 아는 데에 이르기를 원하시느니라"(딤전 2:4)는 말씀에 근거해, 하나님은 모든 인간을 구원하려는 계획을 가지고 있다고 주장했다.[53]

서부 유럽에서는 예정론이 득세했지만 알미니안주의가 본격적으로 싹을 틔운 곳은 미국 교회였다. 청교도의 후손인 조나단 에드워즈는 제1차 대각성운동을 주도했고, 청교도가 주도권을 가졌던 북동부 해안 지역은 예정론이 우세했다. 인간은 죄인이기 때문에 구원에서 적극적 역할을 담당할 수 없고 수동적으로 하나님의 은총을 기다려야 한다. 그러나 운명론적 성향이 강한 예정론은 서부 개척 시대의 능동적이고 낙관적인 미국의 시대 정신과 맞지 않았다.

미국은 독립 이후 영국식 전통에서 벗어나 새 나라를 건설하려는 꿈에 부풀어 있었다. 미국은 낙관적이고 민주적이며 자신감과 가능성, 자유와 기회로 가득 찬 나라였다. 칼빈주의의 비관적이고 수동적인 인간관은 시대적 정신과 맞지 않았고, 미국 사회에 긍정적 비전을 제시하지 못했다. 회중교회나 장로교회는 칼빈주의의 신학적 전통이 구시대의 산물로 취급받고 교회의 주

---

[52] 케네스 콜린스, 『진정한 그리스도인: 존 웨슬리의 생애』, 93.
[53] 조종남, 『요한 웨슬리의 신학』 (서울: 대한기독교출판사, 1993), 317-18.

도권이 알미니안주의로 흘러가는 것을 지켜볼 수밖에 없었다.[54]

존 웨슬리의 은혜의 낙관론은 미국의 제2차 대각성운동에 큰 영향을 끼쳤다. 19세기 감리교가 미국에서 가장 큰 교단으로 등극했던 것은 미국의 정신과 맞아떨어진 알미니안주의 때문이었다.

장로교에서 설교자로 안수받은 찰스 피니는 뉴잉글랜드의 칼빈주의를 멀리했고 알미니안적 입장을 수용했다. 그는 인간이 죄악 된 본성을 아담으로부터 유전 받았다는 교리를 부정했다. 구원의 은총은 모든 사람에게 주어졌으며, 이를 받아들이느냐 마느냐는 개인의 결단에 달려 있다. 회심이란 하늘에서 갑자기 떨어지는 것이 아니라, 죄인이 복음에 응답하고 구원을 위해 최선의 노력을 기울일 때 이루어진다. 우리가 결단하고 복음을 받아들일 때 회심과 중생의 역사가 나타난다. 그는 며칠 동안 계속되는 집회를 통해 개인의 죄악을 지적하고 회개의 결단을 요구하면서 강단 앞의 참회석으로 초대했다. 구원 받기 원하는 사람을 강단으로 불러내는 것은 이전의 부흥회에서는 볼 수 없었던 새로운 방법이었다.

그가 주도한 제2차 대각성운동은 미국의 동부와 중부로 퍼져나갔고, 감리교와 침례교의 급성장에 의해 알미니안주의가 미국 교회의 주도권을 갖게 되었다.[55] 이후 드와이트 무디와 빌리 선데이, 빌리 그래함 등도 강단 초청을 적극적으로 활용했다.

---

54 Vinson Synan, *The Holiness-Pentecostal Movement in the United States* (Grand Rapids: Eerdmans, 1971), 22.
55 마크 놀, 『미국 캐나다 기독교 역사』, 291. 찰스 피니, 『진정한 부흥』 (서울: 생명의 말씀사, 1977), 300. 박명수, 『근대 복음주의의 주요 흐름』, 64-66, 111.

침례교의 설립자인 존 스미스(John Smith, 1565-1612)는 칼빈주의의 예정론을 거부하고 그리스도의 보편 구원을 강조하는 알미니안의 신학을 받아들였다. 남침례교는 예수님을 믿는 믿음에 의해 각자의 구원이 결정된다고 선언했다. 침례교를 비롯해 성공회, 감리교, 성결교, 오순절교회 등은 그리스도의 죽음과 부활의 능력이 온 인류에게 미친다는 알미니안주의를 지지했다.

8. 종말론

구약은 메시아가 오시리라는 예언으로 일관하고 있고, 신약은 마침내 메시아가 오셔서 십자가에서 죽으셨다고 말한다. 부활하신 예수님은 하늘로 승천하시면서 영광중에 다시 오실 것이라 예언하셨다. 초대 교회는 종말이 임박했다고 믿었고 열두 사도는 그들의 생애 동안 주님의 재림을 볼 것이라 생각했다.

초대 교회 신자들은 그리스도의 급박한 재림을 손꼽아 기다리며 로마 제국의 핍박을 견뎌냈다. 이 세상에서의 여정은 유배지나 다름없고 본향인 천국으로 가는 순례 여정으로 여겨졌다. 그러나 재림이 생각보다 지연되자 점차 종말 신앙은 퇴색했고 시대적 상황이나 배경에 따라 종말론이 크게 변했다.

만약 그리스도께서 재림하시면 이 세상에서 천년 동안 통치하실 것인가?

아니면 재림과 더불어 이 세상은 사라지는 것일까?

어거스틴은 예수께서 재림하시면 이 세상은 사라지고 그리스도가 하늘에서 통치하신다는 무천년설을 선호했다. 무천년설이란 말 그대로 그리스도께서 재림하시더라도 이 세상에서의 천년 왕국은 없다. 천년의 기간은 예수님의 승천으로부터 재림까지의 기간을 상징한다. 천년 왕국은 교회나 기독교 국가를 의미하며 이천년 전 교회가 탄생했을 때 이미 이 세상에서 천년 왕국이 시작되었다. 예수님이 재림하면 성도의 휴거와 부활, 심판이 동시에 일어나고 이 세상은 사라지고 신자들은 천국에서 살게 된다.

칼빈은 무천년설을 지지했고 19세기 중엽까지 주류 개신교는 무천년설을 지지했다. 그런데 무천년설은 천년 왕국을 실제가 아닌 상징적으로 해석한다는 비판을 받았다. 주로 사회적 배경에서 낙관론이 우세할 때 후천년설이 득세했다. 칼빈의 후예인 청교도는 후천년설을 받아들였고 뉴잉글랜드에 신정 사회를 건설하려 노력했다. 18세기 말 영국에서 독립한 미국은 하나님의 뜻에 맞는 새 나라 건설에 대한 꿈으로 부풀어 있었다.

특히, 19세기 계몽주의적 혹은 낙관주의적 역사관은 과학과 윤리의 발전으로 인해 역사가 계속 발전하고 사회에서 부정의와 악은 사라지고 의의 세력이 승리할 것이라는 사상이 강했다. 인류의 역사는 우등한 쪽으로 진화한다는 다윈의 진화론은 낙관론을 불러일으켰고 인류는 교육과 예술, 과학, 의학의 진보 속에 평화와 번영의 황금기를 누릴 것이라는 희망을 제시했다.

교회 내에서 인간의 능력과 노력으로 인해 이 세상에 천년 왕국을 이룰 수 있다는 생각이 지배적이었고 의와 평강의 시기가 막을 내릴 때 그리스도가 재림하실 것이라는 후천년설은 큰 호응을 얻었다.

새 미국 건설과 후천년설은 찰스 피니의 사상에서 잘 나타났다. 미국 교회가 하나님의 뜻에 온전히 순종한다면 모든 사람을 개종시킬 수 있고 3년 내에 천년 왕국이 임할 것이다. 특히, 미국의 악인 노예 문제가 해결되면 천년 왕국이 미국에 임할 것이다. 그는 은총의 낙관주의에 근거해 복음 전파와 사회 개혁을 적극적으로 추진해 나갔다. 하나님의 선택을 받은 미국은 자유, 평등, 정의를 구현함으로 천년 왕국을 세울 것이다.

"교회는 세상이 다 회개할 때까지 번성하여 확장될 것이며, 교회의 승리로 천년 왕국이 세워질 것이며, 예수는 천년 왕국 이후까지 오시지 않을 것이다."[56] 제2차 대각성운동 이후 낙관주의적 후천년설은 그리스도의 재림 이전에 복음이 온 세상에 전파되고 이 땅에 지상 낙원이 건설된다는 믿음을 강조했다. 그런데 후천년설은 천년 왕국이 인간의 노력에 달려 있다는 인본주의적 사고와 지나친 낙관주의적 세계관에 기초한다는 비판을 받았다.

그런데 온 나라를 파괴와 죽음으로 몰아간 남북 전쟁의 폐허는 역사에 대한 낙관주의를 깨는데 공헌했다. 전쟁은 인간에게 꿈을 주기보다 역사는 퇴보한다는 실망을 안겨 주었다. 마침 미국은 급속한 산업화와 도시화를 경험하고 있었고 많은 사람이 농촌을 떠나 도시로 밀려들면서 도시는 슬럼화 되었다. 정치적, 사회적, 경제적 혼란 속에 낙관주의는 사라지고 이 세상은 점점 타락해 간다는 비관주의적 전천년설이 크게 대두되었다.

스코틀랜드 국교회 목사였던 존 넬슨 다비(John Nelson Darby, 1800-1882)는 교회의 타락에 크게 실망하면서 기성 교회를 그리스도의 몸이 아니라

---

[56] William Blackstone, *Jesus is Coming* (Chicago, New York, Toronto: Fleming H. Revell Company, 1908), 41. Donald Dayton, *Theological Roots of Pentecostalism* (Metuchen, NJ: Scarecrow Press, 1987), 154-58.

적그리스도로 규정했다. 그는 세상은 점점 타락해 죄악으로 가득 차고 그리스도의 재림과 심판으로 끝날 것이라 예언했다.

그는 그리스도의 공중 재림, 신자의 휴거 및 죽었던 성도의 부활, 어린 양의 혼인 잔치, 복음의 재전파 및 이스라엘의 회심, 7년 대환난과 적그리스도의 출현, 그리스도의 지상 재림, 지상에서의 천년 왕국 등의 순서로 이루어진 세대주의적 전천년설을 주장했다. 천년이 지나면 그리스도의 심판이 있고, 이 세상은 사라지고 새 하늘과 새 땅이 열린다.[57] 사이러스 스코필드(Cyrus I. Scofield, 1843-1921)는 세대주의를 강조하는 『스코필드 관주 성경』(1909년)을 편찬했는데, 베스트셀러가 되면서 미국 교회에 전천년설을 널리 전파했다.

드와이트 무디는 다비의 전천년설을 미국 교회에 소개하면서 세상은 가라앉고 있는 타이타닉호와 같다고 비유했다. 제1차 세계 대전과 제2차 세계 대전으로 인해 유례없는 인명 살상과 파괴가 일어나자 비관론이 대두되었다. 초기 한국 선교사들은 전천년설을 고수했고, 이를 한국 교회에 널리 알렸다.

그러나 세대주의적 전천년설은 상징과 암시가 많은 요한계시록을 문자적으로만 해석해 예수님의 재림을 지나치게 복잡하게 만들었다는 비판을 받았다. 이처럼 종말론은 성서적 해석보다는 사회적 분위기에 크게 좌우되었다. 세상이 살기 좋아지면 무천년설이나 후천년설이 득세했고, 전쟁과 같은 비관적 사건이 발생하면 전천년설이 대두되는 주기가 반복되었다.

---

57 클라런스 배스, 『세대주의란 무엇인가』(서울: 생명의 말씀사, 1988), 99-100.

9. 하나님의 임재, 간접적 만남에서 직접적 만남으로

열두 제자는 직접 예수님을 만났고, 수많은 사람이 예수님을 대면했다. 그러나 예수님의 승천 이후 더 이상 그를 볼 수 없게 되었다. 그런데 보이지 않으면 마음도 멀어지는 게 사람의 심리였다(Out of sight, out of mind). 점점 하나님의 초월성을 강조하면서 직접 대면할 수 없는 분이라는 생각이 지배했다. 그리고 보이지 않는 하나님을 대신하는 자들이 나타났다.

초대 교회는 감독의 권한을 강화하면서 '감독이 없는 곳에는 구원도 없다'라는 희한한 신학을 만들어냈다. 어느새 하나님과 신자 사이에 감독이라는 중재자가 들어섰고, 신자는 하나님을 직접 만날 수 없고 감독의 중재를 통해 간접적으로 만날 수 있다고 받아들였다.

중세 교회에는 교황이 하나님과 인간의 중재자로 신자는 하나님께 직접 자신의 죄를 고백할 수 없었고, 사제에게 가서 죄를 고백하는 고해 성사를 함으로 간접적으로 용서와 은혜를 누릴 수 있었다. 신자들은 하나님께 직접 기도하지 않고 마리아나 성인에게 간구했다. 신자들은 떡을 떼고 잔을 나누는 성찬을 통해 하나님을 신비 가운데 간접적으로 만날 수 있다. 교회와 성직자는 신자가 직접 하나님과 일대일의 관계를 가지는 것을 중간에서 가로막았고, 구원에 대한 독점권을 행사했다.

루터는 그리스도의 죽음으로 인해 하나님과 죄인 사이를 가로막고 있던 죄의 담이 무너졌음을 선포했다. 영생을 얻음에 있어 교회나 성례전, 사제는 부차적 역할만 할 뿐이고 마리아나 성인과 같은 중개자는 필요하지 않다. 그는 하나님과의 개인적이고 직접적인 교제를 중시했고 제사장이 된

모든 신자는 하나님과 직접적 교제를 누릴 수 있다고 강조했다.[58]

그런데 주요 종교개혁가들은 신자가 하나님을 직접 알거나 체험하는 것은 불가능하다고 생각했다. 하나님은 성경을 통해 자기 뜻을 계시했기에 하나님에 대한 바른 지식은 언어를 통해 습득이 가능하다. 말씀을 선포하고 가르치는 설교가나 목사와 같은 새로운 전문 직업 층이 가톨릭교회의 사제 역할을 대처했다.

영이신 하나님은 거룩하신 분으로 높은 곳에 계시며 직접 대면하는 것은 불가능하다. 하나님을 유일하게 알 수 있는 방법은 성경을 읽거나 목사의 설교를 들음으로만 가능하다. 그 결과 하나님은 간접적으로나 추상적으로만 알 수 있는 분이 되었다.

종교개혁은 신앙고백운동으로 발전했고, 루터교회와 개혁교회, 장로교회, 영국국교회 등의 개신교는 신학적 주제를 이론화해 신앙고백서를 만들어냈다. 신앙이란 하나님을 아는 지식에 근거하며, 정통 교리나 신앙고백서에 대한 지적 동의이다. 정통주의는 교리주의와 예전 중심의 신앙 형태를 강조함으로 하나님을 직접 체험하는 신앙은 생명력을 잃어갔다.[59]

거기에다가 계몽주의 영향을 받은 이신론은 하나님이 이 세상에 직접 참여하지 않음을 주장했다. 그러므로 자연이나 체험을 통해 하나님을 직접 만나는 것을 불가능하다. 자연 신학의 영향을 받은 개신교는 하나님이 우리의 삶과 문화 가운데 계심을 의식하지 못하거나 기대하지 않는 문화를 만들어냈고, 이 세상에서 하나님의 존재를 제거해 버리는 탈 신성화를

---

58 앨리스터 맥그래스, 『기독교, 그 위험한 사상의 역사』, 78-79.
59 앨리스터 맥그래스, 『기독교, 그 위험한 사상의 역사』, 419.

촉진시켰다. 이런 이론은 신이 존재하지 않는다는 무신론의 등장을 촉진시켰고, 칼빈주의의 두 축이었던 제네바와 에든버러는 합리주의의 중심지가 되었다.[60]

언어와 이성에만 전적으로 의지했던 신학은 인간의 감정이나 경험이 활동할 수 있는 영역을 완전히 차단했다. 자연히 신학은 그리스도인의 삶과 유리되었고 성령의 역사와 같은 주관적 요소에는 전혀 관심을 기울이지 않았다. 하나님을 개인적으로 체험하는 신앙은 금기시되었고, 교리가 믿음을 대체하면서 종교적 열정은 급격히 식어갔다. 겉모습은 완벽하나 무미건조하고 생명이 없는 신앙으로 변질되었다.[61]

신자가 하나님과의 일대일의 관계를 맺고 인격적 교제를 하게 되면 목사의 영향력은 줄어들 수밖에 없다. 목사는 신자들을 인도하는 주도권을 상실하지 않기 위해 하나님과의 직접적 만남보다는 설교를 통한 간접적 만남이 성경적이라 설득했다. 어느새 전통적 개신교는 하나님을 직접 체험할 수 있다는 말이 나올까 봐 조심했다. 기독교는 오랫동안 이성을 높이 평가하고 감정이나 체험은 억제해야 하는 것으로 여겼다. 하나님을 이성적으로 알되 직접적으로 만나거나 체험할 수 없다.

그러나 하나님은 멀리 거룩한 곳에 계신 분이 아니라 신자들 가운데 임재하신다는 믿음도 존재했다. 수도원을 중심으로 체험적 신앙이 강조되었고 수도사들 가운데 하나님을 직접 대면한 자들이 줄을 이었다. 많은 수도사와 수녀들은 환상 가운데 예수님의 얼굴을 보았고 그의 음성을 들었다.

---

60 Francis Fukuyama, *The End of History and the Last Man* (New York: Free Press, 1992), 216. 앨리스터 맥그래스, 『기독교, 그 위험한 사상의 역사』, 494-95, 690-91.
61 앨리스터 맥그래스, 『기독교, 그 위험한 사상의 역사』, 691-92.

독일 신비주의자 마이스터 에크하르트(Meister Eckhart, 1260-1328)는 하나님에 대한 지식은 합리성에 근거한 것이 아니라 신비 속에 있음을 강조했다.

그리스도인은 기도나 내면적 명상을 통해 하나님의 임재를 체험할 수 있고, 하나님과 깊은 개인적 교제를 나눌 수 있다. 신비주의는 기독교의 본질이 교리나 이성에 있는 것이 아니라 하나님과의 직접적 만남 및 연합에 있음을 주장했다.[62]

스페너는 『경건에의 소망』(*Pia Desideria*, 1676년)이라는 저서에서 메마른 교리주의, 합리주의, 정통주의에 대항해 신앙적 체험과 열정을 강조했다. 합리주의나 지성에만 의지해 신학에 접근하는 것은 위험한 신앙으로, 신앙이란 신앙고백서나 교리를 배우거나 암기함으로 지적 동의로 얻어지는 것이 아니다. 그는 말씀을 중심으로 간접적으로 영성에 다가가던 흐름에 반발했다.

하나님은 멀리 계시는 분이 아니라 지금 여기서 만나고 체험할 수 있는 분이다. 성경은 예수 그리스도를 가리키며, 살아있는 신앙의 핵심은 예수 그리스도를 직접 체험하고 인격적 관계를 맺는 것이다. 각 신자는 경직된 신학에만 매달릴 것이 아니라 스스로 그리스도와 친밀한 인격적 사귐을 가져야 한다.

진젠돌프는 기독교는 체험의 종교로 스스로 하나님을 체험해야 함을 강조했다. 폭스는 교리나 신학이 아닌 하나님의 영과의 직접적 만남을 중요

---

62 존 딜렌버거, 클라우드 웰취, 『프로테스탄트 교회의 역사와 신학』, 21-22.

시했고, 각자가 하나님의 임재를 체험해야 함을 주장했다.⁶³

존 웨슬리는 영국국교회의 목사가 되었고 북미에 선교사로 나갔음에도 자신에게 구원의 믿음이 없음을 깨달았다. 그는 살아있는 신앙, 구원의 체험을 간구했고, 알더스게이트 거리의 집회(1738년)에서 가슴이 뜨거워지는 회심을 체험했다.

그는 이 경험을 통해 이전에 가졌던 이성적이고 교리적인 신앙에서 벗어나 그리스도를 직접 대면하는 체험적 신앙을 중요시했다. 교회는 살아계신 하나님의 임재를 체험하는 곳으로 참여자들이 하나님을 만날 수 있도록 도와야 한다.⁶⁴ 그는 신앙과 신학의 뿌리를 성경과 체험에 두었다. 신앙은 성경에 근거해야 하며, 경험을 통해 말씀을 재확인해야 한다.

존 웨슬리가 페터레인(Fetter Lane)의 송구영신 예배(1739년)를 인도하고 있을 때, 사람들은 하나님의 은혜를 간절히 사모하며 기도했고 성령의 역사가 강하게 나타났다. 사람들은 하나님을 만나자, 자신의 죄를 회개하며 큰 소리로 울었고, 어떤 이는 온몸을 부르르 떨었고, 경련을 일으키며 바닥에 거꾸러졌다. 그리고 병이 낫고 귀신이 쫓겨나는 종교적 현상들이 나타났다.

웨슬리는 하나님을 직접 만나면 그런 극적인 현상들이 나타날 수 있다고 생각했다.⁶⁵ 가슴의 종교인 감리교는 은혜의 체험을 강조했고 영적 대부흥이 일어나는 곳에 영적, 열광적, 감정적 현상들이 동반되었다. 하나님

---

63 제임스 F. 화이트, 『기독교 예배학 입문』, 103-104. 앨리스터 맥그래스, 『기독교, 그 위험한 사상의 역사』, 240.
64 Frank Baker, *John Wesley and the Church of England* (Nashville: Abingdon, 1970), 137.
65 케네스 콜린스, 『진정한 그리스도인: 존 웨슬리의 생애』, 96, 111. 박창훈, 『존 웨슬리, 역사 비평으로 읽기』 (서울: 대한기독교서회, 2007), 65-66, 81-82.

의 영광이 임하는 곳에 사람들은 온몸을 떨고 황홀경을 경험하고 의식을 잃고 쓰러졌다.

초기 미국 청교도는 교회의 회원이 되는 조건에 세례를 받거나 교리에 대한 지적 동의보다는 내적 신앙, 즉 회심을 중요시했다. 죄에 대한 철저한 자각과 구원에 이르는 회심이야말로 교회의 일원이 되는 기본 자격이었다. 청교도는 자신의 회심과 중생의 경험을 회중 앞에서 고백한 신자에게 교회의 정회원이 되는 자격을 부여했다.[66]

청교도의 정신을 이어받은 제1차 대각성운동은 청교도의 정신을 이어받아 각 사람의 개인적 회심을 강조했다. 에드워즈는 17세 경에 중생을 경험했다. "내 영혼이 하나님의 영광을 느끼는가 싶더니 그대로 내 영혼의 구석까지 스며들었다. 이는 이전에 내가 경험했던 느낌과는 전혀 다른 새로운 것이었다."

그는 인간의 심리를 지성과 감성으로 구별했고, 기독교의 본질은 냉철한 이성이 아니라 정서 혹은 가슴이라 주장했다. 종교의 핵심은 하나님에 대한 지적 이해가 아니라 성령의 능력에 의한 '거룩한 감정'(holy affection) 혹은 가슴(heart)이다.[67] 그의 집회에는 하나님의 영이 부어졌고, 사람들은 하나님의 임재를 체험하고 죄를 자각하며 환상을 보았다. 거룩한 웃음 현상이 나타났고 황홀경에 빠지며 바닥에 쓰러지는 종교적 현상들이 나타났고 병자를 위해 기도하자 신유의 역사가 동반되었다.[68]

---

66 도날드 맥킴, 『장로교인의 질문과 답변』 (서울: 한국장로교출판사, 2003), 24-25. 윌리엄 에임스, 『신학의 정수』 (서울: 크리스챤 다이제스트, 1992), 223.
67 Sydney E. Ahlstrom, *A Religious History of the American People*, 303.
68 Jonathan Edwards, *Jonathan Edwards on Revival* (Edinburgh: Banner of Truth, 1965), 154. 제임스 스마일리, 『간추린 미국 장로교회사』, 88.

그의 신앙적 체험에 대한 강조로 인해 장로교 구파는 그를 합리적 열광주의자라 비판했다.

변호사가 되기 위해 수습생으로 일하던 찰스 피니는 1821년 하나님의 음성을 듣는 극적인 회심을 체험했다. 그는 성령이 전기처럼 온몸을 관통하는 극적인 체험을 하며 큰 소리로 울었다.

"1821년 가을의 어느 주일날 저녁 나는 내 영혼의 구원 문제를 결말짓고 하나님과 화해하기로 결심했다."[69]

그는 부흥회에서 교리나 신조보다는 하나님의 존재와 은혜를 느끼게 하는 열정적이고 감동적인 설교를 했다. 사람들은 부흥회에서 하나님을 직접 만나기를 원했고 초자연적 체험을 사모했다. 그의 부흥회에는 하나님을 만나 회심을 경험하고 그리스도인이 되었다는 간증들로 넘쳐났다.

이처럼 대각성운동은 형식적이고 전례적인 예배를 통한 간접적인 만남보다는 하나님의 임재를 직접적으로 체험하고 친밀한 관계를 강조하는 미국식 복음주의를 창출해 냈다. 신앙이란 신학적 공식이나 신앙고백서를 공부하는 것이 아니라 하나님을 직접 체험하는 것이다. 대각성 이후 미국 교회는 이성적인 유럽 교회와는 다른 분위기를 가졌고, 개인의 회심과 구원을 강조하는 부흥회적 전통을 이어 나갔다.[70]

1906년 아주사 거리에서 오순절운동이 태동하면서 성령의 역사하심으로 하나님을 직접 체험하는 신앙이 강조되었다. 하비 콕스는 그동안 개신

69　Charles Finney, *Memoirs of Charles Finney* (Grand Rapids: Academie Books, 1989). 14. Charles Finney, *The Autobiography of Charles G. Finney* (Minneapolis: Bethany Fellowship, 1977), 28.
70　마크 놀, 『미국 캐나다 기독교 역사』, 142.

교가 본문만을 지향하는 명목상의 신자를 양성해 왔다고 비판했다. 정통적 개신교는 성과 속을 구별하고 세속적 영역에서는 하나님을 만날 수 없다고 주장했다. 하나님께 다가가는 방법을 오직 성경을 읽거나 설교를 듣는 것뿐이다.

그러나 오순절운동은 하나님은 인격이자 살아 계신 실체로 직접 대면해 경험할 수 있는 분임을 강조했다. 살아있는 신앙이란 교리나 신학을 아는 것이 아니라 신자가 직접 하나님의 살아 계심을 체험하는 것에 달려 있다. 하나님은 신자가 죽어서 하늘나라에 가야만 만날 수 있는 분이 아니라 현세에서도 언제든지 성령을 통해 직접 만날 수 있다. 하나님을 체험하는 것은 신학적 지식이나 교회의 직분과는 전혀 상관이 없다. 영적 엘리트만이 하나님을 체험할 수 있는 것이 아니라 누구든지 하나님께 다가갈 수 있다. 이 점이 전통적 개신교와 오순절의 가장 큰 차이점이다.

미국 교회 신자의 3분의 1 이상이 종교적 체험이 자신의 삶을 바꾸어 놓았다고 답변했다. 성령을 통해 하나님을 직접 체험할 수 있다는 오순절 복음은 초자연적 세계관을 가진 아프리카나 남미, 아시아 등의 제3세계에서 큰 호응을 얻고 있다.[71]

---

71 마크 놀, 『미국 캐나다 기독교 역사』, 566. 앨리스터 맥그래스, 『기독교, 그 위험한 사상의 역사』, 420, 498, 682-92.

10. 성령론

　사도행전에 기록된 초대 교회는 성령이 역사하시는 곳이었다. 예수님의 뒤를 이어 베드로와 바울은 가는 곳마다 말씀에 따르는 기적들을 베풀었고 신자들은 성령의 은사들을 소유하며 병을 고치고 귀신을 쫓아내며 방언을 말했다. 그러나 기독교 역사를 살펴보면, 정통 교회는 성령운동이나 은사운동을 열광주의 및 신비주의로 몰아 억눌러 버렸다.

　수많은 성령운동이 일어났지만 감독직 혹은 교황권을 수호하는 정통 교회는 그들을 강하게 억눌렀고 강력한 제재 수단으로 이단 정죄의 칼을 들이댔다. 교권화된 교회는 성령의 인도하심과 능력을 도외시하고 권위와 수직적 계급 제도와 교리 등을 강조했다.

　몬타누스는 당시 교회가 감독을 중심으로 한 인간의 수직적 조직에 불과함을 비판했다. 성령의 계시와 능력을 강조하는 성령운동은 공교회의 교권과 계급 제도, 교리, 의식 등을 비판했기에 감독의 권한과 전통을 지키려는 기존 교회에게 위협적인 존재였다. 교회 지도자들은 은사와 예언 운동이 혼돈과 무질서를 불러온다는 이유로 의도적으로 성령운동을 핍박하고 이단 정죄함으로 교권을 유지했다. 그 결과 성령의 역사를 강조하면서 평신도와 여성의 역할을 강조한 대부분의 그룹은 이단으로 정죄되어 교회의 주된 흐름에 편입하지 못했다.[72]

　콘스탄틴의 기독교 공인 이후 제도권 교회가 들어서면서 성령의 역사는 제한을 받았다. 초대 교회는 신론과 삼위일체론, 기독론을 발전시켰지만,

---

72　박명수, 『근대 복음주의의 주요 흐름』, 318-19.

상대적으로 성령 하나님을 소홀히 다루었다. 니케아 신조(325년)나 사도신경을 보면, 성부와 성자에 대해서는 많은 부분을 할애하고 있으나 성령에 대해서는 각주 정도로 취급했다.

서방교회는 기독론에 우선점을 두었으나 성령 하나님에 대한 언급은 빈약했다. 갑바도기아의 바실(Basil the Great, 330-370)은 성령을 하나님이라 부르는 것은 성경의 언어가 아니라 주장했다. 어거스틴에 의하면, 성부는 성자를 사랑하시며, 성자는 성부의 사랑받는 자로 표현했지만, 성령은 아버지와 아들 사이의 사랑을 연결시키는 고리 혹은 끈의 역할을 한다고 설명했다. 그의 성령에 대한 비인격적 접근은 성령을 소홀히 취급했다는 비판을 피할 수 없었다.[73] 이런 의미로 초대 교회의 삼위일체론은 이위일체일 경향성이 높았다.

교황을 중심으로 제도권 교회를 형성했던 중세 교회 또한 성령에 대한 무관심으로 일관했다. 엄격한 계급 제도에서 성령 하나님이 역사할 수 있는 분위기는 제공되지 않았다. 성령론은 조직신학에서 독자적 위치를 확보하지 못했고, 기독론이나 교회론에 종속되어 다루어졌다. 성령은 삼위일체의 한 위격인 하나님이시지만, 오랫동안 옷장 속에 갇힌 신데렐라처럼 사람들의 관심을 받지 못했다.

동방정교회의 요아킴(Joachim of Fiore, 1135-1202)은 삼위일체를 역사의 세 시대와 연관시켜 설명했다. 성부는 구약에서 창조 사역과 이스라엘에게 율법을 수여하는 일을 주도적으로 감당했다. 성자는 성육신 하셔서 구속 사역을 완성하셨고 교회 시대를 여셨다. 그 이후는 성령의 시대로, 교회의

---

[73] 곽미숙,『삼위일체론 전통과 실천적 삶』(서울: 대한기독교서회, 2009), 89.

부흥과 개혁, 갱신으로 이끄신다.[74] 그는 성자의 시대는 1260년에 끝날 것이고, 그 이후 성령께서 인도하는 새 시대의 도래를 예언했다. 그의 성령의 제3시대에 대한 강조는 교황권과 성례전을 중심으로 한 가톨릭교회의 독주에 경각심을 주었다.

성령운동은 인간 중심의 직제를 중심으로 한 교권적, 제도적 교회와 충돌을 일으킬 수밖에 없었다. 사도적 계승 교리를 수용한 가톨릭교회는 요아킴이 주장한 사도성의 종말과 성령이 주도하는 새 시대의 개념을 받아들일 수 없었다. 가톨릭교회는 라테란 공의회(1215)에서 그의 주장을 삼위일체의 셋 됨의 구별성을 지나치게 강조하는 삼신론 이단으로 정죄해 버렸다.

그러나 이단으로 정죄된 그의 주장은 후대 신학자들이 지지하면서 정통 신학의 일부로 받아들여졌다. 보나벤처(Bonaventure, 1221-1274)는 요아킴의 시대 구분을 받아들여 성부는 구약 시대, 성자는 신약 시대, 성령은 교회 시대와 연관 지어 설명했다. 감리회의 존 플레처(John Fletcher, 1729-1785)도 삼위일체의 각 위격에 따라 성부 시대, 성자 시대, 성령 시대로 삼분화 했고 그는 성령의 시대에 살고 있다고 선언했다.[75]

정통적 개신교는 성경에 기록된 말씀만이 하나님의 뜻과 목적을 계시함을 주장하면서 성령의 계시를 강조하는 것은 성경의 권위를 평가절하하는 것으로 해석했다. 칼빈은 성령의 역사를 인간의 구원과 성경의 해석과 연결시켜 설명해 '성령의 신학자'라는 칭호를 들었지만, 결국 그도 성령의 독자적 역할을 인정하지 않고 구원론과 성경론, 교회론에 포함시켜 설명했다.

---

74 로저 올슨, 크리스토퍼 홀, 『삼위일체』, 89-90.
75 Donald Dayton, *Theological Roots of Pentecostalism*, 52-53.

감리교 및 성결운동은 성화를 성령 세례와 연관 지어 이해했고 부패성의 제거는 인간의 노력이 아닌 성령의 역사임을 강조했다. 중생을 경험한 신자는 성령의 기름 부음을 통해 죄와 유혹을 물리치고 승리하는 삶을 살아야 한다. 특히, 케직운동은 성령 세례를 중생과는 구별된 능력 부여의 개념으로 전환시켰고 무디는 케직운동을 미국 교회에 소개하면서 성령 세례를 사역과 섬김 및 전도를 위해 능력을 받는 것이라 주장했다.

이후 오순절운동은 예수를 구주로 영접한 신자는 반드시 성화를 체험해야 하며, 그 이후에 복음 전파를 위한 성령의 능력을 받아야 함을 강조했다.[76] 예수님은 구원자, 성결게 하는 분, 병을 고치시는 분, 성령 세례자, 그리고 다시 오실 왕이시다. 신자는 성령 세례를 받으므로 능력과 은사를 받는데 대표적인 성령 세례의 증거는 방언을 말하는 것이다.

오순절운동은 교회와 신자의 삶 속에서 역사하시는 성령의 실재성과 현재성을 강조했다. 성령론에 대한 강조와 더불어 조직신학에서 성령론이 독자적 위치를 차지함으로 균형 잡힌 삼위일체론이 정립되었다.

오순절주의는 "하나님의 영이 있는 곳이 교회다"라고 주장하며 성령의 역사를 강조한다. 모든 사람은 성령 세례를 받으므로 하나님과 인격 대 인격으로 만날 수 있음을 강조한다. 오순절주의자는 이해할 수 없는 방언으로 기도하고 흥분 상태에서 울부짖음으로 열광주의자 혹은 구르는 자(Holy Roller)로 알려졌다.[77] 성령의 충만함을 받은 신자들은 병든 자를 고치며 귀신을 쫓아내고 기적을 일으킨다. 이런 초자연적 능력은 제3세계에서 큰

---

76 Donald Dayton, *Theological Roots of Pentecostalism*, 18, 103. Grant Wacker, *Heaven Below* (Cambridge, Mass.: Harvard University Press, 2001), 42.
77 로버츠 리어든, 『아주사 부흥』(서울: 서로 사랑, 2008), 179.

호응을 받았다.

　교권이 확립된 교단에서는 성령론을 기피하는 경향이 강했다. 자칫 성령론을 긍정적으로 받아들이다 보면 기득권을 상실할 위험성이 높다. 방언이나 신유 등과 같은 성령의 은사를 강조하는 오순절교회가 미국에서 태동해 크게 성장한 배경에는 미국 기독교의 회중 중심의 교회조직과 며 신앙 체험적 성향 때문이었다. 현대 오순절운동과 은사주의 운동은 권위의 궁극적 형태로 성령의 권위를 주장하며, 전통적 교권 제도에 도전했다.

11. 은사 인정에서 은사중지론으로, 다시 은사지속론으로

　예수님은 각종 질병을 고치시고, 귀신을 쫓아내며, 죽은 자를 살리시고, 수천 명을 먹이고 물 위를 걷는 기적 등을 베푸심으로 그의 하나님 됨을 나타내셨다. 그의 기적과 능력을 목격한 수많은 사람은 예수님을 구주로 영접했다. 특히, 치유 사역은 그의 공생애에서 중요한 위치를 차지했고, 하나님 나라가 임재했다는 표징이기도 했다.

　바울은 성령의 은사들에 대해 설명했고 그의 사역에서 죽은 사람을 살리는 등 수많은 기적이 나타났다. 초대 교회는 병자의 몸에 기름을 바르며 기도하는 도유(塗油, Anointment) 행위를 통해 영과 육을 치료할 수 있다고 믿었고 실제로 많은 표적과 기사들이 나타났다.

　그러나 감독 제도의 강화 및 국가 교회의 등장과 더불어 성령의 역사를 제한하면서 은사와 기적을 등한시했다. 교권주의와 은사는 늘 긴장과 갈등 관계에 있었고, 계급화 된 교회는 성령의 역동적 역사보다는 교회의 통일성과 질서를 강조했다. 교회는 기적보다는 국가의 강제력에 의존해 기독교를 전파했다. 성령의 은사는 간과되었고 성령의 계시는 사도 시대의 종말과 더불어 사라졌다는 사상이 널리 퍼지지 시작했다.

당시 교회가 초대 교회의 역동성을 잃어버렸다고 생각한 몬타누스는 성령의 시대가 도래했음을 선포하면서 예언을 하고 환상을 보고 방언으로 기도했다. 모든 신자는 성령 세례를 받고 성령의 통로가 되어야 한다. 특히, 여성 선지자인 프리스실라와 맥시밀라는 성령에게서 오는 계시를 받으며 강한 예언적 은사를 드러냈고 몬타누스는 그녀들의 영성과 지도력을 인정해 여사제이자 성령의 대변인으로 지명했다.

성령의 계시를 앞세우는 예언자들의 발언과 행동은 감독의 지위와 권한을 약화시켰고 교회의 질서를 뒤흔들었다. 공교회는 몬타누스가 교회의 교권과 감독의 권위를 비판하고 도전함으로 교회의 결속과 통일성을 방해하고 위협한다고 해석했다. 결국 방언과 예언, 종교 체험을 강조하는 것은 비기독교적인 것으로 정죄를 받았다.

12세기부터 기름을 바르며 기도하는 도유 행위는 죽어가는 사람을 천국으로 인도하는 준비 과정으로 변질되었다. 중세의 종부 성사는 '죽은 자의 성별을 위한 성례전'으로 변질되었고, 15세기에는 죽음이 확정된 자에게만 도유를 베풀었다.[78]

종교개혁가들은 구원의 문제를 영혼의 죄와 용서의 관계로 이해했다. 교회는 근본적으로 영적 문제를 다루는 곳으로, 병의 치료를 신앙의 문제로 간주하지 않았다. 칼빈은 사도행전의 은사와 기적은 사도 시대에만 일

---

78 제임스 F. 화이트, 『기독교 예배학 입문』, 316.

어난 독특한 현상으로, 그 이후에는 사라졌기에 오늘날의 우리와는 아무런 상관이 없다고 설명했다.[79]

방언이나 신유와 같은 성령의 은사는 성경이 완성되기 전까지 허락된 것으로 마지막 사도의 죽음과 함께 중단되었다. 16세기에서 19세기 말까지 성령의 은사나 기적은 소멸되었다는 은사중지론이 널리 받아들여졌다.

칼빈주의자 워필드에 의하면, 성령의 초자연적 은사와 기적은 교회를 세워야 하는 임무를 부여 받은 사도들의 권위를 보증하기 위해 주어진 임시 신임장이었다. 사도 신임장을 소유했던 그들이 죽자 은사와 기적은 완전히 사라졌다.

개혁주의 신학자 아브라함 카이퍼(Abraham Kuyper, 1837-1920)나 리처드 B. 개핀(Richard B. Gaffin Jr.)은 은사나 기적을 구원과 관련된 것으로 해석했다. 예수님의 십자가 사건이나 오순절 성령 강림 사건은 구원을 완성시킨 단회적 사건으로 역사 속에서 다시는 반복될 수 없다.[80] 이처럼 칼빈주의 신학자나 근본주의자들은 예언, 방언, 신유 등의 은사는 신약이 완성된 이후 이 세상에서 완전히 사라졌다는 은사중지론(cessationism)을 지지했다.

정통주의 개신교가 초자연적 기적을 초대 교회에만 한정시킨데 반해, 합리주의와 과학 이론을 받아들인 이신론은 성서의 기록된 모든 기적과 은사를 신화 혹은 미신으로 치부했다. 이신론은 하나님의 법칙을 자연의 법칙과 동일시했고 하나님은 자연의 법칙에 따라 세상과 역사를 인도하시

---

79 John Calvin, *Institutes of Christian Religion*, IV. 19. 18; IV 19. 19.
80 Benjamin B. Warfield, *Miracles: Yesterday and Today* (Grand Rapids, MI: Wm B. Eerdmans Publishing Company, 1953), 5-6. Richard Gaffin, *Perspectives on Pentecost: New testament Teaching on the Gift of the Holy Spirit* (Grand Rapids, MI: Baker Book House, 1979), 102.

기에 기적이나 신유를 행하지 않는다고 단정했다.

이신론은 초자연적 현상을 인정하지 않았고 성경에 기록된 예언, 병 고침 및 기타 이적들은 원시 시대의 무지와 미신에 의해 날조된 것으로 폄하했다. 18세기의 계몽주의 또한 이성과 과학을 잣대로 성경의 초자연적이고 비이성적인 부분을 부정했다. 성경의 기적은 실제로 일어난 사건이 아니라 새로운 종교를 만들기 위해 수 세기에 걸쳐 편집된 이야기에 불과하다.

"기적들은 원시적 상상력이 낳은 허구에 불과하기 때문에 성경에 기술된 예언, 병 고침 및 기타 이적들은 날조 된 이야기임이 분명하다."[81]

루돌프 불트만(Rudolf Bultmann, 1884-1976)은 과학 문명의 시대에 살고 있는 현대인은 초자연적 세계관이 지배하던 시대에 쓰여진 성경 이야기를 액면 그대로 받아들여서는 안 된다고 주장했다. 예수님의 기적은 실제로 일어나지 않았고, 성경 기자들이 예수님을 뛰어난 분으로 만들기 위해 지어낸 허구이다. 교회는 이성이나 과학과 상반되는 허구 및 신화의 껍질을 벗기는 비신화화를 통해 그 속에 숨어있는 은유적 의미를 찾아내야 한다.[82]

이에 반해 은사지속론은 신약에 기록된 예수님의 신유와 기적을 비롯해 예언이나 방언 등과 같은 성령의 은사들이 오늘날도 지속되고 있음을 강조한다. 동방정교회는 신유와 능력 행함, 방언 등의 현재성을 믿었고 웨슬리가

---

81   John Woodbridge, Mark Noll and Nathan Hatch, *The Gospel in America: Themes in the Story of America's Evangelicals* (Grand Rapids, MI: Zondervan, 1979), 51.
82   레이몬드 E. 브라운, 『신약개론』, 518. 데이빗 웬함, 스티브 월튼, 『복음서와 사도행전』, 178-89.

병자를 위해 기도하자 치유의 역사가 나타났다. '미국 신유 운동의 아버지'라 불리는 컬리스를 필두로 19세기 후반 보드만, 알버트 B. 심프슨(Albert. B. Simpson, 1843-1919), 아도니람 J. 고든(Adoniram J. Gordon, 1836-1895) 등의 성결운동가들은 예수님의 대속에 신유가 포함되어 있다며 예수님을 치료자로 규정했다. 그리스도의 보혈은 인간의 죄만 사하는 것이 아니라 인간의 질병을 포함한 모든 저주를 담당했다.

오순절운동은 성령께서 사도 시대와 똑같이 오늘날에도 역사하시며 초대 교회에 나타났던 은사들이 오늘날에도 지속된다는 믿음을 가진다. 특히, 중생과는 구별된 경험인 성령 세례를 강조하며 성령 세례를 통해 능력과 은사를 받는다. 찰스 파함(Charles Parham, 1873-1929)은 성령 세례의 최초 증거가 방언임을 인정했고, 학생들과 함께 기도하던 중 방언이 터져 나왔다. 방언을 말하는 것은 성령님이 각 사람 안에 임재하신 징표이다.

오순절운동의 태동으로 인해 방언을 비롯한 신유와 예언, 축사 등이 강조되었다. 초기 오순절운동은 은사중지론을 지지한 개혁교회와 근본주의로부터 열광적이고 비성경적이라는 비판과 함께 이단 취급을 받았다.

교권과 교리 중심의 정통 교단에서는 은사나 신유에 대해 말하기를 주저한다. 일단 목사에게 그런 능력이 나타나지 않는다. 그런데 평신도 중에 그런 능력을 행하는 자가 있다면 목사의 위신이 말이 아니다. 그래서 기득권을 유지하기 위해 그런 현상을 되도록 억누르고 비판한다.

그러나 많은 신자는 자신이 어떻게 나음을 입었고 삶이 어떻게 바뀌었는가를 이야기했다. 오순절교회가 급속도로 성장하면서 개신교 최대 교단이 되었고 오늘날 아프리카나 남미에서 가장 빨리 성장하는 기독교회는 성령의 능력과 은사를 강조하는 오순절 계통이다. 오순절운동은 기존 전통 교단의 은사중지론에 큰 의문을 제기했고 점차 정통 교회 내에 성령의 은사와 능력을 인정하는 신오순절운동과 제3의 물결 운동이 일어났다.

성공회 데니스 베넷(Dennis Bennett, 1917-1991) 목사의 성령 세례 및 방언 체험 이후 성공회와 루터란 교회, 감리교 신자들이 성령의 역사와 은사를 받아들였다. 가톨릭교회는 제2차 바티칸 회의(1962-1965)를 통해 '성령의 시대'를 선포하면서 영적 은사가 교회 역사에서 중단됨 없이 계속 진행되어 왔음을 선포했다. 이제는 교파를 초월해 상당수의 교단과 목회자들이 이 운동에 동조하면서 은사중지론이 소수설이 되었다.

초기 한국 교회의 경우, 대부분의 근본주의 선교사들은 은사를 부정했고, 병 고치는 것을 이단이라 생각했다. 그런데 호레이스 G. 언더우드 (Horace G. Underwood, 1859-1916) 선교사가 한 병자를 위해 사흘 동안 금식하며 기도하자 병이 낫는 기적이 일어났다. 전도부인들은 병자를 고치고 귀신을 쫓아냈고, 김익두 목사는 성령의 능력으로 수많은 병자를 고쳤다. 신오순절적 경향이 강했던 하용조 목사는 신령과 진정으로 예배를 드릴 때 신유와 예언이 나타나고 방언이 터지며 귀신이 떠나 감을 강조했다.[83]

그런데도 한국 교회는 은사중지론에 근거해 성령의 은사들이 나타나는 교회들을 비판하고 심지어 이단으로 몰았다. 이는 은사에 대한 세계 기독교의 흐름에 역행하는 처사라 생각한다.

---

83 하용조, 『사도행전적 교회를 꿈꾼다』 (서울: 두란노, 2008), 17-18. 박용규, 『평양대부흥운동』, 355-56.

12. 무 선교에서 선교하는 교회로

기독교 역사를 살펴보면 생각보다 복음의 전파가 매우 더디게 진행되어 왔음을 알 수 있다.

역사적으로 교회는 '땅 끝까지 복음을 전파하라'는 예수님의 대위명령을 어떻게 받아들였을까?

열두 사도는 주로 유대인들에게 복음을 전파했고, 사도 바울은 이방인 선교에 나섰다. 초대 교회는 선교 및 전도를 강조했고, 그리스도인들은 복음 전파에 열정적으로 임했다. 특히, 하나님 나라의 도래가 임박했다는 종말론으로 인해 복음 전파는 긴박성을 띠었고 그 결과 복음은 빠르게 소아시아와 서부 유럽으로 전파되었다.

콘스탄틴 황제에 의해 지중해 연안을 중심으로 한 로마 제국이 한순간에 기독교화되었다. 왕이나 영주가 회심하면 모든 백성이 이를 따르는 형태의 전도가 이루어졌다. 그런데 서부 유럽의 교회는 백인이 아닌 이방인을 참된 인간으로 여기지 않았다. 그래서 터키족이나 사라센족, 무어족 등을 선교 대상이 아닌 제거 대상으로 여겼다. 무려 15세기에 걸쳐 기독교는 유럽 대륙에만 머물렀다.

15세기 해상권을 장악한 스페인은 식민지 개척에 나섰고 남미 대륙을 발견했다. 스페인과 포르투갈은 함대를 앞세워 남미 정복에 나섰고 정복을 감행했고 거대한 식민지를 건설했다. 침략자는 원주민들을 복음화한다는 명목을 내세웠지만, 실상은 정복자의 이익과 만족을 위한 일방적 침략에 불과했다.

가톨릭교회는 설득이 아닌 무력에 의한 선교를 감행했다. 가톨릭교회는 1500년부터 300년 동안 남미에 15,000명에 달하는 프란체스코, 도미니칸, 예수회 수도사들을 선교사로 파송해 가톨릭교회와 신자들을 관리했다. 선교사들은 원주민을 온전한 사람이 아닌 열등한 야만인으로 취급했고, 이런 생각은 19세기까지 지속되었다.

선교사에게 있어 원주민의 종교와 문화는 파괴되어야 할 우상 숭배 및 미신에 지나지 않았다. 그들은 원주민의 종교적 자유를 박탈했고, 가톨릭교회로의 개종을 강요했다. 스페인은 가톨릭 신앙을 받아들이는 사람은 살려주고 원시 종교를 고집하는 사람은 제거한다는 기본 전략에 충실했다.

이는 백인 우월주의, 유럽 중심주의, 가톨릭 중심주의에 사로잡힌 선교사들이 원주민에게 일방적으로 유럽식 문화와 종교, 도덕을 강요한 참혹한 사건이었고 선교는 제국주의와 결합된 불행한 역사가 되었다.

오랫동안의 식민지화 끝에 남미 대부분 국가는 고유의 언어와 문화를 잃어버렸고, 스페인어, 즉 스패니쉬를 공식어로 사용했다.[84] 아메리카 대륙에서 라틴어로 미사를 드린다고 해서 지명을 라틴 아메리카로 불렀다. 강제 개종으로 가톨릭 신앙을 받아들인 원주민들은 각 지역의 토속 신앙과 신화, 전설 등과 혼합해 중남미 특유의 토착화된 가톨릭 신앙을 형성했다.

멕시코의 경우, 성모 마리아의 개념과 비슷한 '과달루페 성모'(Virgen de Guadalupe)를 추앙했다. 선교적 열정이 강했던 예수회는 인도, 말레이시아, 인도네시아, 일본, 중국 등지에 선교사를 파송해 세계 복음화에 앞장섰다.

84　Frances Gardiner Davenport, ed., *European Treatise Bearing on the History of the United States and Its dependencies to 1648*, 85, 171.

프랜시스 사비에르(Francis Xavier, 1506-1552)는 인도와 일본에서 헌신적인 선교를 펼치면서 저명한 선교사로 이름을 떨쳤다.

1588년 스페인의 무적함대를 무찌른 대영제국 또한 전 세계에 식민지를 개척하고 무역 망을 넓혀 나갔다. 영국은 인도, 카리브, 호주, 뉴질랜드, 남태평양 지역에 영국국교회를 세웠고 수백 년 동안 국가의 공식적 후원 아래 제국주의적 형태의 선교가 이루어졌다. 제도권의 일부가 된 교회는 기득권을 지키기 위해 종교적 순수성을 쉽게 손상했고 종교 전쟁에 휘말리기도 했다. 이처럼 국가가 식민지 개척에 성공하면 교회가 식민지에 교회를 세우는 형태의 선교가 이루어졌다.

놀랍게도 종교개혁가들은 선교 혹은 복음 전도에 별로 관심이 없었고 비기독교 세계를 향한 선교에 힘을 기울이지 못했다. 1560년대 "그 지역을 다스리는 자가 그 지역의 종교를 결정한다"라는 사상이 개신교를 지배했다.

루터나 칼빈은 가톨릭교회를 개혁해 개신교로 돌리는 최우선의 목표를 가졌기에 유럽이나 기독교 국가의 경계를 넘어 복음을 전파하는 일에 특별한 관심을 보이지 않았다. 특히, 예정론은 하나님이 당신의 때에 사람들을 인도하실 것이라는 믿음 아래 이방인에게 복음을 전파하는 인간의 선교는 무의미하다고 여겼다. 칼빈은 복음의 전파는 교회나 신자가 해야 할 사역이 아니라 국가의 의무로 여겼다.[85]

개신교의 선교 신학에 큰 맹점이 있었다. 개신교는 "모든 민족을 제자 삼으라"(마 28:19)는 예수님의 대위임령을 오직 사도에게만 주어진 것으로 해석했다. 사도는 복음을 전할 과업을 떠맡았는데, 사도 시대가 막을 내리

---

85   앨리스터 맥그래스, 『기독교, 그 위험한 사상의 역사』, 281-82.

면서 대위임령도 중단되었다. 교회나 신자는 다른 국가나 민족에게 복음을 전할 의무는 없다.

외국 선교의 이념은 사치스럽고 어리석고 희망이 없는 것 같아 보였다. 어떤 의미로 보아 16세기와 17세기의 개신교는 선교 이념에 무관심하거나 반대했고 오히려 상당한 적대감을 가지고 있었다.[86] 대위임령이 사도에게만 국한 된 것이 아니라 모든 그리스도인에게 해당되는 것으로 해석이 바뀌기까지 무려 300년의 시간이 걸렸다.

오히려 적극적으로 선교를 시작한 그룹은 이단으로 정죄를 받은 재침례교였다. 그들은 세상의 종말이 가까이 왔고, 하나님 나라의 도래를 고대했다. 그들의 종말론적 소망은 땅끝까지 복음을 전해야 한다는 선교로 이어졌다. 교회를 선교 공동체로 해석한 재침례파는 가톨릭교회나 종교개혁의 강제적 폭력에 의한 선교 및 전도를 거부했고, 구제와 나눔, 사랑의 실천 등을 통한 복음 전파에 힘썼다. 그들의 평화적이고 자발적인 선교 개념은 현대적 선교의 새로운 장을 열었다.

1707년 덴마크왕은 인디아 식민지에 선교사를 파송하고자 했고 경건주의의 지도자 아우구스트 헤르만 프랑케(August Hermann Francke, 1663-1727)의 할레대학교에 선교사를 훈련시켜 달라는 요청을 했다. 그의 지도 아래 할레대학교는 선교사를 훈련시키는 중심지가 되었고, 이후 많은 선교사를 파송했다. 바돌로메우스 지겐발크(Bartholomaus Ziegenbalg, 1682-1719)와 하인리히 프리츄보(Heinrich Plutschau, 1676-1752)가 인디아에 선교소를 설치하

---

86 존 딜렌버거, 클라우드 웰쉬, 『프로테스탄트 교회의 역사와 신학』, 226-7. 후스토 L. 곤잘레스, 『현대교회사』, 286. 앨리스터 맥그래스, 『기독교, 그 위험한 사상의 역사』, 356-57.

면서 현대적 개념의 선교가 시작되었다.[87]

진젠돌프 백작은 종교적 박해를 피해 모라비아를 떠난 후스파에게 자신의 사유지인 헤른후트(Herrnhut)를 제공해 그들이 공동체를 이루며 정착하도록 도왔다. 그는 모든 사람에게 구원의 길이 열려 있다고 믿었다. 모라비안은 1732년 카리브에 최초의 선교사를 파송했고, 수년 후에는 그린란드, 아프리카, 인도, 남아메리카, 북미 등에 수많은 젊은 선교사를 보냈다. 모라비안 공동체는 해외 선교를 위해 존재했고, 모라비안 신자가 된다는 것은 선교에 동참함을 뜻했다.

선교사들이 위험한 선교지에서 헌신하는 동안 공동체는 그들의 자녀들을 돌보았다. 그야말로 '전 교회의 선교화' 라는 개념이 도입되었다.[88] 형제단도 선교에 힘썼는데, 1800년 161명의 선교사들이 해외에서 활동하고 있었고, 2만 4천여 명의 신자들이 선교 활동에 관련되어 있었다.

미국의 청교도는 인디언에게 복음을 전했지만, 그들 대부분은 인디언을 야만인으로 취급했고 정착민의 삶을 위협하는 대상으로 여겼다. 그들은 인디언의 애니미즘을 일종의 악령 숭배로 규정했고, 인디언을 선교의 대상이 아니라 제거해야 할 대상으로 규정했다.[89] 백인들은 가는 곳마다 인디언의 농토를 빼앗고, 그들의 문화와 전통을 파괴했다.

미국 교회는 인디언에게 기독교를 전파해야 한다는 명분을 내세우며 그들의 지역에 들어갔지만, 실제로는 그들이 차지한 땅에 더 큰 관심이 있었

---

87 후스토 L. 곤잘레스, 『현대교회사』, 132-37.
88 A. J. Lewis, *Zinzendorf the Ecumenical Pioneer* (Philadelphia: Westminster, 1962), 91. 후스토 L. 곤잘레스, 『현대교회사』, 138-39. 하워드 A. 스나이더, 『교회사에 나타난 성령의 역사』, 157, 174- 179.
89 최웅, 김봉중, 『미국의 역사』, 22.

다. 인디언들에게 기독교는 이방 종교요, 제국주의의 앞잡이에 불과했다. 원주민은 무력에 의한 선교를 배척했고, 그들의 전통과 종교를 수호함으로 정체성과 민족성을 유지했다.

평화주의자요, 헌신 된 선교사였던 모라비안은 인디언 공동체에 들어가 그들과 함께 결혼하고 생활하고 인디언의 언어와 문화를 배우면서 삶을 통해 복음을 전파했다. 교리나 종교 의례가 아닌 회심의 경험과 감성에 근거해 원주민들에게 효과적으로 복음을 전했다.[90] 그러자 타교단 선교사들은 모라비안 선교사가 원주민의 사탄적인 문화와 전통을 인정한다며 핍박하고 공격했다.

18세기까지도 주요 개신교는 복음을 알지 못하는 민족을 선교해야 한다는 확신을 갖지 못했다. 상당한 시간이 흐른 후에야 해외 선교에 관심을 갖게 되었는데, 그 시발점은 영국의 구두 수선공 윌리엄 캐리였다. 그는 영국 침례교 목사들에게 "이방인에게 복음을 전해야 할 그리스도인의 의무"에 대해 논하자고 제안했고 선교회의 설립을 제의했다.

그런데 목사들은 이방인을 회심시키는 것이 하나님을 기쁘게 하는 일이라면 하나님은 인간의 도움 없이도 그 일을 직접 하셨을 것이라며 반대를 표명했다. 여전히 대부분의 사람은 선교는 불필요하고 희망이 없는 일이라는 입장을 가지고 있었다.[91] 하나님의 허락 없이 선교하는 것은 하나님의 예정을 훼방하는 죄를 짓는 것이다.

---

90   류대영, 『미국 종교사』, 127.
91   E. H. 브로우드벤트, 『순례하는 교회』, 354. 존 딜렌버거, 클라우드 웰취, 『프로테스탄트 교회의 역사와 신학』, 229.

그러나 캐리는 하나님이 택자를 예정하셨기 때문에 인간의 도움이 없이도 그들을 구원할 것이라는 견해에 반대했다. 그는 선교에 대한 반대와 비판을 뒤로 하고 직접 이방인에게 복음을 전하기 위해 특수침례교협회(1792년)를 설립했고 가족과 의사 한 명을 대동하고 인도 캘커타로 출발했다. 이후 그의 의견을 지지했던 침례교 존 라일랜드(John Ryland, 1753-1825) 목사는 성직자와 평신도를 불문하고 선교에 관심 있는 사람들을 모아 자원 단체인 런던선교협회(London Missionary Society, 1795년)를 설립했다.[92]

대체적으로 국가나 교단과 무관한 독립 선교사들은 식민주의 및 제국주의를 비판했고, 원주민에 대한 학대와 착취를 반대했다. 선교사들은 인도의 카스트 제도가 잘못된 것이라 지적했고, 최하위층 사람들에게 자유와 해방의 복음을 제시했다.

반면, 대부분의 개신교 국가들은 선교를 상업 교역의 종속물로 여겼다. 18세기 초부터 인도에서 사업을 시작한 영국의 동인도회사는 기독교의 복음 전파가 교역을 방해하고 사회에 긴장과 폭동을 불러올 것이라 염려했다. 분명 선교협회는 이런 정치적, 상업적 접근에 반대를 표명했고, 동인도회사는 자신들의 교역지에 선교사가 들어오는 것을 조직적으로 방해했다.[93]

19세기 식민지 확장의 중요한 원인은 산업혁명이었다. 넘쳐나는 공업 생산물을 팔기 위한 시장 개척은 중대 사안이었고, 식민지 개척은 정치적, 경제적 점령이라는 전통적 형태를 띠었다. 영국과 독일, 네덜란드, 덴마크

---

92 존 딜렌버거, 클라우드 웰취, 『프로테스탄트 교회의 역사와 신학』, 229. 후스토 L. 곤잘레스, 『현대교회사』, 282, 286-87.
93 후스토 L. 곤잘레스, 『현대교회사』, 279-83. 앨리스터 맥그래스, 『기독교, 그 위험한 사상의 역사』, 298.

등의 서부 유럽 국가들은 아프리카와 남미, 아시아 등에 식민지를 건설했고 그곳에 국가 교회를 세웠다. 이처럼 개신교의 전통적 선교 모델은 국가와 국교에 그 토대를 두었다. 국가는 군사력과 외교로 개신교를 보호했고, 선교사들은 공식적인 교단 관료 체제 아래 국가의 지시를 따랐다. 영국 의회는 특허법(Charter Act, 1813년)을 허용하면서 선교사들을 보호하고 그들의 선교 활동을 관할했다.

미국 복음주의동맹(Evangelical Alliance)의 총무였던 조시아 스트롱(Josiah Strong, 1847-1916)은 "모든 인종들의 경쟁"이란 글에서 하나님은 앵글로색슨족을 모든 인류를 위해 준비하셨다고 주장했다. 이스라엘 족속의 잃어버린 후손인 앵글로색슨족은 하나님의 선택을 받았고 '최대의 자유, 순수한 기독교, 최고의 문명'을 대표한다. 이 족속은 약한 인종을 정복하고 통합하여 '전 인류를 앵글로색슨화' 하는 사명을 받았다.[94] 여전히 인종 우월주의와 제국주의적 가치관에 의해 선교가 진행되었다.

19세기에 접어들어서야 정치나 상업과는 무관한 순수 형태의 선교가 시작되었다. 아도니람 저드슨(Adoniram Judson, 1788-1850)은 회중교회 신도였으나 버마 선교사로 가는 도중 침례교로 개종했고, 미국침례교총회(American Baptist Convention)는 그의 선교를 지원했다. 데이비드 리빙스턴(David Livingstone, 1813-1873)은 영국 정부의 대표로 아프리카를 탐험하면서 복음 전파에 헌신했다.

19세기 초 드디어 미국의 주요 교단들은 선교부를 세워 세계 선교에 나섰다. 그런데 교단 선교부는 현지 사정을 잘 모르면서도 선교 정책과 선교

---

94 후스토 L. 곤잘레스, 『현대교회사』, 201.

사들을 통제했다. 교단 선교부가 점점 관료화되면서 예산만 낭비하는 조직이라는 인식이 대두되었다. 교단 주도의 관료주의적 선교를 비판하면서 성령의 인도함을 따라가는 자율적 선교가 대안으로 떠올랐다.

교단 중심에서 벗어나 독립적 선교 단체들이 신앙 선교에 근거해 스스로 선교 기금을 마련하고 후원 그룹을 조직하는 방식이 대세로 떠올랐다.

아더 T. 피어선(Arthur T. Pierson)은 필라델피아 장로교 노회의 선교위원장으로 장로교의 해외 선교를 지원하고 있었다. 그런데 장로교 선교부는 선교사들이 개교회와 직접 연락하는 것을 반대했고 그들의 모든 선교 사역을 통제하려 했다. 이에 그는 선교의 통로가 되어야 할 교단 선교부가 오히려 선교의 장애물이 된다고 느꼈다. 결국 그는 기성 선교부에 환멸을 느껴 탈퇴해 오직 믿음에 의지해 선교하는 초교파 신앙선교운동의 적극적 지지자가 되었다.

자원봉사자의 나라인 미국은 사회 활동과 복지 프로그램의 확대를 위해 자원자들의 재정과 인력을 잘 활용했다. 선교에서도 자원봉사 단체의 활약이 두드러졌다. 1810년 미국의 윌리엄스대학(Williams College)에서 한 무리의 대학생들이 선교에 헌신했고, 19세기 후반 미국의 유수 대학에서 외국 선교를 위한 학생자원운동(Student Volunteer Movement)이 활발히 일어났다. '이 세대에 세계 복음화' 라는 슬로건으로 내세운 학생자원운동은 많은 대학생에게 선교의 열정을 불러 일으켰고 언더우드와 헨리 G.아펜젤러(Henry G. Appenzeller, 1858-1902)는 한국 선교에 헌신했다.

제임스 허드슨 테일러(James Hudson Taylor, 1832-1905)는 선교사협회 소속 선교사로 활동했으나 교단의 지나친 간섭에 불편함을 느꼈다. 그는 직접 중국내지선교회(China Inland Mission, 1865년)를 창립해 교파를 초월해 독신 여성도 선교사로 받아들였고 수백 개의 교회를 개척했다.

특정 교단은 목사나 선교사가 되기 위해 높은 수준의 신학 교육을 요구했다. 그런데 정규 신학 교육을 받은 목사들은 편안한 도시에 거주하려 했고 아프리카 오지에 가서 목숨을 걸고 복음을 전하려 하지 않았다. 이로 인해 기존의 신학 교육은 새로운 시대의 선교사를 양성하는데 적절하지 않다는 비판이 제기되었다.

19세기 선교의 세기를 맞이해 수많은 선교사들이 필요했으나 기존의 신학 교육으로는 선교사를 제대로 양성해 낼 수 없었다. 선교지에서는 학벌 있는 사람이 아니라 사명감 있는 사람이 필요했다. 무디와 심슨, 아도니람 저드슨 고든(Adoniram Judson Gordon, 1836-1895) 등은 장기간의 신학 교육이 요구되는 신학교 대신 단기간 교육을 받는 성경학원을 세워 복음을 전하고자 하는 사명감에 불탄 평신도들을 모아 교육시켰다.

교육 과정에서 시간이 많이 걸리는 히브리어나 헬라어는 제외시켰고 성경과 선교에 실제로 도움을 주는 교육을 실시했다. '성경학원 운동의 아버지'라 불리는 심슨은 그리스도의 임박한 재림을 믿었고 그리스도의 재림 이전에 세계에 복음을 전해야 한다는 사명감으로 불타올랐다. 성경학원에서 단기 신학 공부를 마친 졸업자들은 목숨을 두려워하지 않고 아시아, 아프리카, 남미 등의 오지로 나갔다. 그 결과 현대 선교의 주도권은 전통적 교단 선교부가 아니라, 복음적인 초교파적 자원 선교 단체들에게 넘어갔다.[95]

---

95 Stephen Neill, *A History of Christian Mission* (New York: Penguin Books, 1986), 421.

놀랍게도 19세기 이전의 개신교는 해외 선교에 큰 관심을 기울이지 않았고, 개신교는 유럽이나 북미에 머물렀다. 19세기에 예수님의 대위명령이 모든 그리스도인에게 해당된다는 성경적 해석이 나오면서 19세기의 위대한 선교의 시대가 시작되었다. 전세계에 복음을 전하자는 선교 운동이 거세게 일어나면서 개신교는 아시아와 아프리카, 라틴 아메리카 등의 제3세계로 퍼지면서 진정한 보편 교회가 등장했다. 1914년경 지구상의 거의 모든 나라에 교회들이 설립되었고, 비로소 모든 인종과 국가로 이루어진 우주적 교회가 생성되었다.[96]

13. 절대주의에서 다원주의로

로마 제국은 반역을 부추기거나 도덕성을 약화시키지 않는다는 전제아래 모든 종교에 대해 관용적인 태도를 취했다. 로마인들은 어떤 신도 배척하지 않는 종교 다원주의를 받아들였다. 반면, 기독교는 예수님의 십자가 보혈로 죄 사함 받음을 강조하며 예수 이외에 구원받을 만한 다른 이름은 없음을 명시한다. 복음서는 참 종교와 거짓 종교, 믿음과 불신앙, 천국과 지옥 사이의 분명한 차이를 설명하고 있는데, 그 경계선은 예수이다.[97]

구원은 오직 그리스도를 믿음으로 말미암고 그를 구주로 영접한 자는 하나님의 자녀가 되나, 그를 부인하는 자는 지옥에 들어간다. 기독교는 오

---

96 후스토 L. 곤잘레스, 『현대교회사』, 302.
97 데이빗 웬함, 스티브 월튼, 『복음서와 사도행전』, 360, 425.

랫동안 예수 그리스도만이 유일하고 참된 진리이자 구원을 위한 유일한 길임을 강조해 왔다. 기독교 절대주의는 타종교에 대해 배타적 입장을 고수하고 타종교에서의 구원의 가능성을 전면 부인한다는 비판을 받았다.

19세기 선교의 시대가 열리면서 타종교를 접한 선교사들은 비교종교학적 입장을 가지게 되었다. 진보적 신학자들은 선교지의 종교에도 기독교와 비슷한 진리와 가치가 있음을 인정했고 모든 종교는 하나의 보편적이고 궁극적인 실재를 추구하며 구원의 진리를 가지고 있다는 입장을 표명했다. 그 어떤 것도 확실하지 않고 신뢰할 수 없다는 포스트모더니즘은 기독교의 절대주의를 위협했다.

종교 다원주의는 모든 종교에 구원이 있고 기독교는 많은 진리 중 하나에 불과함을 천명했다. 그리고 예수는 유일한 중보자가 아닌 많은 중보자 중 하나이다. 존 힉(John Hick, 1922-2012)은 기독교를 구원에 이르는 유일한 길이라 주장하는 것은 다른 종교들에 대해 알지 못했던 무지한 세대에 탄생한 사상으로, 이제는 폐기해야 한다고 주장했다. 기독교에만 구원이 있다는 입장은 배타적이며, 전통적 종교를 가진 사람들에게 기독교를 강요하는 것은 제국주의적 발상이다.

산의 정상(구원)에 도달하는 방법에 오직 길이 하나만 있는 것이 아니고 자동차의 앞문(기독교)을 통해서만 하늘을 볼 수 있는 것이 아니다. 기독교뿐만 아니라 힌두교, 불교, 이슬람교 등 타종교에도 기독교와 동일한 구원의 길이 있다.[98] 클락 피녹(Clark Pinnock, 1937-2010)에 의하면 하나님은 보

---

98   박만, 『최근신학연구』 (서울: 나눔사, 2002), 195-97, 207-11.

편적 구원을 증거하시기에 수많은 종교도 인류 구원에 기여한다.[99]

기독교가 그리스도인에게 훌륭한 종교인 것처럼, 힌두교도에게는 힌두교가 가장 훌륭한 종교이다. 사랑의 하나님은 모든 사람이 구원받기를 원하기 때문에 시간과 공간적으로 다른 문화와 상황 속에서 토속 종교를 통해서도 구원 사역을 수행하고 계신다. 모든 종교는 하늘에 올라가는 다른 길들을 제시하지만, 궁극적으로 같은 목표인 영생을 지향하며 동일한 절대자를 섬긴다.

가톨릭 신학자 칼 라너(Karl Rahner, 1904-1984)는 기독교 절대주의와 종교 다원주의의 입장을 절충한 포괄주의를 주장했다. 다른 종교를 따르는 사람은 사실상 그리스도인이다. 그는 타종교를 믿는 비그리스도인 신자에서도 성령께서 내재하고 역사한다고 주장한다. 포괄주의는 다원주의처럼 타종교에 진리 및 구원이 있다는 점에 동의하나, 완전한 구원에 이를 정도로 충분하지 못하고 가장 확실한 지름길은 그리스도를 통한 것이라 주장한다. 다른 종교도 구원에 도달할 수 있는 진리를 보유하고 있으나, 완벽한 진리의 완성은 기독교다.

에큐메니컬의 영향 아래 있는 WCC는 다원주의 혹은 포괄주의적 입장을 받아들인다. 스위스에서 열린 WCC 대회(1990년)는 '바르 성명서'를 통해 종교 간의 대화를 새로운 과제로 내놓았고, 종교 다원주의에 근거해 다른 종교가 있는 곳에 기독교를 전파할 필요가 없다는 선교 모델을 제공했다. 그리고 교회를 세우는 대신 병원이나 학교를 통한 선교를 강조한다.

---

99 Dennis L, Kham & Tomothy R. Philips ed., *"More than One way?" in Four Views on Salvation in a Pluralistic World* (Grand Rapids: Zondervan, 1995), 95-102.

오늘날 이처럼 포스트모더니즘의 영향으로 인해 종교의 다양성과 다원성을 강조하다 보니 모든 종교는 상대적이라는 종교 다원주의가 힘을 얻고 있다. 다종교 사회에 살면서 자신의 종교만이 절대적 진리를 가지고 있다고 주장하는 것은 시대착오적 발상이라는 비판을 받고 있다. 특히, 자유주의 신학의 영향 아래 있는 신학교나 교단에서는 기독교 절대주의를 금기시하고 다원주의를 진리로 받아들인다.

14. 신학교

과연 신학교를 졸업해야 목사가 될 수 있을까?

예수님의 열두 제자는 3년 동안 예수님을 따라다니며 목회를 배웠다. 예수님의 승천 이후 제자들은 가는 곳마다 교회를 세우고 지도자를 양육했다. 초대 교회는 핍박을 받고 있는 상태였기 때문에, 공식적인 신학교를 운영하는 것은 불가능했고 주로 사도적 계승에 의해 목회자가 되었다. 간혹 암브로스처럼 총독으로 활동하다가 갑자기 감독직에 임명된 경우도 있었다.

중세에는 가톨릭 사제가 되기 위한 최소한의 자격이나 교육에 대한 기준이 없었기에 지방 성직자에 대한 교육은 거의 부재 상태였다. 극소수의 사제들만 학교에서 배울 수 있는 특권을 누렸다. 지방의 사제가 되기 위해서는 초급 라틴어와 기초 요리문답, 미사를 올리는 제례의식만 배우면 되었다. 많은 사제는 라틴어로 된 성경을 간신히 읽을 수 있는 정도였고, 심지어 글을 읽지 못하는 문맹자도 있었다. 스위스 지방의 사제들은 무식했고, 신약성경 한번 읽어보지 않은 자들도 있었다. 대부분은 미사에 사용하는 라틴어를 고참 사제로부터 귀로 듣고 외웠는데, 이를 기억하지 못해 실수를 저지르는 경우도 빈번했다.

성경을 읽고 설교를 해야 할 사제가 글을 제대로 읽거나 쓰지 못했으니, 그들의 목회나 교회 행정, 설교가 어떠했는지 짐작하고도 남음이 있다. 가톨릭교회를 개혁하기로 결심한 여왕 이사벨라 1세(Isabella of Castile, 1451-1504 재위)는 무지한 사제를 교육시키기 위해 알카라대학교를 설립해 학문과 경건을 고양시켰다. 이그나티우스 로욜라(Ignatius Loyola, 1491-1556)에 의해 조직된 예수회는 교육을 통해 교회를 개혁한다는 목표를 삼았고 유럽 전역에 수백 개에 달하는 대학과 신학교들을 설립했다. 최고의 엘리트 집단이었던 예수회가 관리하던 학교들은 유럽에서 가장 좋은 교육기관으로 성장했다. 트렌트 공의회는 성직자를 위한 신학원의 설립을 명했고 토마스 아퀴나스의 신학을 가톨릭교회의 주류로 삼았다.[100]

이탈리아에서 르네상스가 발흥하면서, 그리스-로마의 학문적 영광을 복원하고자 하는 인문학 연구가 활발해졌다. 인문주의자 에라스무스는 고전 학문에 눈길을 돌렸고, 기독교의 근원인 성경과 초대 교부 연구에 몰두했다. 때마침 인쇄술의 발달과 비잔틴 학자들의 유입으로 인해 고전 학문과 예술의 재발견이 일어났다.

교회의 오류가 성경에 대한 무지와 무식에 있다고 파악했던 루터는 비텐베르그대학교에서 성경을 가르쳤다. 종교개혁의 중심에는 대학이 있었고, 신학 교수들이 이 운동을 이끌었다. 루터의 수제자였던 멜랑히톤은 성

---

[100] 후스토 L. 곤잘레스, 『종교개혁사』, 199.

경과 초대 교부의 저서를 연구함으로 루터란 신학을 정립했다. 칼빈은 제네바 아카데미(1559년)를 세워 철학과 신학뿐만 아니라 인문학과 언어학, 교양, 수사학, 자연 과학을 커리큘럼에 포함시켰다. 제네바 아카데미는 종교개혁의 새로운 중심지가 되었고, 그의 신학을 배우기 위해 영국, 스코틀랜드, 프랑스 등에서 인재들이 몰려들었다. 경건주의의 프랑케의 지도 아래 할레대학교는 선교사를 훈련시키고 가난한 어린이와 청년들을 교육하는 학교가 되었다.

미국의 청교도는 모든 신자가 성경을 읽을 수 있도록 교육해야 함을 강조하며 마을마다 학교를 세웠다. 매사추세츠 최고 법원은 교육을 받지 못한 사람은 목회자로 사역할 수 없다는 법령을 제정했다. 개신교 신앙을 확산시키라는 존 하버드(John Harvard, 1607-1638) 목사의 유언에 따라 그의 장서 4백 권이 도서관에 기증되었고, 여기에 주 기금을 합쳐져 하버드대학교가 설립(1636년)되었다. 하버드대학교의 정관은 "하나님과 영생이신 예수 그리스도를 아는 것"으로 정해졌고 목회 후보생을 성경적으로 교육하는 것에 설립 목적을 두었다.

그런데 계몽주의와 이신론, 유니테리언 사상의 영향을 받은 신학자들이 대학에서 주도권을 잡으면서 신앙에 근거해 설립된 교육 기관들의 설립 이념을 크게 바꾸어 놓았다. 그 결과 신학 교육에도 세속화 과정이 시작되면서 하버드는 교훈을 '그리스도와 교회를 위한 진리'에서 '진리'(Veritas)로 바꾸었다. 뉴잉글랜드의 목회자 중 상당수는 계몽적 신학을 공부한 하버드 출신이었고, 그들이 사역하던 교회들은 정통 삼위일체론을 부정하는 유니테리언으로 돌아섰고 모든 인류가 구원받는다는 만인구원론을 지지했다.

계몽적 기독교를 추종한 하버드와 예일대학교는 제1차 대각성운동이 지나치게 열광적이고 감정적이며 사람들을 속인다고 비판했다. 1743년 하버드대학교 총장과 교수진은 만장일치로 '조지 휫필드와 그의 행위에 반대하는 증언'이란 글에서 그의 열광주의적 설교를 맹비난하고 그의 부흥운동이 교회의 질서와 통일, 평화를 방해한다고 단정했다. 대각성운동은 성령의 역사가 아닌 '제정신이 아닌' 광신도에 의해 일어난 집단적 발작에 불과하다.[101]

이런 비판에 직면한 조지 휫필드는 하버드와 예일대학교를 방문한 후 신학 교육이 지나치게 철학적이고 이성적이라는 비판을 가했다. 그는 그곳을 '빛이 어두움이 되는 곳'으로 평가절하했고, 신학교가 회심하지 못한 목회자를 양성하기 때문에 복음이 변질되고 교회는 침체되었다고 역공격을 가했다. 뉴잉글랜드 교회의 신자들이 신앙적으로 죽어 있는 이유는 목사들이 영적으로 죽어 있기 때문이다.

하버드나 예일대학교를 졸업한 목사들은 회개나 회심을 강조하는 대신 잘 짜인 논리적 신학 강의를 선호했다. 휫필드는 그곳 출신의 목사가 설교하면 사람들은 회개의 눈물 한 방울도 흘리지 않는다며 그들의 신앙적 냉담을 비난했다.[102]

대각성운동을 지지한 장로교 윌리엄 테넌트(William Tennent, 1673-1746) 목사는 펜실베니아 주에 '통나무대학'(Log College, 1727년)을 세워 신학생을 가르쳤다. 그는 노회나 대회의 허가 없이 졸업자를 파송해 목회와 부흥운동에 정진하게 했다. 장로교 노회는 목사 고시를 보지 않은 자는 헌법에

---

101 로저 핑크, 로드니 스타크, 『미국 종교 시장에서의 승자와 패자』, 104.
102 로저 핑크, 로드니 스타크, 『미국 종교 시장에서의 승자와 패자』, 90-91, 126.

따라 목사로 활동할 수 없다고 반대했으나, 테넌트는 목사가 되기 위해 신학 교육보다는 영적 체험이나 성령의 은사를 받는 것이 중요하다며 맞섰다. 그의 아들 길버트 테넌트(Gilbert Tennent, 1703-1764) 목사는 '회심하지 못한 목회자의 위험'이란 설교에서 교회의 영적 침체의 주요 원인이 '회심하지 않은 목사'에게 있다고 맹비난했다.

영적으로 죽은 목사가 설교하는 것은 소경이 소경을 인도하는 격이다. 그의 지적대로 신학교를 졸업한 대다수의 목사는 그리스도에 대한 개인적 체험이 없었고, 성령의 인도함을 받지 못하고 있었다.[103] 그들은 대각성운동이나 부흥운동에 적대적이었다.

영국국교회나 장로교회, 회중교회, 개혁교회 등의 교단들은 목사가 되기 위해서는 영국 신학교나 하버드대학, 예일대학 등에서 신학을 공부하거나 혹은 경험 있는 목사로부터 가르침을 받아야 한다고 규정했다. 이들 교단 신학교들은 교리와 전례, 제도, 전통 등을 강조했고, 사변적이고 지성적인 신학을 선호했다.

성경의 전문적 지식을 습득하기 위해 히브리어나 헬라어와 같은 원어 교육을 강조함으로 성서 연구는 소수의 엘리트 손에 들어갔다. 노회는 후보생에게 신학교를 졸업해야 안수를 주는 기준을 강화했고 어학과 라틴어, 설교 등이 들어간 목사고시를 치렀다. 장로교는 목회 후보생에 대한 높은 교육 기준과 장시간의 신학 교육으로 인해, 목회자를 제대로 양성하지 못했고 이는 파송의 부족으로 이어졌다.

---

103 Winthrop S. Hudson, *Religion in America* (Prentice Hall PTR, 1992), 71. 제임스 스마일리, 『간추린 미국 장로교회사』, 81.

대각성운동을 통해 큰 부흥이 일어나면서 중부나 서부에 많은 목사가 필요했고 목사를 파송해 달라는 요청이 쏟아졌으나 공급이 적었다. 게다가 고등 신학 교육을 받은 목사는 높은 월급을 요구했고 서부의 시골이나 오지에 가려 하지 않고 동부의 안락한 도시에 거주하며 안정된 삶을 누리기를 선호했다.[104]

휫필드의 순회 전도는 고등 신학 교육을 받은 엘리트 성직자가 아닌 공식적 신학 교육을 전혀 받지 못한 평신도에게 큰 영향을 미쳤다. 제1차 대각성운동과 제2차 대각성운동에서 부흥을 이끈 것은 정식 목사 안수를 받지 않았던 감리교나 침례교의 평신도 순회 설교자들이었다. 침례교나 감리교는 목사가 되는 조건으로 고등 교육을 요구하지 않았다.

서부 개척지나 남부 변방 지역에서 사역할 수 있는 목회자가 절대적으로 부족하자 감리교 애즈베리 감독은 은혜를 받고 복음 전파에 열정이 있는 평신도를 순회 전도자(circuit rider)로 임명해 파송했다. 순회 설교자들은 정식 신학 교육을 받지 않았지만 말을 타고 사람들이 거주한 곳이라면 어디든지 찾아가 캠프 집회를 열어 복음을 전파했다. 그들의 출현은 기존 성직자의 권위와 교구 제도에 큰 타격을 주었다. 영국국교회와 청교도는 무식한 순회 설교자들이 무질서하게 돌아다니며 교구 제도를 파괴하고 공동체의 질서를 무너뜨린다고 비난했다.[105]

침례교는 장기 교육이 필요한 신학교 대신 단기 과정의 성경 학원을 세워 성령 충만과 소명을 받은 목회자 후보생을 교육시켰다. 1764년에 이르

---

104 제임스 스마일리, 『간추린 미국 장로교회사』, 115-16.
105 Thomas S. Kidd, *The Great Awakening: The Roots of Evangelical Christianity in Colonial America* (New Haven: Yale University, 2007), 51.

러서야 침례교 고등 교육 기관인 로드 아일랜드대학교(오늘의 브라운대학교)가 설립되었고 1880년대에 이르기까지 침례교 목회자 중 대학교를 졸업한 비율은 2퍼센트에도 미치지 못했다.

선교의 세기인 19세기에 접어들어 선교지에는 수준 높은 신학자가 아닌 불타는 사명자가 필요했다. 미국 주요 교단들은 전천년설에 근거해 본격적으로 세계 선교에 뛰어들었으나 선교사 지망생이 절대적으로 부족했고 기존 신학 교육으로는 선교사를 양성하는데 적절하지 않다는 불만과 비판이 제기되었다.

그 결과 임박한 재림에 맞춰 장기간의 신학 교육보다 단기간에 사역자를 양성하는 성서 학원이 세워졌다. 그리스도께서 재림하시기 전에, 빨리 교육을 받고 나가 침몰하고 있는 배(세상)에서 한 사람이라도 건져내야 한다.[106]

성서 학원은 딱딱한 신학과 교리를 가르치기보다 성경 중심, 평신도 사역, 세계 선교의 비전을 공유했다. 정규 신학교의 단점을 지적한 무디는 평신도 성경교육기관인 무디성경학원(1886년)을 세워 복음을 전하고자 하는 사명감에 불탄 평신도 선교사 지망생들을 교육시켰다.

저학력과 재정적 부족으로 인해 정규 신학교에 입학할 수 없었던 사명자들은 성서 학원에 진학해 단기 훈련을 받은 후 사역지로 나갔다. 보통 사람은 영어 성경만으로도 하나님의 진리를 발견하는데 아무런 지장이 없기에 언어 습득에 시간이 걸리는 헬라어나 히브리어를 가르치지 않았다.[107]

106　Albert E. Thompson, *The Life of A. B. Simpson* (New York: Christian Alliance Publishing Co., 1920), 216.
107　K. S. LaTourette, *Christianity in a Revolutionary Age: A History of Christianity in the 19th*

오순절교회 또한 목사 후보생에게 고등 교육을 요구하지 않음으로 성령 받고 방언을 하며 복음 전파에 뜨거운 열정이 있는 사람에게 사역의 길을 열어주었다.

어떤 의미로 보아 신학교는 오히려 교회의 발전이나 부흥에 걸림돌이 되었다. 고등 신학 교육이 훌륭한 목사를 양성하는 것은 아니라는 사실이 드러났다. 교단 소속 신학교는 열정 있는 목사를 양성하기보다 교단 공무원을 양성했고 하나님과 말씀에 순종하는 것보다 교단이나 전통, 선배에게 충성해야 함을 자각시켰다.

오늘날 유럽이나 미국에서 자유주의 신학과 불신앙을 양성해 내고 퍼트린 곳은 다름 아닌 신학교이다. 목사에게는 중생과 성결, 능력의 은혜 체험이 중요한데, 신학교는 철학적이고 사변적인 신학을 가르쳤다. 교육받은 목사일수록 기독교를 이성적이고 합리적으로 해석했고 기독교 신앙을 주변 학문이나 문화, 종교와 조화시키려 시도했다. 고등 교육을 받은 목사일수록 학문적인 분위기가 강하고 자유주의 신학에 동의한다.[108] 그러다 보니 신학교에서 가르치는 신학과 교회 현장 사이의 틈은 점점 벌어졌다.

인문주의자와 종교개혁가들은 의로운 삶이 정통 신학보다 중요하다고 외쳤다. 그런데 오늘날 대부분의 신학교는 신학적, 교리적, 이성적인 부분을 집중해서 가르치나 영성이나 인성 교육, 윤리성에는 전혀 관심이 없다. 세계적인 부흥사를 꿈꾸고 신학교에 들어갔으나, 1년이 지나면 목사, 2년이 지나면 장로나 집사, 졸업할 때는 불신자가 되어 나온다는 말이 괜히

---

and 20th Century, Vol. 4 (Grand Rapids: Zondervan Publishing House, 1976), 95-102.
[108] 로저 핑크, 로드니 스타크, 『미국 종교 시장에서의 승자와 패자』, 139.

나온 것이 아니다.

  사정이 이런데도 교회나 신자들 또한 목사의 영성이나 인격, 능력 대신 학력을 중요시하고 있다. 교회는 분명히 알아야 한다. 교회가 필요한 것은 불타오르는 사역자이지 지적이고 논리적인 신학자가 아니다.

제4장

신앙 생활의 변화

1. 성경의 번역

구약은 히브리어와 아람어로 기록되었고, 신약은 헬라어로 기록되었다. 그런데 인쇄 기술이 없었던 탓에 후손에게 성경을 물려주기 위해서는 필사 외에는 방법이 없었다. 원본을 필사하는 과정에서 필사자가 설명이나 해석을 더 하는 경우도 생겼고 어떤 경우에는 복사자가 고의적으로 내용을 변경하거나 의심스러우면 삭제하기도 했다.[1] 흔히 번역은 새로운 창조라 부른다. 번역하는 과정에서 번역자의 생각이 들어갈 수 있다. 어떤 경우 번역자는 자신이 마음에 드는 부분을 강조하고 마음에 들지 않는 부분은 임의로 다르게 번역하거나 삭제하기도 한다.

바벨론의 침략으로 인해 유다가 멸망하면서 유대인들은 디아스포라가 되어 유럽 전역에 흩어져 살게 되었다. 그들은 후세를 위해 헬라어로 된 구약의 필요성을 느꼈다. 이집트의 프톨레미 필라델푸스(Ptolemy Philadel-

---

1 레이몬드 E. 브라운, 『신약개론』, 108, 112.

phus, BC 284-246 재위)왕의 후원 아래 주전 3세기 알렉산드리아에서 구약 히브리어 성경을 헬라어로 번역한 70인역(LXX)이 나왔다. 일부 랍비들은 히브리어 성경을 헬라어로 번역한 것에 유감을 표하면서 이를 금송아지를 숭배하는 것과 같은 죄악이라 비판했다. 그러나 70인역은 초대 교회의 권위 있는 번역본이 되었다.[2]

초대 교회 시대에는 종이가 없었기 때문에 성경을 양피지나 파피루스에 기록했는데, 이로 인해 부피가 상당했고 가격도 비쌌다. 당시 성경은 매우 귀했고, 성경 한 권을 소유한다는 것은 엄청난 부를 과시하는 것이었다. 초대 교회 말경, 성경은 오직 성직자만이 성경을 볼 수 있었고, 평신도의 성경 소지나 읽기는 금지되었다. 진주를 돼지에게 던져줄 수 없듯, 귀한 하나님의 말씀을 평신도에게 주면 안 된다는 생각 때문이었다.

4세기경, 아빌라의 감독 프리스실레인은 당시 사제에게만 성경 소지 및 읽기가 허용된 것에 반발해 평신도도 성경을 읽을 수 있는 권리가 있다고 주장했다. 스페인 성직자들은 그의 주장에 반감을 품었고 결국 이단으로 정죄해 교수형에 처했다.

제롬(Jerome, 342-420)은 성경을 로마 제국의 언어인 라틴어로 번역했다. 그의 라틴어 벌게이트 개역본이 나왔을 때 처음에는 큰 반대에 봉착했으나 이후 인정을 받으면서 그의 라틴어 성경은 표준 역으로 확고한 자리를 잡았다. 가톨릭교회는 라틴어를 거룩한 언어로 지정했고 성경을 다른 언어로 번역하는 것을 법으로 금지했다. 심지어 라틴어로 된 사도 신경, 주기도문, 십계명을 영어로 번역해 가르쳤다는 이유만으로도 이단으로 정죄

---

2 헨리 채드윅, 『초대 교회사』, 10-11.

되어 화형에 처해졌다. 라틴어를 사용하지 않는 사람들은 라틴어로 된 성경의 내용을 이해할 수 없었다.[3]

서방교회는 공식어로 라틴어를 택했고, 360년과 382년 사이 라틴어 예배가 전반적으로 도입되었다. 라틴어는 하나님의 거룩한 언어로 여겨졌으나 다른 지역의 평신도들은 라틴어를 알지 못했기 때문에 사제들이 라틴어로 설교하고 기도하는 것을 이해할 수 없었다. 설교 내용을 알아듣지 못했던 신자들은 멍하니 예배를 구경할 수밖에 없었다.

중세 서부 유럽의 국가와 대학은 공식어로 라틴어를 사용한 데 반해, 동방교회는 헬라어를 사용했고 교회의 관습도 많이 달랐다.

중세 교회의 통일성과 일치는 로마 감독의 권위에 의존했고 교황을 중심으로 한 가톨릭교회가 유일한 정통 교회로 존재했다. 교회는 성경을 선정하는 과정에 전적으로 참여했기 때문에 교회의 권위는 성경의 권위보다 높다. 가톨릭교회는 교황의 권위를 성경의 권위 위에 두었고, 교회의 전통을 성경과 같은 수준으로 격상시켰다. 우주적 교회의 아버지인 교황만이 성경의 최고 해석자이므로 하나님을 대신하는 교황의 권위를 비판하거나 도전하는 행위는 절대로 용납될 수 없었다. 만약 교회의 가르침이 성경과 다를 경우, 전적으로 교황의 가르침을 따라야 했다.

14세기에 접어들면서 교황은 결코 오류나 실수를 범할 수 없다는 '교황 무류성'(papal infallibility)이 제기되었다. 교황에 임명되는 순간, 교황은 하나님의 의지를 가진 거룩한 존재가 되며 그가 내리는 결단에는 어떤 오류도 없다. 교황은 죄를 범할 수 없는 절대 무오성의 은사를 가지며 그의 가르

---

[3] 레이몬드 E. 브라운, 『신약개론』, 30-31.

침은 무오하다. 그리고 하나님의 대리자인 교황만이 성경을 실수없이 해석할 수 있는 권한을 가진다.

프랑스는 툴루스 공의회(1229년)에서 사제를 제외한 일반인은 프랑스어로 번역한 성경을 읽지 못하는 법안을 통과시켰다. 영국도 사정은 마찬가지여서 영어로 성경을 번역하거나 영어 성경을 읽는 자는 하나님께는 이단이요, 국가에는 반역자로 규정되었다. 성경을 읽으면 재산과 목숨의 위협을 받았고, 영어로 사도 신경이나 주기도문을 외워도 이단으로 몰렸다.

어떤 의미에서 가톨릭교회는 기독교의 유일한 계시인 성경을 금서로 지정한 것이나 다름없었다. 법률의 공식어이기도 했던 라틴어는 20세기 후반 제2차 바티칸 공의회에서 변화를 시도하기 전까지 공식어의 지위를 유지했다. 본래 성경에는 장과 절이 없었다. 성경의 장을 나눈 것은 13세기 스테펜 랑톤(Stephen Langton, 1150-1228)이었고, 1551년 로버트 스테파누스(Robert Stephanus, 1503-1559)는 절을 구분했다.

종교개혁은 평신도에게 성경을 돌려줘야 함을 강조했다. 종교개혁의 선구자였던 영국의 위클리프는 성경이 교황 개인의 소유물이 아니며, 모든 신자는 성경에 다가갈 수 있고 자신의 언어로 된 성경을 읽고 해석할 권리가 있다고 믿었다. 그는 영국인들이 성경을 읽을 수 있도록 라틴어 벌게이트 성경을 영어로 번역했고 이 사실을 알게 된 가톨릭교회는 콘스탄스 공의회(1414년)에서 위클리프를 이단으로 정죄했다.

그가 죽은 지 44년이 지난 1428년, 가톨릭 사제는 그의 무덤에서 유골을 파내 화형에 처하고 재를 강에 뿌렸다. 그리고 그의 영어 성경을 금서로 지정하고 불에 태웠다. 그의 정신을 이어받은 위클리프 성경 번역회는 세계의 모든 언어로 성경을 번역하고 있다. 얀 후스는 보헤미안들이 알아듣지 못하는 라틴어가 아닌 자국어인 체코어로 예배를 드렸다.

'고전으로 돌아가자'라고 주장한 인문주의는 기독교의 궁극적 원천 및 권위는 성경에 있다고 확신했다. 헬라어에 익숙했던 에라스무스는 서방 신학자들은 라틴어 벌게이트를 헬라어 판과 비교해 읽었다. 성경을 원어로 읽고 해석해야 한다고 확신한 그는 라틴어 벌게이트를 구약 히브리어본 및 신약 헬라어본과 비교했다. 그는 벌게이트 성경에서 헬라어 원문을 임의로 바꾼 번역 오류들이 있음을 확인했고, 벌게이트의 권위에 의문을 제기했다.

벌게이트 성경은 "참회하라, 천국이 가까이 왔느니라"(마 4:17)로 번역함으로 고해 성사를 지칭하는 것처럼 보였는데, 그는 이 구절을 "회개하라, 천국이 가까이 왔느니라"로 번역해 개인의 회개로 바꾸었다. 1516년 그는 비잔틴 전통의 12세기와 13세기 사본에 의존해 헬라어 신약성경을 출간했다.[4] 마침 인쇄술의 발전으로 성경 책의 가격이 이전에 비해 20분의 1로 떨어지면서 그의 성경 번역본은 널리 퍼져나갔다. 인문주의자들은 기존의 권위를 대체할 방안으로 학문 연구 공동체가 성경 해석의 권위를 가진다고 주장했다.

종교개혁가들 또한 성경을 읽으면서 가톨릭교회의 교권과 교리가 잘못되었음을 깨달았다. 마틴 루터가 종교개혁을 단행하면서 가장 먼저 한 일들 중의 하나는 라틴어 성경을 독일어로 번역한 것이었다. 모든 신자는 자국어로 된 성경을 읽고 그 의미를 해석할 권리가 있다. 그는 신약 번역에 2년, 구약 번역에 10년을 소요한 끝에 독일어로 성경을 출판했다.

---

4 앨리스터 맥그래스, 『기독교, 그 위험한 사상의 역사』, 58-60.

그는 독일어로 설교하고 독일어로 찬송을 불렀고 모든 독일인은 그의 설교를 이해할 수 있었다. 그의 독일어 성경은 종교개혁의 밑거름이 되었고 자국어의 중요성을 강조하면서 독일 국가 정신을 형성하는 데도 큰 기여를 했다. 종교개혁가들은 히브리 성경에 들어 있는 책들 만을 구약 정경으로 인정했고, 가톨릭교회의 외경을 배척했다.

영국의 윌리엄 틴데일(William Tyndale, 1492-1536)은 가톨릭교회에 오류와 미신이 가득 찬 이유는 신자들이 성경 말씀을 모르기 때문이라 해석했다. 그는 마틴 루터의 독일어 성경 번역과 출판에 큰 자극을 받아 에라스무스의 헬라어 성경과 루터의 독일 성경, 히브리어 성경에 근거해 신약을 영어로 번역해 몰래 출판했다.

그는 번역본에 가톨릭교회의 전통적 권위 구조를 무너뜨릴 수 있는 용어를 사용했다. 그는 'presbyteros'라는 헬라어를 사제(priest)로 번역하지 않고 대신 장로(senior)로 번역했다. 그리고 'ekklesia'를 교회(church)로 해석하기보다는 회중(congregation)으로 번역했다. 그의 번역본은 영국에서 큰 인기를 끌면서 성경 읽기 모임이 생겨났다.[5]

당시 가톨릭이 국교였던 영국은 라틴어 성경만을 받아들였고, 성경 번역을 이단에 해당하는 죄로 강력히 다스렸다. 일반 신자는 성경을 소유했다는 이유만으로도 화형에 처해질 때였다. 틴데일의 영어 성경은 가톨릭 성직자들의 반대와 분노를 불러일으켰고, 그는 1536년 메리 여왕의 지시에 의해 이단 유죄 판결을 받고 체포되어 교살되었고 시체는 불태워졌다.[6]

---

5 앨리스터 맥그래스, 『기독교, 그 위험한 사상의 역사』, 340-43.
6 루이스 W. 스피츠, 『종교개혁사』, 270-72. E. H. 브로우드벤트, 『순례하는 교회』, 289-90.

이후 그의 번역본은 킹 제임스 버전의 기본 자료로 활용되었다.

이후 영국이 가톨릭에서 영국국교회로 돌아서게 되자 캔터베리 대주교 크랜머는 평신도가 성경을 읽을 수 있도록 교회마다 틴데일의 영어 성경 책을 배치했고 영어로 예배를 드렸다. 제임스 1세는 에라스무스의 신약 헬라어 판을 근거로 영국국교회 신자들이 좋아하는 전통적 언어로 된 『킹 제임스 성경』(King James Version, 1611년)을 출판했고 그 권위를 인정받았다. 그러나 시간이 흘러가면서 용어의 의미가 변하면서 새로운 버전이 나왔다.

칼빈 또한 제네바에서 『제네바 성경』을 출판했다. 제네바 성경은 다니엘이 "하나님께 순종하고자 왕의 사악한 명령을 거부했음"을 명시하면서 하나님이 부여하신 권위의 한계를 넘어선 통치자에게 맞설 수 있음을 명시했다. 제네바 성경은 왕권신수설을 비판하고 공화주의를 신학적으로 정당화했다. 그러나 청교도 의회파의 실정으로 인해 영국이 다시 왕정파와 성공회로 돌아가자 더 이상 제네바 성경을 사용하고 싶어 하는 사람은 없었다.

라틴어 대신 자국어 성경을 채택한 것은 개신교의 특징이 되었다. 자국어 성경 번역은 곧 성경의 민주화로 이어졌다. 이전에는 성직자만 성경을 읽고 해석할 수 있었으나 이제는 모든 평신도도 자국어로 된 성경을 읽고 해석할 수 있는 권한을 가지게 되었다. 이로 인해 성직자와 신학자만 신학과 신앙의 문제를 다루던 독점적 상황이 무너졌고 성경의 민주화 내지는 신앙의 민주화가 실현되었다.

이후 세계 선교는 복음 전파와 함께 원주민의 언어로 성경을 번역하는 사역이 변행되었다. 윌리엄 캐리는 인도인에게 성경을 보급해야 한다는 사명감을 가졌고, 임종 시까지 무려 35개 언어로 성경 전체 혹은 일부를 번역했다. 가톨릭교회 또한 제2차 바티칸 공의회를 통해 더 이상 라틴어만 고집하고 않고 자국어로 예배를 드릴 수 있도록 허용했다. 그 결과 각 나라의 가톨릭교회는 자국어로 예배를 드릴 수 있게 되었다. 이제는 성경 책을 가지고 교회에 출석하는 신자들은 줄어들고 있고 스마트 폰으로 성경을 읽는 시대에 접어들었다.

오늘날 영어로 된 수많은 번역본이 있는데, 이들 번역본의 문제는 주요 부분에서 사용된 용어 및 해석이 다르다는 점이다. 한국 교회의 경우, 개역 성경만을 정경으로 인정하고 그 이외의 다른 번역본들을 이단으로 몬 적이 있었다. 그리고 어떤 사람은 킹 제임스 번역본만을 유일한 정경으로 여겨 다른 번역본들을 사탄적이라 비판했다. 그런데 성경 번역에 있어서도 토착화 현상이 나타나고 있다.

『아프리카 성경 주석』(*Africa Bible Commentary*, 2006)은 서구 신학의 전제나 해답을 옆으로 밀어 놓고 아프리카 상황에 중점을 둔 신학을 발전시켰다. 아프리카의 에이즈, 마귀와 축사, 장례와 매장 의식, 과부와 고아, 핍박에 대응하는 방식 등을 상세히 다루며 이에 대한 해답을 제시하고 있다.[7] 이제는 성경 책을 가지고 교회에 출석하는 신자들은 줄어들고 있고 스마트폰으로 성경을 읽는 시대에 접어들었다.

---

7 앨리스터 맥그래스, 『기독교, 그 위험한 사상의 역사』, 717-18.

2. 사회 불참에서 사회 참여로

초대 교회 신자들은 공무원이나 군인이 되면 국가에 충성을 맹세하고, 로마 황제와 로마 신을 숭배해야 했기 때문에 공직을 맡는 것을 꺼려했다. 그리스도인들은 로마의 콜로세움의 공개적인 쇼나 격투 경기에 참여하지 않았다.[8] 초대 교회 신자들은 일상이 우상 숭배와 미신으로 점철된 정치, 사회 및 문화 활동을 멀리했다. 터툴리안은 신앙의 순결을 유지하려면 군에 복무하는 것, 공직에 봉사하는 것, 학교에서 봉사하는 것을 멀리해야 한다고 충고했다. 그리스도인은 우상 숭배나 이와 관련된 물건을 생산하는 직업을 가져서는 안 된다.

콘스탄틴 황제의 기독교 공인 이후 교회는 정치와 사회, 문화, 경제 등과 깊은 관계를 맺었고 이런 현상은 중세 교회에서도 지속되었다. 종교개혁가들도 영주나 시 의회의 긴밀한 협조 속에 사회의 모든 전반에 깊이 간여했다. 물론 교회가 사회나 정치에 관여하는 것은 세속적인 일로 교회를 부패하게 만든다고 여긴 급진적인 그룹은 교회가 세상과 분리되어야 한다고 믿었다. 재침례교는 종교의 영역을 철저히 영성에 국한시키며 반문화적, 반사회적 성향을 띠었다.

그러나 대체적으로 교회는 사회 복지 내지는 구제 사역에 큰 관심을 가졌다. 경건주의의 프랑케는 가난한 학생들을 위한 학교(1695년)를 세웠고 고아원(1696년)을 설립했다. 그는 이외에도 가난한 과부를 위한 보금자리, 서점, 화학 실험실, 도서관, 자연 과학 박물관, 세탁소, 농장, 제과점, 양조

---

8 헨리 채드윅,『초대 교회사』, 105.

장, 병원 등의 사회 기초적 기관들을 설립했다. 내적 성화를 강조한 존 웨슬리는 당시의 사회악인 노예 제도 폐지와 감옥의 열악한 환경 개선을 위해 노력했다.

찰스 피니는 개인의 영혼 구원과 내적 성화에만 국한하지 않고 사회적 성화에도 깊은 관심을 가졌다. 신자는 거듭남을 체험해야 하고 신앙은 거룩한 삶과 윤리로 이어져야 하며 동시에 외적 성화의 형태로 표현되어야 한다. 죄로부터의 해방 개념은 사회에 만연해 있는 부정의 및 불의를 제거하고 개선하는 데까지 나아가야 한다. 그는 미국 교회가 가장 먼저 폐지해야 할 것으로 노예 제도를 지목했고, 노예 제도가 사라질 때 미국에 천년왕국이 임할 것이라 예언했다.[9]

교회의 사회 참여에 대한 이슈는 근대 미국 교회에 들어와 첨예한 주제가 되었다. 유럽 교회의 현대주의 및 자유주의, 세속주의에 대항해 20세기 초 미국 교회에서 근본주의운동이 일어났다. 근본주의는 기독교를 하나님과 인간의 개인적 관계로 규정했고 세속적 생활보다는 영적 삶에 큰 관심을 가졌다. 특히, '세상은 악이고 교회는 선이다'라는 이원론적 사고에 근거해 세상과 문화를 염세적이고 부정적 시각으로 바라보았다.[10] 교회는 세속주의에 물들어 있는 세상 정치나 사회, 문화 등과 단절해야 하고 오직 영혼 구원과 복음 전도에 주력해야 한다.

전천년설을 받아들인 근본주의는 사회적 타락을 그리스도 재림의 서곡으로 해석했고 교회의 사회 참여를 독약으로 취급했다. 심지어 교회가 가

---

9 앨리스터 맥그래스, 기독교, 그 위험한 사상의 역사, 267.
10 박용규, 『한국 교회를 깨운 복음주의 운동』 (서울: 두란노, 1988), 245.

난한 사람을 돕는 구제 사역도 자유주의 신학에 동의하는 배신 행위로 해석할 정도였다.

근본주의적 사고를 가진 한국 초기 선교사들은 복음 전파에 관심을 두었으나 한국의 정치 및 사회 문제에 대해서는 중립성을 지키고자 했다. 대다수의 선교사는 일본의 통치에 암묵적인 지지를 보냈고 한국인들은 일본에게 순종해야 한다고 가르쳤다. 심지어 일제 치아래서 고통받던 한국 그리스도인들의 독립 운동에 제재를 가했다.

감리교 청년 조직인 엡윗청년회가 민중계몽운동 및 독립운동을 모의하자 선교사들은 서둘러 청년회를 해산시켰다. 교회는 독립운동과 관련해 더 이상 희망을 주지 못했고, 이는 민족주의자들의 교회 이탈로 이어졌다.[11] 근본주의는 교회의 사회적 책임 의식이 결여되었고, 반지성주의, 반사회주의, 반문화주의적이라는 비판을 받았다.

근본주의의 사회에 대한 무관심한 태도에 반기를 든 그룹이 복음주의이다. 전국복음주의협의회(National Association of Evangelicals, 1942년)는 근본주의의 신학적 전통은 계승하되 근본주의가 간과해 온 교회의 사회적, 문화적 책임 및 참여를 강조했다. 칼 헨리(Carl Henry)는 『현대 근본주의의 불편한 양심』(1947년)이라는 저서에서 근본주의가 세상을 멀리하고 지성을 적대시하는 것은 잘못되었다고 지적했다. 그리스도인은 영혼 구원 문제 못지않게 사회와 문화 봉사 및 책임에 관심을 가져야 한다.

---

11 이덕주, 『한국 토착교회 형성사 연구』, 46-48, 70, 163, 319.

교회는 세상에서 빛과 소금의 역할을 감당해야 하며, 적극적으로 여성 차별이나 인종 차별, 부의 분배, 빈민 등의 사회적 책임을 다해야 한다.[12] 복음주의는 현대 사고에 대해 개방적이며, 사회 참여에 대해 적극적 관심을 표명하고, 대중문화를 적극적으로 도입해 복음화의 수단으로 사용했다.

복음주의에서 한 걸음 더 나아간 그룹은 사회복음운동(Social Gospel Movement)이다. 월터 라우젠부쉬(Walter Rauschenbusch, 1861-1918)는 뉴욕시의 독일 노동자들을 대상으로 10년간 목회하면서 그들이 처한 열악한 근무 환경과 노동 착취에 큰 충격을 받았다. 그는 하나님 나라 운동을 사회적 차원에서 파악한 사회복음운동을 전개했다.

교회는 개인의 죄와 구원에만 관심을 가질 것이 아니라 사회 및 경제 문제의 죄악을 해결하는 데 대한 적극적으로 참여해 이 땅에 하나님 나라를 건설해야 한다. 기독교는 사회적 약자와 소외된 자, 가난한 자를 위해 봉사해야 하며, 경제적·사회적 죄악을 제거하고 이 세상에 사랑과 정의를 실천해야 할 의무가 있다. 복음은 자본주의의 병폐를 배격하고 노동자의 가난, 부의 불평등한 분배, 노동 착취, 여성 차별 등과 같은 사회적 죄악을 제거하고 정의로 가득 찬 사회를 건설해야 하는 책임을 가진다.[13] 교회의 가장 큰 사역은 세상을 개혁하는 것, 즉 모든 종류의 불의와 부정의를 제거하는 것이다.

---

12 Carl F. H. Henry, *The Uneasy Conscience of Modern Fundamentalism* (Grand Rapids, MI: Eerdmans, 1947). David Wells and John Woodbridge, *The Evangelicals* (Nashville: Abingdon Press, 1975), 223.

13 Walter Rauschenbusch, *A Theology for the Social Gospel* (Nashville: Abingdon, 1945), 2-5.

사회복음운동의 영향을 받은 많은 교단은 노동자의 권익과 노동 조건 개선 등을 포함한 사회 신조(Social Creed)를 채택했다. 교황 레오 13세는 '새로운 사태'(Rerum Novarum, 1891) 칙령에서 노동자의 단결권과 적정 임금을 받을 권리를 주장했고 가톨릭계 노동조합과 정당 결성을 지지했다.

라틴아메리카에서 태동한 해방 신학은 사회적, 경제적, 정치적 구조 악으로부터의 해방 및 구원을 강조한다. 한국의 민중 신학 또한 교회가 사회의 부정의와 악을 제거하고 이 세상에 정의롭고 평등한 하나님 나라를 건설해야 함을 주장했다. WCC는 교회의 사회 참여, 부의 분배, 산업 및 노동 착취 등과 같은 사회, 경제적 이슈들에 대한 관심을 표명하면서 '정의 사회 구현'을 새로운 목표로 제시했다.

"우리는 경제적 정의, 정치적 자유와 문화적 갱신을 위한 투쟁이 하나님의 선교를 통한 세계의 전폭적 해방에 기여하는 요소로 본다."[14]

이들에게 궁극적 구원이란 사회적 죄악을 제거하고 정의와 평등에 기반한 사회 구조를 창출하는 것이었다. 그러나 사회복음운동은 인간의 원죄와 죄 사함을 등한시하고 구원을 사회의 정의 실현에 둔다는 비판을 받았다. 1960년대까지만 하더라도 미국 보수 개신교는 신앙을 교회와 가정, 개인에 국한시켰고 정치나 사회에 참여하는 것은 의미 없는 일로 치부했다. 근본주의는 복음주의를 자유주의로 퇴행한 내부의 적으로 간주했고, 사회복음운동이나 해방 신학을 기독교가 아닌 일종의 사회 운동으로 해석했다.

그러나 1970년대 정치적으로 보수 성향을 지닌 '기독교 우파'가 등장해, 낙태와 성의 개방, 동성애 등의 사회적 이슈에 반대를 표명하고 투표를 통

---

14 WCC Bangkok Assembly (1973), 89.

한 정치 참여를 독려했다.

침례교 제리 파웰(Jerry Falwell, 1933-2007) 목사는 근본주의 우파 단체인 '도덕적 다수'를 설립해 경제적 자유주의, 사회적 전통주의, 반공산주의 등의 가치를 지지했다. 도덕적 다수는 자신들의 비전을 공유한 공화당 로널드 레이건이 대통령을 지지해 대통령에 당선시킴으로 정치력을 과시했다.

물론, 교단에 따라 인종 차별, 여성 인권, 노동자 인권 등의 사회 문제에 참여하는 정도는 다르다. 그러나 대부분의 교단은 개인의 죄 문제뿐만 아니라 사회적 차원의 구조 악과 부정의의 개혁에 대해서도 관심을 가져야 함에 동의하고 있다.

3. 물질관 및 노동관

구약의 아브라함과 이삭, 야곱의 경우를 보면 하나님의 축복이 어느 정도 물질적 부유함과 연관되어 있음을 알 수 있다. 그러나 신약에 들어오면 물질관의 개념이 바뀌는 것을 볼 수 있다. 예수님은 이 세상에 계시는 동안 집 한 채 소유하지 않으셨고, 여인숙은커녕 잠잘 곳도 없는 홈리스와 같은 삶을 사셨다. 그는 부에 대해 경계의 말씀을 전하셨다.

부자가 천국에 들어가는 것은 낙타가 바늘귀를 통과하는 것만큼 어렵고, 신자는 하나님과 돈을 동시에 섬길 수 없다. 열두 제자의 삶 또한 고난과 핍박으로 점철되었고, 바울 또한 직접 텐트를 만들며 궁핍한 삶을 살았다. 신약은 부에 대한 탐욕을 경고하고, 일만 악의 뿌리가 돈임을 밝혔다.

고대 로마 사회는 노동을 혐오했고, 노동은 주로 노예나 하위 계층에게 전가되었다. 초대 교회 또한 노동에 대해 부정적이었다. 가이사랴의 유세비우스에 의하면 육체 노동을 하지 않고 하나님을 섬기는 것에 헌신하는 것이 완전한 그리스도인의 삶이었다. 생계 때문에 노동하는 신자는 소명을 받지 못한 이류 신자로 여겼다.

초대 교회의 대표적 이단이었던 영지주의는 영적 세계는 선하나 인간의 육체를 포함한 물질세계는 열등하고 악하다고 여겼다. 영적 세계는 위대한 신에 의해 창조되었으나, 물질세계인 우주는 악하고 열등한 신에 의해 창조되었다. 하나님의 영적 지식을 전달하기 위해 오신 예수는 악에 의해 지배받는 육체가 아닌 영체로 오셨다. 이원론에 근거한 마니교 또한 눈에 보이는 물질과 육체는 어둡고 사악한 힘에 의해 창조되었고, 영적 세계만이 참 하나님에 의해 만들어졌다고 주장했다.

마르시온도 물질세계와 육체를 악하다고 평가했고, 예수의 몸은 육체가 아닌 영체라는 가현설을 주장했다.[15] 이들은 정통 교회에 의해 이단으로 정죄를 받았지만, 물질과 육체에 대한 부정적인 인식은 기독교에 오랫동안 영향을 끼쳤다.

유대교의 에센파는 재산을 공유하며 각 사람의 필요에 따라 부를 분배하는 공동체를 형성했다. 로마 제국의 핍박 속에 결혼과 재산을 포기하고 주님의 고난에 동참하는 순교자들이 탄생했고, 세상을 떠나 기도와 고행에 헌신한 금욕주의자들이 생겼다. 안토니(Anthony, 251-356)는 부모로부터 막대한 유산을 물려받았으나 이를 팔아 가난한 사람들에게 나누어 주었고

---

15 헤롤드 브라운, 『교회사 안에 나타난 이단과 정통』, 72, 81, 108-9.

자신은 광야에 들어가 평생을 그곳에서 살았다. 수도사들은 자발적 가난과 정절을 중요한 덕목으로 삼았고, 신자들은 독거 수도를 하는 수도사들을 크게 존경했다. 4세기 후반에 이르러 이집트의 광야에는 많은 수도사가 거주했다.

반면, 파코미우스(Pachomius, 292-346)는 공동 수도생활을 시작하면서 육체 노동을 필수로 여겼다. 그는 나일강변에 금욕 공동체를 설립했고 수도사들은 엄격한 규율 아래 근면하게 노동을 하며 살았다. 베네딕토수도회 또한 '기도하고 일하라'(Ora et Labora)는 구호 아래 수도사의 하루 일과 중 상당 시간을 노동에 할당했다.

수도사들은 매일 새벽 2시에 일어나 잠들 때까지 예배와 성무 일과, 묵상 시간을 제외한 나머지는 노동으로 꽉 짜인 일상을 보냈다. 노동은 기도와 마찬가지로 노동은 신령한 위치에 있었고 이런 고된 일상은 마귀의 공격에 취약한 게으름을 몰아내기 위한 방편이었다.[16]

요한 크리소스톰은 수도사로 광야에서 금욕 생활을 하던 중 고질적인 위장병을 얻었다. 콘스탄티노플의 대주교가 된 그는 좋은 환대와 건축을 위한 재정 지원을 바라고 찾아온 주교들에게 검소한 대접을 하고 빈손으로 돌려보냈다. 그는 금욕적인 삶과 손님들에게 융숭한 대접을 하지 않아 인기가 없었다.[17] 그는 귀족 여성들의 사치를 맹렬히 비판함으로 귀부인들의 비위를 거슬렀다.

---

16 George Oviatt, *The Restoration of Perfection: Labor and Technology in Medieval Culture* (New Brunswick, NJ: Rutgers University Press, 1987), 90-106. 헨리 채드윅, 『초대 교회사』, 294.

17 헨리 채드윅, 『초대 교회사』, 218-19.

최초의 교황이라 불리는 그레고리 1세는 로마의 부유한 원로원 가문에서 태어났지만 모든 재산을 가난한 사람들에게 나누어 주고 자신은 베네딕토 수도원의 수사가 되었다. 그는 사치와 허영을 극렬히 반대했고 검소하고 금욕적인 생활을 지향했다.

수도사들은 물질은 악하다는 당시의 가르침에 영향을 받아, 영적 삶을 방해하는 요소들을 극복하기 위해 극도의 검소한 생활과 금욕적 수양을 택했다.[18] 베네딕토 수도사들은 자발적 가난과 정절을 지키겠다고 서명했고 아빌라의 테레사는 부의 상징인 구두를 벗어 버리고 가난한 삶을 사셨던 그리스도를 본받아 맨발이나 샌들을 신었다.

가톨릭교회는 자본 축적을 죄악으로 간주했고 상업을 천한 직종으로 여겼다. 토마스 아퀴나스는 상업이 수많은 소문들을 조장하고 사회를 저급한 윤리와 거짓 사상에 감염시킨다고 비판했다. 12세기 초 교회법은 상업을 기독교와 공존할 수 없는 직업으로 취급했다.[19]

프랑스 리용의 거부였던 피터 왈도(Peter Waldo, 1140-1218)는 마태복음 19장 21절을 읽고 그 말씀에 감동해 전 재산을 처분해 가난한 사람들에게 나누어 주었다. 그는 신약의 교회로 돌아가자는 목적 아래 삶의 거룩함과 자발적 가난을 강조한 '리용의 가난한 사람들'(1177년)이라는 집단을 조직했다. 그의 정신은 당시 가톨릭 성직자의 사치 및 도덕성과 큰 대조를 이루면서 프랑스 남부 지역에서 큰 지지를 받았다.

---

18   E. H. 브로우드벤트, 『순례하는 교회』, 58.
19   R.W. 서던, 『중세 교회사』, 37, 45.

아시시의 프란체스코는 부자였으나 모든 재산을 팔아 가난한 사람들에게 나눠주고, 자신은 청빈을 넘어 궁핍의 삶을 살았다. 프란체스코수도회는 철저한 자발적 가난을 강조했다. 프란체스코 수도사들은 설교하고, 찬양하고 구걸했다. 노동을 하는 사람은 소명을 받지 못한 하급 인간으로 간주되었다.

그러나 그의 사후 신자들의 기증으로 인해 수도원이 부유해지자 수도사의 재산 소유권을 인정해야 한다는 온건파가 대두되었다. 클루니수도회는 수도사가 노동에서 떠나 영성 생활에만 전념하는 것을 이상적인 삶으로 보았다.

그런데 견물생심이라 했던가!

교회나 수도원의 재산이 늘어나면서 탐욕과 타락이 시작되었다. 수도원 생활을 동경하거나 연옥의 형벌에서 벗어나고자 했던 일반 신자들은 수도원에 많은 재산을 기증했다. 수도원의 재산은 기하급수적으로 증가했고 방대한 부를 축적했다. 수도원장이나 고위 성직자들은 막대한 토지를 소유했고 값비싼 말과 노새를 타고 다녔고 온몸을 금은으로 치장했다.

수도원이 부유해지자 수도원과 수녀원의 베네딕토 규율은 붕괴되었고, 수도사의 사생활에도 문제가 발생했다. 수도원과 수녀원에서 호화로운 연회와 파티가 열렸고 온갖 사치와 향락 혹은 동성애가 성행한 소굴로 변질되었다.[20] 중세 말 교황은 엄청난 재산을 소유하며 과도한 사치를 즐겼고 고위 성직자들은 물질적 풍요 속에 호화로운 삶을 살았다. 교회가 소유한 농지를 경작하던 빈곤한 농부들은 비싼 비단으로 몸을 감싼 고위 성직자들을 증오했다.

---

20   후스토 L. 곤잘레스, 『종교개혁사』, 13, 15.

성직자의 재물 소유와 사치에 대해 종교개혁가들은 한목소리로 비난했다. 영국의 종교개혁가 위클리프는 주교들이 부와 권력을 독점하면서 교회와 양을 돌보는 일보다는 무도회나 사냥을 하는 등 방탕한 생활을 즐기고 있다고 비판했다. 성직자가 재물을 소유하는 것과 교회가 세금을 걷는 것은 하나님의 말씀에서 벗어난다. 재물을 소유한 사제는 하나님의 종이 아닌, 개인적 사리사욕에 사로잡힌 횡령자에 불과하다.

얀 후스 또한 사제는 청빈해야 하는데, 당시 교황과 사제들이 호화스러운 생활을 누리고 있다고 비판했다. 대부분의 종교개혁가는 부와 사치를 경계했고 성직자는 그리스도와 같은 청빈의 삶을 살아야 하며, 교회의 재산을 사유화해서는 안 된다는 데 동의했다. 인문주의자 에라스무스는 사제는 세속적 영광을 추구해서는 안 되고 부와 사치를 거부하고 소박하고 단순한 삶을 살아야 함을 강조했다. 신자 또한 보이는 물질에 현혹되지 말아야 하고 보이지 않는 영적 실체를 보아야 한다.

루터는 예수님은 걸어 다니셨는데 교황은 가마를 타고 다니며, 예수는 제자들의 발을 씻기셨는데 교황은 자기 발에 입 맞추라 한다며 그 위선을 비판했다. 그는 소명의 개념을 재정의했다. 모든 그리스도인은 제사장으로 부르심을 받았고, 일상에서 제사장직을 감당해야 한다. 소명이란 다름 아닌 세상에서 하나님을 섬기라는 부르심으로 세상에 속한 일도 하나님을 기쁘시게 할 수 있다.

여성의 가사일도 귀중한 일이고, 밭을 가는 일도 신성한 것이다. 그는 노동관에 대한 새로운 해석을 내놓았고 이로 인해 노동의 중요성이 강조

되었고 평신도의 지위가 바뀌었다.[21]

칼빈의 수입은 상당한 편이었으나 검소한 생활을 했고 의복은 소박했으며 과식을 하지 않았다. 그는 탐욕과 사치에 반대했고, 자신이 죽은 후 일반 묘지에 묻을 것과 묘비를 세우지 말아 달라 유언했다. 종교개혁 시대에 교회의 주요 관심은 '이 세상' 보다는 오히려 '내세'(hereafter)에 있었다. 존 번연(John Bunyan, 1628-1688)의 『천로역정』은 이 세상은 천국 길을 준비하는 장소로 나그네의 길이자 순례의 장소라는 세계관을 생생히 드러냈다.

구약은 돈을 빌려주면서 이자 받는 것을 금했다.[22] 교부 시대와 중세 시대는 이자 놀이가 도덕적 죄이자 복음과 자연법을 어기는 것으로 해석했다. 제2차 라테란 공의회(1139년), 제3차 라테란 공의회(1179년), 빈 공의회(1314년) 등은 자본 축적과 이자 놀이 금지 규정을 재확인했다. 이자를 받는 사람은 강도이자 도둑이다. 루터는 이자 놀이를 도둑질 이자 형제를 죽이는 일로 규정하면서 '이자를 물리지 말고 돈을 빌려줘야 한다'라고 주장했다. 이처럼 개신교 초기에는 이자를 받고 금전이나 물건을 빌려주는 것이 허용되지 않았다. 반면, 유대인은 이자 금지 규정을 예외로 취급했다.

그런데 상업과 이자에 대한 인식의 대전환이 일어났다. 르네상스의 발흥으로 인해 상업의 성장이 촉진되었고 현세적 삶에서의 행복의 성취와 인간의 업적에 대한 낙관주의가 등장했다. 칼빈은 부를 소비하는 것보다 부를 창출하는 것이 도덕적 행위라 규정했다. 어떤 사람이 하나님의 택함을 받았는지 여부는 그 사람이 얼마나 열심히 일하는가로 증명된다.

---

21 앨리스터 맥그래스, 『기독교, 그 위험한 사상의 역사』, 542-43.
22 레 25:35-37; 신 23:19-20; 시 15:5.

물질적 성공은 하나님으로부터 온 선물로 귀하고 정직하게 사용해야 한다. 칼빈주의는 자본 축적을 훌륭한 일로 해석했고, 제네바는 직물 산업으로 인해 부유한 도시가 되었고 스위스 은행 체계가 등장했다. 그는 상업의 가치를 높이 평가했고, 빌려준 돈에 대한 이자부여를 긍정적으로 평가했다. 구약의 이자 금지 규정은 높은 이자율로 인해 가난한 사람들이 착취당하는 것을 방지하는 데 그 목적이 있다.[23] 1571년 잉글랜드 의회는 10퍼센트의 이율을 붙여 돈을 빌려주는 행위를 적법하게 인정했고, 17세기 중반에 이르러 이자는 보편화되었다.

막스 베버(Max Weber, 1864-1920)는 자본주의 정신의 등장에 칼빈주의가 영향을 미쳤다고 분석했다. 칼빈주의는 직업의 소명과 근면을 기독교인의 덕목으로 강조했고, 칼빈주의가 득세하는 곳에는 상업과 자본주의 정신이 크게 자리 잡았다. 칼빈주의의 상업적 성공 뒤에는 근면과 절약, 검소 등과 같은 경제적 미덕이 자리 잡고 있었다. 개신교 지역은 가톨릭 지역보다 우월한 경제력을 보였고, 자본주의 사회에서 축복 혹은 성공은 곧 물질적 부요를 의미했다.

아담 스미스는 『국부론』에서 경제 법칙은 전체를 위한 최선의 이익을 추구하는데 있음을 강조했다. 그는 경제 자유 방임주의를 주창하면서 경제적 이익을 추구하는 것은 전체의 선을 위한 것이라 단정했다.

미국의 청교도 1세대는 상업주의를 청교도 사회를 위협하는 사탄이라 비난했다. 그런데 칼빈주의에는 세속적 방법으로 인생을 해석하는 접근법이 숨겨져 있었고 결국 거룩한 것은 세상의 것 앞에 무너져 내릴 수 있는

---

[23] 존 딜렌버거, 클라우드 웰취, 『프로테스탄트 교회의 역사와 신학』, 312-14.

위험성이 잠재했다. 청교도의 직업 신성설과 빌려준 돈에 대한 이자 부가는 자본주의 형성에 큰 영향을 주었다.

뉴잉글랜드의 산업화와 상업의 발달로 인해 물질 만능주의 사상이 미국인의 사고를 지배하기 시작했다. 17세기 말과 18세기 초 보스턴 상인과 주민들은 신앙의 경건보다는 상업주의 및 물질주의, 세속주의적 가치관에 큰 관심을 두었다. 경제적 이익을 추구하는 것은 하나님께 봉사하는 것과 일치하며, 사업을 수행하는데 시간과 정력을 활용하는 것은 종교적 의무로 받아졌다.[24]

칼빈은 모든 직업은 귀천에 상관없이 하나님이 주신 사역임을 강조했다. 어떤 직업도 다른 직업보다 높을 수 없다. 노동 자체는 선한 것으로, 신자는 자신에게 주어진 직업에 열심과 근면으로 임해야 한다. 후기 청교도는 사회와 가족, 교회를 희생하더라도 직업에 최선을 다하고 부를 축적하는 것을 소명으로 받아들였다. 물질적 성공은 하나님의 예정을 확인시켜 주는 수단으로 크게 강조되었다. 그 결과 노동 및직업이 우선시되면서 사회적 관계, 가족 관계, 대인 관계에 부정적 결과를 초래하기도 했다.

보스턴은 거대한 상업 도시로 변모했고 청교도 정신은 사라지고 자본주의 가치관이 지배하는 곳으로 변모해 갔다. 개인주의가 팽배하면서 공공의 선을 위해 개인의 이익을 희생해야 한다는 청교도 정신은 더 이상 지지를 받지 못했다. 상업의 발전과 물질적 풍요는 신앙에 대한 무관심으로 이어졌다. 매사추세츠헌장(1691년)은 투표권을 교회의 회원 자격이 아닌 재산 소유권에 두도록 변경했다. 청교도 1세대가 신앙을 교회나 시민권의 토대로 둔

---

24 존 딜렌버거, 클라우드 웰취, 『프로테스탄트 교회의 역사와 신학』, 314-5. 류대영, 『미국 종교사』, 94.

전통은 완전히 철폐되었고, 재산의 여부가 시민권을 주는 기준으로 바뀌었다.[25]

미국은 산업화 과정을 거치면서 석유 왕 록펠러, 철강 왕 카네기, 자동차 왕 포드 등과 같은 세계적 거부들이 탄생했다. 스코틀랜드에서 이민 온 카네기는 『부의 복음』(1900년)을 출판하면서 자신의 재산 축적 및 성공, 축복 등을 옹호하는 번영 신학을 널리 알렸다. 그는 물질적 번영이 하나님의 축복임을 강조했다.[26]

1920년대는 미국 경제가 사상 최고의 번영기를 맞던 시기로 물질 만능 사상이 팽배했다. 광고업자 브루스 바턴(Bruce Barton, 1886-1967)은 『누구도 모르는 사람』(The Man Nobody Know, 1925년)이라는 저서에서 예수를 성공적인 사업가로 묘사했다. 그에게 있어 예수는 죄로부터의 구원자이기보다는 물질적 성공과 축복을 가져다주는 인물이었다.

자본주의적 가치관은 기독교에도 큰 영향을 미치면서 성공의 복음은 부족함이 없는 부를 의미했다. 템플대학교 설립자이자 침례교 목사였던 러셀 H. 콘웰(Russell H. Conwell, 1843-1925)은 '다이아몬드 에이커'라는 용어를 사용하며 가난은 전적으로 잘못된 것이고, 부자가 되는 것이 그리스도인의 의무라 주장했다.

"부자가 되는 것은 당신의 의무다 … 왜냐하면, 당신은 돈이 없는 것보다 돈이 있으면 좋은 일을 더 많이 할 수 있기 때문이다."[27]

---

25 Edwin Scott Gaustad and Leigh Schmidt, *A Religious History of America*, (San Francisco: HarperSanFrancisco, 2002), 60-62.
26 제임스 스마일리, 『간추린 미국 장로교회사』, 169.
27 Russell H. Conwell, *Acres of Diamond* (New York: Fleming H. Revell Co., 1960), 18.

노먼 빈센트 필(Norman Vincent Peale, 1898-1993) 목사는 『긍정적 사고의 힘』 (1952년)을 출판했는데, 이 책은 186주 동안 뉴욕타임스 베스트셀러 명단에 올랐다.

'자신을 믿어라!'
'무엇이든 하면 된다!'
'긍정적으로 생각하라!'

이런 적극적, 긍정적 사고는 자아실현과 더불어 성공, 건강, 행복을 가져다준다. 오럴 로버츠나 베니 힌은 하나님이 번영과 건강을 약속하신다는 번영 신학을 주장했다. 하나님으로부터 인정받은 사람은 재정적 성공을 거두고 잘살게 된다는 '부의 복음'이 널리 퍼져나갔다. 번영 신학 내지 긍정의 힘은 21세기에 들어서도 그 열기가 식지 않았다.

부르스 윌킨슨의 『야베스의 기도』와 조엘 오스틴의 『긍정의 힘』은 축복, 희망, 긍정적 사고 등을 주장했다. 오스틴 목사가 이끄는 텍사스 휴스턴의 레이크우스교회는 그의 긍정적 사고의 메시지를 듣기 위해 수많은 사람이 몰려들면서, 5만 명의 신자를 가진 미국 최대 교회로 성장했다.

루터나 칼빈은 개인의 은사보다는 사회적 기능의 관점에서 노동의 중요성을 강조했다. 그러나 시대가 변하면서 공동체적 개념보다는 개인주의적 성향이 강해졌고 교회도 개인이 하나님으로부터 받은 은사에 집중하게 되었다. 하나님이 주신 은사를 삶이나 직업에서 나타내는 일이 중요하다.

자본주의 사회에서 물질적 성공은 축복으로 여겨지고, 크고 성공한 것을 긍정적으로 평가한다. 오늘날 대부분의 대형 교회는 화려하고 큰 건물을 소유하고 있고, 헌금을 많이 거둬들인다. 물량적 성장은 곧 목회의 성공이자 하나님의 축복을 받은 징표로 이해되고 있다. 하나님의 은혜를 받은 사람은 경제적, 물질적 축복을 누린다는 설교가 부흥회에서 거침없이 선포되고 있다.

하나님은 구원자이기보다 복을 주시는 분이고, 신자의 주요 관심은 영생이 아닌 경제적 번영과 부의 축적, 성공에 있다. 내세에는 관심이 없고 현실에만 안주하는 신앙이 강조되고 있다. 부와 성공이 우상이 된 번영 신학이 독버섯처럼 교회에 침투해 들어와 교회와 신자의 정신을 잠식하고 있다. 우리는 예수님의 부에 대한 경계의 말씀과 수도사들의 가난과 청빈, 그리고 종교개혁가들의 검소한 삶에 대한 가르침을 되돌아봐야 할 시기인 듯 하다.

4. 예배당

하나님은 아브라함에게 나타나셨고 언약을 맺으셨다. 아브라함은 세겜 땅 상수리 나무 밑에서 최초로 돌로 쌓은 개인 제단을 만들었고(창 12:6-7), 희생제물을 드렸다(창 15:9). 출애굽 이후 하나님은 시내산에서 모세에게 율법을 수여하셨고 성막을 지을 것을 명하셨다.

이후 왕조 시대에 접어들어 솔로몬은 예루살렘에 웅장한 성전을 지었다. 그러나 바빌론의 침공으로 인해 솔로몬 성전은 완전히 파괴되었다. 희생제물을 드리던 곳이 사라지자 제사를 배제한 새로운 형태인 회당 중심의 예배로 전환되었다. 포로 귀환 이후 느헤미야를 중심으로 예루살렘에 성전이 재건되었고 희생제물을 드리면서 성전 중심의 예배가 다시 거행되었다.

그러나 주후 70년 로마 제국에 의해 성전이 다시 파괴되면서 희생제물을 드리던 성전이 사라졌고 회당 중심의 예배가 주종을 이루었다.

유대교의 전통에 근거해 예수님도 안식일이 되면 회당에 가서 선지자의 글을 읽고 설교하셨다. 성막은 예수 그리스도의 모형으로, 그의 성육신과 피 흘리심, 죽으심과 부활로 성전의 사명은 종결되었다. 예수님은 교회를 세우셨고, 그의 백성을 부름으로 영적 예배를 드리게 되었다. 교회는 하나님의 말씀이 선포되고, 성례전이 행해지며, 하나님의 자녀들이 교제하는 공간이다. 신자 자신은 믿음으로 말미암아 성령이 거하시는 전이 되었다.

제자들은 솔로몬 행각이나 가정집에서 설교를 중심으로 한 공적 예배를 드렸고 기도와 애찬을 함께 나누었다. 로마 제국의 핍박이 거세지자 일종의 지하 무덤인 카타콤이나 가정집에 숨어 비밀리에 예배를 드렸다. 대도시에 거주하는 교회들은 어느 정도 자유를 누리며 자리를 잡았는데, 예배당을 화려하게 짓는 감독은 비난받았다.

4세기에 접어들어 기독교가 합법적인 종교로 공인을 받게 되자 콘스탄틴 황제는 로마의 공공 건축물 양식에 따라 성 베드로 대성당을 건립했다(326년). 황제의 건축가들은 로마의 공회당(바실리카)이나 법정 등과 같은 건물의 양식에 따라 예배당 건축을 했는데, 건물은 왕국의 화려함에 필적했다. 건축 과정에서 성상과 모자이크 장식, 회화 등을 통해 기독교의 상징과 복음의 주제를 시각적으로 표현했다.

예배당은 바닥에서부터 천정에 이르기까지 그림이나 스테인드글라스로 덮였다. 성지인 베들레헴에도 바실리카 형태를 따라 교회가 건립되었고 교회의 시설과 기구는 화려하게 장식되었다. 안디옥 교회는 고급 성배와

가지 달린 촛대가 세워졌고, 제단은 은으로 입혔다.[28]

교회 예배당은 시대의 공공 건축 양식에 크게 의존했다. 중세 교회의 예배당은 직사각형 모양의 고딕 건축 양식을 따랐고, 외부는 권력을 상징하는 치솟는 모양으로 지어졌다. 예배당 안은 스테인드글라스와 각종 성상으로 장식해 신비로움을 가미했다. 예배당 안에는 의자를 놓지 않았는데, 구약에서 이스라엘 백성들이 하나님의 말씀을 들을 때 일어섰던 것처럼 일어서서 예배를 드리는 것이 관례였다.

14세기에 이르기까지 교회당 안에 의자를 놓지 않았고, 회중은 예배 도중 가장 잘 보고 들을 수 있는 곳으로 움직일 수 있었다.[29] 14세기에 들어서야 예배당 안에 고정된 의자가 설치되었다.

15세기 가톨릭교회는 르네상스의 영광에 심취해 웅장하고 화려한 성당들을 건축하는데 혈안이 되었다. 교황 줄리어스 2세(Julius II, 1503-1513 재위)는 1506년 성 베드로 성당을 새로 짓는 대공사를 시작했고, 이는 1626년에야 완공되었다. 베드로 성당을 짓는데 엄청난 자금이 필요했고, 이를 위해 교황청은 면죄부를 판매하기에 이르렀다. 거대한 예배당 건설은 그들을 탐욕과 타락으로 몰아갔다.

가톨릭교회는 17세기경부터 바로크 양식을 발전시켰다. 교회 내부는 빛의 조화, 대칭, 화려한 조각과 그림 등을 통해 하나님의 영광을 눈으로 보고 만지고 느낄 수 있도록 구현되었다.

---

28   헨리 채드윅, 『초대 교회사』, 311.
29   제임스 F. 화이트, 『기독교 예배학 입문』, 113, 129.

가톨릭의 전통을 어느 정도 따랐던 루터교회와 성공회는 예배당 내부에 여러 장식을 통해 하나님의 거룩함과 아름다움을 보여 주는 거울로 사용했다. 반면, 개혁파는 예배당에 있던 성상과 성화를 제거했고, 간결하고 단순한 장식을 선호했다. 예배당에 간단한 그림이나 조각을 두는 것도 우상 숭배로 규정했기에, 시각 예술은 거의 사용되지 않았다.

성과 속을 철저히 구별한 츠빙글리는 교회 내부를 병원과 같은 분위기를 풍기는 흰색으로 칠했고, 그 어떤 장식도 허락하지 않았고 중앙에 설교단을 놓았다. 예배당의 조명과 스테인드글라스를 제거하고 평범한 창문으로 교체했다. 그는 물질에 불과한 교회 건물이나 장식을 통해 하나님을 경험할 수 있다고 기대하는 것은 부적절하며, 오직 하나님을 알고 만날 수 있는 통로는 성경임을 알려 주었다.[30] 그런데 텅 빈 교회의 적막함은 하나님의 부재를 알리는 불길한 신호가 되었다.

예배가 성례전 중심에서 설교 중심으로 바뀌면서 성례전을 드렸던 제단은 사라지고 대신 설교단이 설치되었다. 교회 건물은 설교자의 목소리를 효과적으로 전달할 수 있도록 설계되었고 찬양대석을 만들었다. 그리고 길고 딱딱한 의자를 놓아 회중들이 앉도록 했다.

초기 감리교는 가난한 사람들을 대상으로 하며 예배당 자체를 평범하고 소박하게 지었다. 그러나 교인들의 신분이 중·상위층으로 올라가면서 예배당을 크고 웅장하고 화려하게 건축했다.

19세기 미국 교회는 지정석 제도를 도입해, 교회 건축과 유지를 위한 기부금을 받았다. 현대에 접어들어 미국의 대형 교회는 사람들이 많이 모여

---

30 앨리스터 맥그래스, 『기독교, 그 위험한 사상의 역사』, 495.

앉을 수 있는 스타디움 형식의 건물을 선호했고 딱딱한 긴 의자 대신 개인이 앉는 일인용 의자로 바꾸고 있다.

한국 초기 예배당은 전통 한옥 양식을 유지했고, 평양 장대현교회도 전통적 한옥 건물 형태를 취했다.[31] 그러나 점차 한옥 예배당은 사라지고 현대 건축 양식을 따른 예배당들이 들어섰다. 파이프 오르간을 예배당의 중앙에 놓아 음악적 효과를 높였다.

최근 성가대 대신 찬양 팀이 예배를 인도하면서 음악이 교회 건축에 중요한 영향을 주면서 교회 건물 자체가 일종의 악기 역할을 감당하도록 설계되었다. 최근 테크놀로지의 사용으로 인해 동영상을 겸비한 파워포인트를 사용하는 예배가 대세를 이루면서 정 중앙에 위치했던 거대한 십자가는 옆으로 밀려나고 대형 스크린이 자리 잡고 있다.

개척 교회는 상가를 빌려 개조해 예배당으로 사용하고 있다. 강남에 위치한 사랑의교회는 건축 초기부터 그 압도적 크기와 웅장함, 화려함으로 구설수에 올랐다. 이처럼 예배당 또한 환경과 시대에 따라 변하는 것을 볼 수 있다. 자체 예배당을 소유하기 위해 무리하게 교회 신축을 밀어붙이다 부도가 나는 경우도 종종 있다.

---

31 이덕주, 『한국 토착교회 형성사 연구』, 307.

5. 예술관

십계명의 제2계명은 '어떤 상도 만들지 말라'고 명했다. 유대교는 하나님을 그림이나 모형으로 표현하려는 그 어떤 시도도 금지했다. 초대 교회는 유일신 하나님 이외 그 어떤 신도 인정하지 않았고 우상 숭배를 단호히 거부했다. 터툴리안이나 클레멘트는 성상이나 그림 또한 이교 세계에 속한다고 보았다.

그러나 초대 교회 당시 성경이 매우 귀했고 글을 읽지 못하는 문맹자들이 많았다. 교회는 그들의 신앙 증진을 위해 점차 이미지나 조각 등을 사용했다. 예술은 거룩함의 현존을 느끼는 중요한 기능을 담당했고, 초대 교회는 성경 이야기나 예수님의 사역과 죽으심, 성찬식, 세례 등을 그림으로 그려 교육용으로 활용했다. 터툴리안은 선한 목자가 양 떼를 인도하는 모습이 그려진 잔들을 사용했음을 언급했고, 클레멘트는 당시 사회생활의 필수품이었던 도장 반지에 적합한 그림이나 문양에 대한 지침을 거론했다. 그는 비둘기나 물고기, 배, 수금, 닻 같은 기독교적 문양을 도장에 새기도록 권했고 우상 숭배나 음주, 탐욕과 관련된 상징을 피하도록 권면했다. 전통적으로 자주 사용했던 문양은 기도하기 위해 모아진 손을 묘사한 오란스(Orans)였다.[32]

초기 기독교 회화가 자주 등장한 곳은 순교자들의 지하 무덤인 카타콤이었다. 무덤이나 석관 장식에 사용된 회화 양식은 전통적인 이교도 화풍과 별반 다르지 않았다. 주로 공작은 불멸을, 비둘기는 내세의 평화, 물고기는 예수 그리스도는 하나님의 아들 구주임을 상징했다. 구약에서는

---

32   헨리 채드윅, 『초대 교회사』, 322-23.

아담과 하와, 노아의 방주, 요나와 큰 물고기, 사자 굴에 던져진 다니엘, 풀무 불에 들어간 세 청년 등이 자주 묘사되었다. 신약에서 애용된 주제는 주님의 세례, 침상에 누운 중풍 병자, 우물가의 사마리아 여인, 나사로의 소생, 물 위를 걷는 베드로 등이었다.[33]

베드로의 옷이나 바울의 손수건을 통해 희한한 능력이 나타났던 것처럼 순교자나 성인의 몸의 일부 혹은 물건에 신비한 능력이 나타난다는 소문이 퍼지면서 교회는 성인의 유품을 수집하기 시작했다. 콘스탄틴 황제의 어머니 헬레나는 그리스도를 못 박은 십자가로 추정되는 나무와 못들을 교회에 기증했다. 콘스탄틴 이후, 대형 예배당들이 들어서면서 건축과 조각, 모자이크 장식, 회화 등이 널리 보급되었다.

교회당 벽은 주로 그림이나 조각으로 장식되었는데, 기독교의 상징들과 복음의 주제들이 미술적 표현을 통해 구현되었다. 5세기경에는 그리스도와 마리아, 순교자, 성인들의 초상화나 성상이 제작되어 예배당 안에 배치되었고, 그들에 대한 숭배가 크게 조장되었다.[34]

교황 그레고리는 교회 내의 그림이나 조각이 가난하고 글을 알지 못하는 사람에게 책과 같은 교육적 역할을 하기에 널리 유포하고 보존할 가치가 있다고 변호했다. 보이지 않는 말씀이 육신이 되신 그리스도의 성육신 사건은 하나님을 형상화할 수 있다는 이론을 낳았다. 가톨릭교회는 그리스도인을 교육함에 있어 판화, 그림, 조각 등과 같은 시각적 요소가 중요함을 인정했고 창조와 구원, 예수님의 생애, 최후의 심판 등에 대한 핵심

---

33 헨리 채드윅, 『초대 교회사』, 323-24.
34 헨리 채드윅, 『초대 교회사』, 325.

적 내용을 시각적으로 표현해 문맹자들을 가르쳤다.

7세기 이후 가톨릭교회나 동방교회는 공식적으로 예배당에 성화나 성상을 가져다 놓음으로 신앙의 일부가 되었다. 626년 이슬람이 동방교회의 수도 콘스탄티노플을 공격해 오자 대주교 세기우스(Sergius)는 콘스탄티노플의 수호신인 마리아의 화상을 모든 집 벽에 그리게 했다.[35]

중세 예배당은 바닥에서부터 천정에 이르기까지 성스러운 과거와 미래를 주제로 한 그림과 성상으로 덮여 있었다. 동방정교회는 조각보다는 평면 예술을 선호했고, 주로 가시 면류관과 말 구유, 타오르는 불꽃, 천사 등의 성화를 회중석 주위에 배치했다. 교회는 상징을 적극적으로 활용해 회중에게 천상의 존재들과 함께 예배드리고 있음을 상기시켰다. 이처럼 화상은 신앙 교육과 교회 장식의 일부로 용인되고 사랑을 받았다.

그러던 중 8세기 동방교회에서 성상 파괴 논쟁이 촉발되었다. 콘스탄티노플의 황제 레오 3세(Leo the Isaurian, 717-741 재위)는 이슬람으로부터 제국과 교회를 지키기 위해 우상 숭배를 멀리해야 한다고 생각했다. 그는 성상이나 성화가 우상 숭배와 관련이 있고 그리스도와 성모, 성인의 상징들이 이교적 선례를 따르고 있다고 판단했다. 결국, 그는 화상이 하나님을 노엽게 한다며 이를 파괴하라는 칙령(726년)을 내렸다.

레오의 뒤를 이어 황제가 된 콘스탄틴 또한 예배당에 그림이나 성상을 허락할 수 없다고 공표했다. 황제 콘스탄틴 5세(Constantine V)는 궁궐 청동문에 새겼던 그리스도의 형상을 직접 부숨으로 성상 파괴를 주도했다.[36]

---

35   헤롤드 브라운, 『교회사 안에 나타난 이단과 정통』, 311.
36   헤롤드 브라운, 『교회사 안에 나타난 이단과 정통』, 312-13. 헨리 채드윅, 『초대 교회사』, 329.

공의회(754년)는 성상 숭배를 추종하는 모든 자를 이단으로 정죄해 파직시켰다. 그런데 열렬한 성상 숭배자였던 사제들과 수도사들은 황제와 공의회의 결정에 반대해 대규모 투쟁을 벌였고 결국 성상 숭배를 정통으로 선언했다. 그러자 공의회(815년)는 다시 성상 파괴를 명했으나 그 결정은 번복되어 성상 숭배를 회복시켰다. 오랜 진통과 논쟁 끝에 동방정교회는 화상 사용을 허가하기로 결정했다. 교회에서 사용되는 성물은 상징적 의미를 가질 뿐만 아니라 영적 실체의 증거이기도 했다.

예수님이 보이는 사람으로 나타나셨듯이, 보이지 않는 하나님의 은혜가 상징화를 통해 보이는 형태를 가질 때, 이를 접하는 신자는 하나님의 임재와 은혜를 경험할 수 있다. 성상 및 성화는 러시아정교회의 신학과 신앙의 핵심으로, 성삼위일체와 예수 그리스도, 성모 마리아, 성인들의 성상 및 성화를 만들어 경의를 표했다.

르네상스의 발현으로 인해 고대 그리스-로마 문화에 대한 관심이 크게 일어났다. 가톨릭교회 또한 이에 열중하며 예술과 건축에 대한 적극적인 후원에 나섰다. 루터는 당시 문맹률이 높았기 때문에 성상과 성화 사용은 종교적 상상력을 자극하고 교육용으로 유용하다고 보았다. 그는 형상이 능력을 가지고 있다고 믿었고, 적절한 안전장치만 있다면 성상과 성화에 대해 관용적이었다.

루터교회는 형상을 광범위하게 활용했고, 다른 시각적 표현 양식을 활용해 신학적 테마들을 설명했다. 예를 든다면 율법을 표현함에 있어 죽음과 저주를 낳는 것으로 그렸고, 복음은 생명과 소망을 낳는 것을 그려 율법과 복음을 비교 설명했다.³⁷ 그러나 그도 마리아나 성인의 성상은 받아들이지 않았다.

루터의 예술에 대한 중립적인 입장과는 별개로 개혁파는 종교 예술을 무참히 파괴했다. 츠빙글리와 칼빈은 구약이 모든 종교적 형상(image)을 금지한다고 해석했다. 츠빙글리는 교회의 화상과 성상에 대한 성경 연구를 한 후, 이는 우상 숭배와 관련되어 있기에 제거해야 한다는 결론에 도달했다. 그는 교회 예배당에서 성상과 화상을 비롯해 십자가도 우상 숭배라며 제거했다. 칼빈 또한 예배당 내의 십자가와 성상을 없앴다.

청교도 또한 어떤 형태의 시각적 장식에도 적대감을 보였고 십자가 사용이 신자의 시선과 신앙을 오도할 수 있기 때문에 사용을 금지시켰다. 심지어 성경 공부의 보조 수단으로 시각적 표현을 사용하는 것에도 반감을 드러냈다. 청교도 공화국 시대에 성상파괴운동이 출현했고, 청교도는 케임브리지대학교의 예배당을 습격해 1,000개가 넘는 형상을 찾아내 파괴했다.³⁸ 그 결과 예배당에는 설교단과 회중의 의자만이 덩그러니 남아 있었다. 이처럼 개신교는 시각 예술 자체를 인정하지 않았는데 특히, 형상을 대하는 개혁파의 태도는 성상공포증(iconophobia)를 연상시켰다. 형상을 만드는 것은 우상 숭배나 이교 숭배로 돌아가는 것이다. 『하이델베르크 요리문답』(1563년)은 형상을 만들면 신자의 집중력을 빼앗고 예배의 대상으로 바뀔 수 있기에 어떤 형상도 필요하지 않다고 못 박았다.

---

37   Robert W. Scribner, *For the Sake of Simple Folk: Popular Propaganda for the German Reformation* (Cambridge: Cambridge University Press, 1981), 216-17. 앨리스터 맥그래스, 『기독교, 그 위험한 사상의 역사』, 569-71.
38   John Philips, *The Reformation of Images: Destruction of Art in England, 1535-1660* (Berkely University of California Press, 1973), 186.

그 결과 가톨릭교회에 남아 있던 성인의 형상을 비롯해 프레스코 벽화, 종교적 상징물 등은 산산조각이 났다. 칼빈파는 벽화를 벗겨내고 교회 내 벽에 하얀 회칠을 했고, 스테인드글라스를 깨 버리고 투명 유리로 교체했다. 흰색의 백회를 바르는 것은 청결과 정결, 빛을 상징했다.[39]

칼빈은 신앙과 관련이 없는 주제에 대해서는 그림과 조각을 허용했고, 개혁파도 다른 주제를 그림으로 표현하는 것은 문제 삼지 않았다. 단 그림이나 조각은 사물과 같이 눈으로 볼 수 있는 대상으로 제한되었다.

칼빈과 후계자들은 연극이나 오페라, 소설, 시 등에 대해서도 적대적이었다. 연극의 허구성과 배우의 연기는 거짓이라는 소책자들이 쏟아져 나왔다. 예술은 교양이 없고 잔인하고 방종하며 사람을 흥분시키고 신앙을 나약하게 만든다. 청교도 윌리엄 프라인(William Prynne, 1600-1669)은 연극이 진실을 조작하고 비기독교적이며 음란하고 경건치 못한 부패물로 규정했다. 예술은 교육적 가치가 전혀 없고 사치스럽고 허황되며 사람을 미혹하며 여배우는 창녀에 불과하다.

개신교는 소설을 세련된 형식을 갖춘 거짓말투성이의 문예 장르로 인식했다. 1641년 청교도 의회파는 런던의 모든 극장을 폐쇄하는 법을 통과시켰고 영국에서 음악과 극 등의 문화적 활동은 쇠락했다. 이처럼 개신교는 문화와 예술에 대해 적대적인 태도를 취했고 셰익스피어는 가톨릭교회의 문화 우호적인 향수를 작품에 표현했다.

---

39 Carlos M. N. Eire, *War Against the Idols: The Reformation of Worship from Erasmus to Calvin* (Cambridge: Cambridge University Press, 1986), 65-73. 제임스 F. 화이트, 『기독교 예배학 입문』, 134. 앨리스터 맥그래스, 『기독교, 그 위험한 사상의 역사』, 490-91, 569-70.

근본주의 또한 문화와 예술에 대해 적대감을 드러냈다. 그러나 근대 문명이 발전하면서 예술에 대한 반감이 누그러지기 시작했다. 복음주의는 세속 문화와 예술을 적극적으로 수용해 복음을 전파했다. 연극이나 오페라, 음악회, 미술 전시회, 영화 등이 복음 전파의 수단으로 등장했고 예배당에 시각적 효과를 주는 스테인드글라스가 재도입되었다.

이제는 십자가 사용이 보편화되어 교회 종탑이나 예배당에 십자가가 걸려 있지 않으면 이단이라는 말까지 나오고 있다. 그러나 여전히 개신교 예배당에서 성화나 성상을 찾는 것은 어렵다.

1991년 소련이 붕괴되었을 때, 선교의 붐이 불었다. 한 한국 목사는 러시아를 방문해 예배당에 있는 성상과 성화를 보고 이를 우상 숭배로 규정하는 설교를 했다. 그러자 정교회 신자들은 그 목사를 쫓아버렸다. 이처럼 성성과 성화를 포함한 예술을 바라보는 입장은 첨예하게 다름을 볼 수 있다.

6. 헌금

헌물은 물질이 자신의 것이 아니라 하나님께 속한 것이라는 고백이다. 물질을 받으시는 분은 하나님이시지만 실제로 물질을 사용하는 것은 제사장이나 성직자였다. 구약에서 헌금은 하나님께 제사를 드리고, 제사장과 레위인의 생활을 돕기 위해 사용되었다.

그리고 과부나 고아, 가난한 자를 구제하는 것은 하나님의 뜻이며 명령이었다. 헌물은 거룩한 것이기 때문에 함부로 사용하거나 남용이 허락되지 않았다. 아간은 여호와께 바친 물건인 아름다운 외투 한 벌, 은 이백 세겔, 오십 세겔의 금덩이를 훔쳐 사적으로 취하는 바람에 아이성을 정탐한 36명이 죽음을 당했다.

초대 교회는 교회 재산의 공용화와 투명한 사용을 원칙으로 삼았고, 가난한 자들을 구제하는 데 앞장섰다. 그런데 대도시에 있던 교회들은 재산 증여로 인해 거대한 토지 소유주가 되었고, 교회 재산은 엄청나게 불었다. 250년경, 로마교회는 감독과 46명의 장로(목사), 7명의 집사(목사), 7명의 부집사, 42명의 복사, 52명의 축귀사, 독경사, 문지기 등을 고용할 정도로 교회의 규모가 컸고 재정도 넉넉했다. 로마교회는 1,500명 이상의 과부와 가난한 사람들을 부양했다.

5세기경 로마교회 수입의 4분의1은 주교에게 지급됨으로 주교는 엄청난 재산가가 되었다. 4분의 3은 다른 성직자들의 사례와 구제 목록에 올라 있는 병들고 가난한 자들, 교회 건물의 유지 등에 3등분해 사용되었다.[40]

중세 교회의 실상은 강도들의 소굴이었고 사제들은 사치와 쾌락, 정욕, 사기, 협잡 등에 능수능란했다. 국교 제도 아래 모든 국민은 십일조를 세금으로 냈는데 이 헌금으로 교회와 조각상을 세우고, 성례전 도구를 구입하고, 성직자의 예복을 마련하는 데 사용했다. 그런데 주교가 가져가는 사례가 지나치게 많았다. 주교가 교회 수입의 4분의 1, 참사 회원에게 4분의 1이 배당되었고, 정작 가난한 자에게 돌아가는 것은 거의 없었다.

결국, 헌금이나 종교세는 교황과 주교의 주요 수입원이었다. 그들은 화려한 치장과 광채 나는 옷을 입고 수많은 하인을 거느렸고 교회와 사택을 궁궐과 같이 화려하게 치장했다.

---

40 헨리 채드윅, 『초대 교회사』, 64-65.

가톨릭교회는 돈벌이에 혈안이 되었다. 이단 정죄 또한 가톨릭교회의 권위를 수호하는 훌륭한 도구이자 동시에 좋은 수익원이 되었다. 이단자의 재산을 분배함에 있어 성직자의 몫이 가장 컸고, 세속 권력자가 나머지를 차지했다. 면죄부 판매는 교황뿐만 아니라 대주교에게도 중요한 수익원이었다.

교황 레오 10세는 성 베드로 성당을 거대하고 화려하게 짓기 위해 엄청난 건축 자금이 필요했고, 그 비용을 죄의 징벌을 경감시켜 주는 속죄의 표인 면죄부를 판매해 충당할 계획을 세웠다. 당시 독일에서의 면죄부 판매는 로마 교황청의 독일인에 대한 자본 수탈 및 착취의 본보기였다.

독일의 신자들은 면죄부를 구입했고, 독일 교회 총수입의 5분의 2가 로마로 유출되었다. 당시 독일 민족주의자들은 루터의 95개 조항을 정치적으로 해석했고, 독일 영주들은 교황이 독일 교회의 정사에 간섭함으로 자신들의 정치적 입지를 약화시키고 독일의 황금으로 로마의 예배당을 건축하는 것에 이의를 제기했다.

루터는 면죄부야말로 죄 사함과 구원이 목적이 아닌 건축 자금과 고위 성직자 및 정치가의 이익을 위해 만들어낸 악마의 고안이라 비판했다. 교회 헌금의 주요 목적은 가난한 자를 구제하는 데 있다.

> 가난한 사람을 도와주고 필요한 사람에게 꾸어 주는 것이 면죄부를 사는 것보다 선한 일이다(43번).
>
> 가난한 사람을 보고도 본체만체 지나쳐 버리고 면죄부를 위해 돈을 바치는 사람은 교황의 면죄가 아니라 오히려 하나님의 진노를 사는 것이다(45번).

그는 수도원을 폐쇄하면서 그 재산을 구제와 공공 교육을 위해 사용했다.

칼빈은 교회 재정의 주목적이 교회 건물의 보수 및 유지, 목회자의 생활비, 가난한 자와 과부, 고아를 돌보는 데 있음을 강조했다. 집사 직분자는 교회의 재정을 관리하며 일반 구제를 포함해 사회복지를 위해 봉사해야 했다.[41] 크랜머는 가난한 자에게 준 것을 곧 하나님께 드린 것으로 규정하면서 부자들에게 가난한 사람을 도와줄 것을 요청했다.

존 웨슬리는 수입의 상당 분을 가난한 사람이나 감옥에 갇힌 자들을 구제하는 데 사용했다. 그는 교회 건물을 검소하게 지을 것을 추천했다. 그렇지 않으면 교회는 돈을 모으기 위해 부자를 필요로 하게 되고, 그들의 돈을 의존할 때 부자에 의해 다스려지게 된다.

뉴잉글랜드의 청교도는 거주민으로부터 종교세를 거두어 회중교회와 장로교회의 건물을 짓고 목회자의 사례를 지불했다. 이들 교회는 주 종교로 지정되어 주 정부로부터 재정적 지원을 받았다. 미국이 영국으로부터 독립을 쟁취한 이후에도 종교세를 거둬들여 재정적으로 교회를 지원했는데, 심지어 침례교인도 회중교회를 지원하기 위해 강제적으로 종교세를 내야 할 정도였다.

1801년 '코네티컷 댄버리 침례교협의회'는 토마스 제퍼슨에게 주 정부는 종교 정책에서 손을 떼고 종교세 폐지를 요구했고, 이에 대한 답변으로 제퍼슨은 주 종교에 대한 재정 보조를 중단시켰다. 국가로부터의 재정 지원이 중단되자 교회는 전적으로 교인의 자발적 헌금에 의지했다.

---

41 루이스 W. 스피츠, 『종교개혁사』, 223-24.

초기 한국 교회 교인들은 성미를 헌물로 바쳤다. 그러나 시대가 변하면서 현찰로 헌금을 냈다. 그러나 최근 헌금 바구니를 돌리는 것을 빼는 것이 추세이다. 요즘은 예배당 입구에 헌금함을 설치해 신자들은 예배당에 들어오면서 헌금을 낸다.

미국 교회의 경우 십일조를 강요하지 않는다. 대신 교인들은 사망 시 교회에 기증을 많이 한다. 반면 한국 교회는 십일조와 건축 헌금 등을 강요하는 경향이 매우 강하다. 그리고 이제 온라인 헌금이 대세가 되어가고 있다.

그런데 누가 교회의 헌금을 관리할까?

목사와 장로로 이루어진 당회가 교회 재정 집행의 일체를 담당하고 있다. 담임목사에게 과도한 사례가 지급되고 있고 교회의 헌금으로 이익을 창출하기 위해 부동산을 구입하고 주식 투자를 하는 경우도 있다.

한국 교회는 헌금 강조를 넘어 헌금을 강요하고 있고 헌금의 종류도 너무 많다. 반면, 사회봉사나 구제를 위한 비용에는 전체 예산의 5퍼센트 미만을 쓰면서 구제에 소홀하고 있다. 향기로운 헌금을 강요하나 재정의 사용에 있어서는 비밀스러운 부분이 많다. 교회 재정에 대한 감사도 없다 보니 간혹 대형 교회 목사가 몇 백억에 달하는 비자금을 조성해 사회적 물의를 일으키기도 한다. 이런 면에서 볼 때, 헌금이 점점 사유화 및 세속화되어간다는 느낌을 지울 수 없다.

7. 장례식

기독교의 장례는 고인을 하나님의 은혜에 의탁하고 교회 공동체가 유족을 위로하는 의례라 할 수 있다. 초대 교회는 주님의 고난이나 죽음보다는 이를 넘어선 부활을 강조했고 그리스도의 죽음과 부활이 죄인들에게 영생을 선물했다고 믿었다. 그래서 신앙을 지키다 순교한 그리스도인을 승리자로 여겼고 장례식은 마치 전쟁에서 승리하고 고향으로 돌아온 개선장군과 같은 승전적 성격을 띠었다.

교회 공동체는 묘지로 행진하면서 하얀 의복을 입고 종려 잎사귀와 촛불을 들었다. 폴리캅이 순교했을 때, 신자들은 기쁨과 즐거움 속에 마치 그의 생일처럼 순교를 기뻐하고 축하했다. 이처럼 기독교 신자에게 죽음은 일종의 신앙의 승리이자 하늘나라 생일로 여겨졌다.[42] 2세기 후반 로마와 카르타고 교회는 신자를 위한 묘지를 구입했고, 가난한 형제들을 위해 대신 장례를 치러주었다.

4세기 동안 그리스도인들은 하나님의 신실하심과 부활에 대한 소망, 그리고 죽음 이후의 모든 것을 하나님이 인도하실 것임을 믿었다. 그들은 참 소망의 근원이신 하나님의 자비로운 사랑으로 인해 위로를 받았다. 교회는 사망의 권세를 이기신 예수님의 부활을 강조했고, 장례는 슬픔의 날이 아닌 기쁨의 날이었다. 부활에 대한 소망을 믿은 어거스틴은 어머니 장례식에서 눈물을 억제했다.

---

42   제임스 F. 화이트, 『기독교 예배학 입문』, 348.

그런데 중세에 접어들어 장례식의 신학적 의미가 급변하기 시작했다. 먼저 주님의 부활이나 승리보다는 주님의 고난과 죽음에 초점을 두기 시작했고 사후 심판에 대한 두려움을 강조했다. '끓는 가마솥의 잔혹한 화염으로부터 건져 주소서'라는 표현과 함께 지옥은 유황불 속에서 영원히 고통당하는 곳이라는 개념이 부각되었다. 장례식에는 영혼의 운명에 대한 염려와 두려움이 엄습했고 장례식 도중 성찬을 거행하면서 죽은 자에 대한 죄의 사면이 선포되었다. 초대 교회에서 기쁨의 장례식은 중세 교회에서 슬픈 장례식으로 대체되었다. 죽음과 장례식은 살아있는 자를 훈계하기 위한 위협과 도구가 되었다.[43]

가톨릭교회는 어거스틴의 림보 이론을 발전시켜 천국과 지옥의 중간 단계인 연옥이 있다고 주장했다. 성인은 천국에 들어가고 이단들은 지옥으로 가지만, 성화의 과정이 필요한 사람들은 죽어 연옥에 들어간다. 그리고 죄의 정도에 따라 일정 기간 정화의 과정을 거친다. 이 세상에 남아있는 후손은 연옥에 있는 영혼을 위해 미사를 드리고 중보 하면 연옥에 거하는 시간이 단축된다. 사제는 연옥에서의 형벌 가능성에 초점을 두고 장례식을 집전했다.

종교개혁가들은 연옥 개념을 부정했으나, 장례식의 신학을 발전시키지 못했다. 루터는 신자의 생애를 추모할 수 있도록 증언 의식을 가졌다. 칼빈은 장례식 설교를 인정했지만, 매장을 위한 예배 의식은 제공하지 않았다.[44]

---

43 제임스 F. 화이트, 『기독교 예배학 입문』, 349-350.
44 제임스 F. 화이트, 『기독교 예배학 입문』, 350.

1645년 웨스트민스터 예배 규범은 장례식에서 설교를 하지 않고 특정한 의식 없이 즉시 매장할 것을 명시했다. 청교도 또한 매장을 세속의 일로 여겼고, 예배를 드리지 않았고 장례식을 신속히 진행했다.

17세기에 들어 묘비가 도입되었고, 19세기에 이르러서야 일반인에게 관이 제공되었다. 그리고 임종을 지켜보며 드리는 임종식, 시신을 관에 모시는 입관식, 장지로 향하는 발인식, 시체를 땅에 묻는 하관식 등의 복잡한 절차가 추가되었다. 참석자들은 검은 옷을 입고, 슬픈 장례식을 거행했다. 오늘날 장례식은 지나치게 상업화되었고, 초대 교회의 소망과 중세 교회의 공포를 잊어버렸다.

8. 술과 담배, 오락

미국 신학교에서 공부하던 때였다. 동기 분이 집들이해서 놀러 갔다. 그런데 연합감리교회 목사가 선물을 가지고 왔는데 열어보니 고급 포도주였다. 나는 순간 멈칫했다. 한국에서 교회를 다닐 때, 술은 절대적으로 금기시되었다. 그런데 교회 목사가 포도주를 사서 가져왔던 것이었다.

기독교 역사에서 술에 대한 태도는 어떠했을까?

구약의 술은 대부분 포도주였고, 좋은 음식 혹은 의약 재료로 언급되었다. 살렘 왕 멜기세덱은 떡과 포도주를 가지고 아브라함을 찾아왔다. 이삭은 야곱을 축복하면서 하나님께 풍성한 곡식과 포도주를 구했다. 포도주는 제사의 재료로도 사용되었다. 예수님도 포도주를 마셨고, 물로 좋은 포도주를 만드는 기적을 베푸셨다.

중세 교회의 수도원은 직접 좋은 포도주를 생산했고 끼니마다 포도주를 마셨다. 종교개혁가들 대부분도 술을 금하지 않았다. 루터는 맥주를 즐겨 마셨고, 칼빈은 포도주를 즐겨 마셨다. 그가 제네바의 종교개혁에 큰 기여를 할 때마다 시 의회는 그에게 포도주를 격려품으로 제공했다. 청교도 대부분은 술을 마셨고 주류의 사용을 반대하지 않았다.[45]

담배는 비교적 근대에 접어들어서 대중에게 알려진 기호품이었다. 영국은 버지니아 식민지를 개척한 이후, 이곳에서 담배를 경작해 유럽에 수출함으로 상당한 수입을 올릴 수 있었다. 침례교 거두이자 청교도 설교가 찰스 H. 스펄전(Charles H. Spurgeon, 1834-1892)은 담배를 즐겨 피웠고 이렇게 고백했다.

> 내가 시가를 한 대 피웠을 때, 극심하던 고통이 없어지면서, 고민하던 머리는 평정을 찾고 깊은 잠을 이룰 수 있었다. 나는 시가를 주신 하나님의 이름을 찬송하고 감사했다.

유럽 교회에서 술과 담배는 금기시되지 않았다. 독일 신학자 칼 바르트도 맥주를 즐겨 마셨고 담배를 피웠다. 미국 교회와 러시아 교회 등도 술이나 담배를 금하지 않았다.

이런 관습에 큰 변화가 일어난 곳은 20세기 초의 미국이었다. 당시 개신교는 보수주의자나 자유주의자를 막론하고 금주법을 추진하기 위해 연합했다. 자유주의자는 금주를 사회악을 제거하는 사회복음운동의 실질적

---

45 후스토 L. 곤잘레스, 『현대교회사』, 41.

적용으로 해석했고, 보수주의자는 금주를 순수 신앙으로 돌아가는 길이라 주장했다. 그 결과 수정헌법 18조(1919년)를 통해 금주법이 발효되면서 술 제조 및 판매가 불법으로 규정되었다. 금주법은 10년 동안 유지되었다가 폐지되었다.

미국 교회의 금주법의 영향 아래 있던 선교사들은 금연과 금주를 강조했다. 그 결과 한국 교회는 술 마시는 일을 범죄시했고 담배 또한 금기시 되었다.[46] 오늘날 간접흡연의 폐해가 과학적으로 인정되어 법적으로 공공장소에서의 흡연이 제한되고 있다. 반면, 교회 내에서 음주와 흡연에 대한 논쟁은 여전히 진행 중에 있다. 자유주의 신학을 받아들인 목사와 신학자들은 술과 담배를 죄로 여기지 않고 이를 즐기는 모습을 목격할 수 있다. 특히, 가톨릭교회는 사제들의 술과 담배를 공개적으로 허용하고 있다.

친구 중에 보수 교회에 속한 신실한 기독교인이 있었다. 그는 주일이 되면 아침 일찍 교회에 가 저녁 늦게 돌아왔다. 하루는 저녁을 먹지 못해 빵을 사 왔는데, 먹지 않고 시계를 보고 있었다. 왜 그러냐고 물었더니, 12시가 넘어야 먹을 수 있다고 했다.

그 친구가 다니던 극보수적 교회는 주일에 식당에 가거나 가게에서 물건 사는 것을 금하고 있었다. 만약 식당에 가 밥을 사 먹게 되면 주일에 식당 주인으로 하여금 일을 하게 만드는 죄를 범하게 하기 때문에 식당이나 카페에 가는 것을 금하고 있었다.

오래전 한국에서 신앙생활을 할 때, 주일에는 하루 종일 교회에서 보냈다. 전체 예배를 드린 후 중·고등부 교사였기 때문에 중·고등부 예배를 드

---

46 이덕주, 『한국 토착교회 형성사 연구』, 334-35.

리고 성경 공부를 인도한 후 교사 모임을 마치고 저녁 예배를 드린 후 집으로 돌아갔다. 주일에 축구나 테니스 등의 운동이나 등산, 낚시, 영화 감상, 스포츠 관람 등은 피해야 하는 것으로 교육받았다. 주일에는 되도록이면 세속적인 일과 오락에 관한 활동 등은 삼가야 했다.

그런데 미국 신학교에 진학하면서 교회 전도사로 일하게 되었다. 하루는 주일 예배 후, 목사와 사모가 중·고등부 아이들을 데리고 볼링을 치러 가라고 말했다. 순간 망설여졌다. 한국에 있을 때 단 한 번도 주일에 아이들을 데리고 놀러 가본 적이 없었기 때문이었다.

과연 주일에 오락을 즐기는 것이 합당한가?

안식일을 거룩하게 지켜야 한다는 생각은 오랫동안 유대교와 기독교인의 정신을 사로잡았다. 기독교가 국교였던 서부 유럽에서 오랫동안 주일을 거룩하게 지켜야 한다는 사상이 자리 잡았다.

그런데 규정이 흔들리기 시작한 것은 17세기 영국에서 발생했다. 영국의 국왕 제임스 1세는 '스포츠에 대한 규정'(Book of Sports, 1618)에서 주일 예배 후의 스포츠 활동과 농촌 지역에서 축제 여는 것을 허용했다. 그 결과 영국국교회 신자들은 주일 예배를 드린 후 오후에는 운동과 오락, 축제를 즐길 수 있었다.

그러자 청교도는 이런 행위는 안식일을 더럽히는 이교도적 죄악이라 비판했다. 청교도는 예술과 극장, 스포츠 등의 문화 활동이나 오락에 대해 적개심을 가졌는데, 그것들이 인간 생활의 주요 목적에 직접적으로 공헌하지 않는다는 이유에서였다.[47]

---

47 존 딜렌버거, 클라우드 웰취, 『프로테스탄트 교회의 역사와 신학』, 312.

북미의 청교도는 연극, 오락, 춤 등이 사람을 흥분시키고 교양이 없고 신앙이 없는 사람을 만든다면 절대 반대를 표명했다. 스포츠와 오락은 시간과 노력의 낭비로, 인생에서 중요한 일을 하지 못하게 만드는 훼방꾼이다. 이런 영향 아래 1774년 대륙 의회는 사치와 방탕, 카드놀이, 경마, 노름, 닭싸움, 쇼, 연극, 유흥과 오락 등을 억제할 것을 선언했다.

보수적 기독교는 영화와 텔레비전, 연극 등이 음란과 폭력 등의 부도덕한 내용을 전한다며 반대를 표명했다. 그리고 권투, UFC, 레슬링, 미식축구, 자동차 경주 등은 생명을 위험하게 한다는 이유로 반대했다. 춤과 노래는 육신적 욕망을 자극하며 음란의 죄에 빠지게 하기에 금기시되었다.

그러나 시대가 변하면서 문화에 대한 인식의 대전환이 일어나면서 기독교인도 스포츠나 오락에 열린 자세를 가지게 되었다. 스포츠나 취미 생활이 개인의 건강과 인격 발전에 기여한다고 인정하게 되었다. 미국 기독교는 여성화된 교회 문제를 해결하는 해답으로 스포츠 참여를 지지했다. 이런 움직임은 신체 건강을 강조하는 YMCA의 탄생으로 이어졌다.

오늘날 미국 기독교는 스포츠를 개인의 체력과 건강을 단련하고 신앙을 전파하는 수단으로 인정한다. 이제 주일 오전에 교회에서 예배를 드린 후, 극장에 가서 영화를 보거나 오락을 즐기는 것을 죄로 규정하지는 않는 듯하다.

9. 결혼 및 동성애

1) 결혼

하나님은 사람을 남자와 여자로 창조하였고 결혼제도를 만드셨다. 결혼식에는 법적 용어가 사용된다. 이날 이후로(계약이 성립된 날짜), 좋을 때나 나쁠 때나(계약의 무조건적 의미), 죽음이 우리를 갈라놓을 때까지(계약 종료일). 결혼은 일종의 서약이자 법적 의무였다. 중세와 종교개혁 시절 결혼의 주요 목적은 아이를 생산하는 것, 정욕이나 죄에 대한 치유책, 다른 사람의 상호 교제, 도움, 위로를 주는 데 있었다.

어거스틴은 결혼을 타락 이전에 제정된 유일한 성례전으로 해석했다. 결혼은 한 남자와 한 여자가 동의에 의해 서로에게 일생 동안 진실할 것을 증인들 앞에서 맺는 공적 언약이었다. 중세 시대의 결혼은 계약의 개념이 강했고, 모든 사람이 볼 수 있도록 교회 문 앞에서 거행되었다. 가톨릭교회는 결혼을 칠성례에 포함시켰고 이혼을 허락하지 않았다. 동방교회는 신부와 신랑에게 왕관을 씌웠고 교회 현관에서 서약 및 반지를 교환한 후 예배당 안으로 행진해 예배를 드렸다.

초대 교회의 감독이나 사제들은 결혼을 했다. 그러나 가톨릭교회는 자발적 선택의 문제였던 결혼에 강제적인 독신 제도를 도입했다. 교황 그레고리 1세는 모든 사제는 반드시 독신으로 지내야 함을 천명했고 제2차 라테란 공의회(1139년)는 성직자의 결혼을 원칙적으로 무효화시켰다.

그러나 사제의 독신 체제에는 많은 병폐가 있었고, 많은 성직자가 공개적으로 이를 어기고 있었다. 독신 제도가 교회의 공식적인 규칙이었음에도 교황이나 고위 성직자들은 공공연히 이를 어기고 첩을 두었다. 거룩한 아버지라 불리는 교황조차도 예외는 아니었다. 교황 알렉산더 6세(Alexander VI, 1492-1503년 재위)는 몇 명의 정부들을 거느렸고, 최소 7명의 사생아를 두었다. 알버트 대주교는 고급 창녀 여러 명을 두었고, 심지어 성관계를 맺기 위해 성유물을 넣는 상자 안에 첩을 넣어 사택에 잠입시키기도 했다.

16세기 초 트렌트 교구 사제들의 20퍼센트, 네덜란드 사제들의 25퍼센트, 라인 지방의 3분의 1 이상의 사제들이 첩을 데리고 있었다.[48] 성욕을 억누를 수 없던 사제들이 청소년을 성적 유희의 대상으로 삼은 것은 어제오늘의 일이 아니었다. 그런데도 가톨릭교회는 오늘날까지도 사제의 결혼을 허락하지 않는다.

종교개혁가들은 목회자의 결혼 문제는 자발적 선택에 달렸다고 해석했다. 독신을 강요하는 것은 자유를 억압하는 법이다. 어거스틴 수도원의 사제였던 마틴 루터는 평신도와 마찬가지로 성직자에게 결혼을 허용해야 한다고 믿었고, 수녀였던 카타리나(Katharina von Bora)와 결혼했다. 그의 뒤를 이어 많은 수도사와 수녀들이 결혼했다. 츠빙글리는 성직자의 독신 제도는 비성경적이라 해석했고, 과부였던 안나(Anna Reinhard)와 결혼했다. 칼빈도 과부와 결혼해 가정을 꾸렸고, 영국국교회의 크랜머도 성직자의 결혼을 허용했다.

루터는 교회 문 앞에서 결혼식을 올린 후, 예배당 안에 들어가 성경 봉독과 축복을 받았다. 그는 결혼식을 주재하면서 '하나님이 짝지어 주신 것을 사람이 나누지 못할지니라'(마 19:6)와 '나는 그대들이 결혼으로 결합되었음

48　후스토 L. 곤잘레스, 『종교개혁사』, 11-12. 루이스 W. 스피츠, 『종교개혁사』, 33-34.

을 선언하노라'를 선포했다. 교회는 비밀 결혼, 강제 결혼, 거짓 동의에 의한 결혼 등을 금지했고 성도가 불신자와 결혼하는 것을 금기시했다. 믿지 않는 자와 결혼하는 것은 영적으로 죽은 자와 결혼하는 것으로 여겨졌다.

개신교 슈말칼트 동맹의 지도자였던 헤세의 필립은 중혼으로 인해 추문을 일으켰다. 그는 아내가 아닌 여자와 불법적 성관계를 맺고 있었다. 루터와 멜랑히톤, 부처 등은 성경이 일부다처제를 금하지 않는다는 데 동의했고, 필립이 첫째 아내를 버리지 않는 한 둘째 아내를 맞을 수 있다고 자문했다. 그러나 일부다처제가 하나님의 눈으로 볼 때는 범죄가 아니지만, 세속 법률에는 어긋나는 것이므로 비밀리에 행하도록 조언했다.[49]

한국 초기 선교사들은 기독교인을 보호하는 입장에서 신자가 불신자와 결혼하는 것을 금지시켰다.[50] 성경은 이혼을 하지 않도록 권면했고 가톨릭 교회는 결혼이 성례전이기 때문에 이혼을 허락하지 않는다. 상대가 간음을 행했을 경우, 신앙적 박해, 남편이나 아내가 일방적으로 상대를 버리고 떠난 경우, 자녀가 부모의 문제로 극심한 피해를 당할 때, 배우자의 성격적 장애가 있을 경우에는 이혼이 허락되었다.

교회 내에서의 이혼은 오랫동안 부끄러운 일로 여겨졌고 되도록이면 이혼을 반대했다. 그런데 시대가 변함에 따라 신자들도 여러 가지 이유로 인해 이혼을 한다. 성경에서 재혼은 주로 배우자가 사망했을 경우나 정당한 이혼을 했을 경우에는 가능한 것으로 허락한다. 오늘날 이혼과 재혼에 대해 관용적인 쪽으로 흘러가고 있다. 혼자가 된 사람을 돌싱이라 부르고 교회 내에도 돌싱들이 많다. 그리고 재혼도 많이 한다.

49　후스토 L. 곤잘레스, 『종교개혁사』, 145.
50　이덕주, 『한국 토착교회 형성사 연구』, 331-32.

2) 동성애

오늘날 대부분의 교단과 교회가 동성애 문제로 몸살을 앓고 있다.

동성애는 개인의 자유와 평등과 관련된 인권의 문제인가?
아니면 성경적 죄악의 문제인가?
동성애를 인정할 것인가?
말 것인가?
동성애자를 목사로 세워도 되는가?

실제로 이런 신학적 논쟁이 일어나고 있고 교단이 갈라지기도 하고 목사가 쫓겨 나기도 한다. 하나님은 남자와 여자를 창조하면서 가족을 이루어 생육하고 번성하라고 명하셨다. 구약에서 동성애는 비정상적이고, 불결하고, 혐오스러운 행위로 사형에 처하거나 파멸에 이르는 죄로 간주했다. 기독교적 결혼은 한 남자와 한 여자의 동의에 의해 서로에게 일생 진실할 것을 증인들 앞에서 언약했다.

전통적으로 초대 교회나 중세 교회, 종교개혁 등은 동성애를 종교적인 죄로 여겨 엄격하게 다루었다.[51] 18세기 영국 정부는 1년에 2회꼴로 동성애자를 집단 사형시켰고, 1950년대까지 동성연애는 범죄로 기소되었다. 19세기에 이르러 성에 대한 의학적 지식이 축적되면서 동성애는 신종 질병으로 분류되었다. 1952년 정신분석학적 접근인 DSM-1에 의해 동성애

---

51 앨리스터 맥그래스, 『기독교, 그 위험한 사상의 역사』, 353-54.

는 사회병질적 성격장애의 범주에 포함되었다. 동성애를 정신질환으로 규정했음에도 불구하고 1960년대까지 동성연애에 대한 처벌 규정이 있었다.

뉴욕주 행정 명령(1953년)은 동성애 및 성도착을 반국가적 활동으로 규정하고 공직자의 직위 박탈 사유에 넣었다.

그런데 1975년 미국심리학회는 동성애가 장애나 정신질환이 아니라고 선언했다. 동성연애는 점점 개인의 성 취향 및 인권과 관련된 이슈로 부각되면서 이를 받아들이라는 압력이 거세지고 있다. 동성애는 개인적 자유 및 선택의 문제로 성인의 합의에 의한 동성애 행위는 도덕적으로 아무런 문제가 없으며 이에 대한 차별은 소수자에 대한 폭력이다.

신학계에서는 동성애를 금지한 구약의 규범에 대한 해석법의 차이가 존재한다. 보통 동성애 금지를 제의 규범과 혹은 도덕적 규범에 포함시켜 설명하는데, 동성애를 반대하는 사람들은 이를 도덕규범에 포함시키고 동성애를 찬성하는 신학자들은 이를 구약의 제의 규범에 속한다고 주장한다.

구약의 제사 규정이나 안식일 준수, 음식 법, 할례 등의 제의 규범은 그 효력을 상실했고 오늘날 더 이상 지키지 않는다.

오늘날 전체적인 분위기는 동성애를 인권으로 해석한다. 성적 취향은 개인 선택의 문제로 이를 비정상이거나 죄악시해서는 안 된다. 1972년 미국 연합그리스도교회(UCC)는 게이 남성 윌리암 존슨(William Johnson)을 목사로 안수했다. 자유주의적 가치와 진보적 강령을 지지하는 미국성공회도 동성애를 인권 문제로 해석해 1977년 레즈비언을 성직자로 임명했다.

1977년 연합감리교회의 지미 크리치(Jimmy Creech) 목사는 여성 동성애자의 결혼식을 거행했다. 1988년 캐나다 연합교회는 동성애자의 목사 안수를 합법화한 최초의 교단이 되었다. 미국장로교(PCUSA)는 1999년 동성애자인 제인 스파(Jane Spahr)를 그 해의 신앙 여성 수상자로 지명했고, 2001년 동성애자에 대한 성직 임명 제한을 철폐했고, 2011년 동성애자에게 목사 안수를 줄 수 있다는 판결을 내렸다.

그리고 2014년 결혼 규정을 '한 남자와 한 여자'에서 '두 사람'으로 바꾸며 동성 결혼 및 동성애 목사 안수를 허용했다. 이런 교단에서는 동성연애를 죄악이라 설교하는 목사를 내쫓고 있다.[52] 미국 장로교가 동성연애 결혼 및 동성연애 목회자를 인정하자 반대파들은 새로운 교단을 만들어 탈퇴했다. 이제 대부분의 교단은 동성애를 정상적인 성적 성향이자 생활 방식으로 받아들이고 있다.

이런 움직임에 맞서 미국 복음주의자들은 동성 결혼과 트랜스젠더에 반대하는 「내쉬빌선언문」(Nashville Statement, 2017년)에서 동성 결혼과 페미니즘 등은 성경적이지 않다고 발표했다. 유럽과 미국이 동성애에 대해 개방적인 데 반해, 아프리카나 아시아 교회는 동성연애를 반대한다. 영국과 미국, 캐나다, 호주, 뉴질랜드의 성공회 신자들을 합친 것보다 더 많은 신자를 보유한 나이지리아의 성공회는 동성애 문제를 자유분방한 서양 문화의 가치관이 교회에 침투한 것으로 여긴다.

나이지리아의 문화 정황에서 볼 때 동성애는 혐오스러운 것이다. 만약 각 교단이 동성애 문제로 투표를 하게 된다면, 또 다른 분열을 경험하게 될 것이다.

---

52 내가 이전에 부교역자로 사역하던 미국연합감리교회에서 일어난 사건이다. 새로 부임한 담임목사는 설교를 통해 동성애가 죄악임을 선포했고, 이 소식을 접한 감독은 그를 다른 교회로의 파송을 통보했다. 그러나 목사가 이를 거부하자 교단은 정직을 통보했고, 목사는 교단에서의 목사직을 포기했다.

결론

　우리는 영원히 변하지 않는 것을 진리라 부른다. 하나님은 변함이 없으신 분이다. 그리고 성경의 일점일획도 변함이 없다. 우리는 믿는 바가 어제나 오늘이나 영원토록 동일하다고 믿는다. 대다수의 그리스도인은 기독교의 교리나 신학이 변한다는 주장이 개신교 정신에 어긋난 것이라 믿는다.

　'라떼는 말이야'라는 말이 유행이다. 흔히 자신이 살았던 때, 자신의 경험을 기준으로 해 젊은 사람들을 훈계할 때 이 말을 쓴다. 그런데 '라떼는 말이야'라고 말하는 순간 일종의 꼰대가 되어 버린다. 그때에는 그랬지만 지금은 그렇지 않다. 내가 어렸을 때는 강대상을 신성한 곳이라 여겨 함부로 올라가지 못하게 했고, 올라가더라도 신발을 벗어야 했다. 그러나 이제는 강대상에 올라간다고 해 신발을 벗지 않는다. 나 때는 교회 강대상 벽면을 짙은 보라색 천으로 덮었다. 그러나 이제는 보라색 천을 보기 힘들다.

　실제로 교회 내의 많은 것들이 변해왔다. 어떤 사람은 오래전에 성경 연구가 완성되었다고 주장한다. 그러나 갱신운동은 복음을 재발견한다. 가톨릭교회가 행위로 인한 구원을 강조할 때 루터는 믿음으로 말미암는 구원을 발견하면서 신앙의 축이 바뀌었다. 혹자는 루터와 칼빈의 사상과 가치관을 그대로 되풀이 하는 것을 신앙으로 여긴다. 그런데 그들의 예정론에 문제를 제기하고 자유 의지를 주장하는 교단들이 생겨났다. 지성주의에 함몰된 기독교에 대항해 신앙 체험을 새로운 원동력으로 제시한 오순절운동도 태동했다.

교회의 신학과 제도, 신앙 등은 성장기를 거친 후 쇠퇴기를 맞았고, 주기적으로 갱신이 일어났음을 볼 수 있다. 개신교는 탄생과 함께 성숙, 노화, 사멸의 과정을 거쳐왔고 다시 갱신과 새로운 형태의 형성으로 이어지는 과정을 끊임없이 되풀이해 왔다. 교회는 고정된 총체가 아니라 살아 움직이는 실체로 지속적으로 변화를 거듭해 왔다. 개신교는 새로운 상황이나 환경에 적응하면서 변화를 거듭해 왔고, 시간이 흐르면서 정체성이 바뀌기도 한다.

기독교는 다윈의 진화론을 거부했다. 그런데도 개신교 내에 다윈주의가 말하는 발전 개념이 존재한다. 급속히 변하는 문화와 환경, 시대의 종교적, 사회적 요구에 따라 새로운 형식들이 계속 등장하고 있다. 이 상황과 이 시대에 옳은 것이라 해서 다른 상황과 다른 시대에도 그것이 옳으리라는 법은 없다.

불과 얼마 전 까지만 해도 대부분의 교회는 온라인 예배에 대해 부정적이었다. 이런 현상을 무교회주의 내지는 교회를 파괴하려는 시도로까지 해석했다. 그러나 외부적인 상황이 모든 것을 변화시켰다. 코로나의 창궐로 인해 예배당에 모이지 못하면서 온라인 예배로의 대폭적인 전환이 일어났다. 이제 많은 사람은 온라인 예배에 익숙해졌고 주일에 예배당에 가지 않는 것을 더 이상 죄로 여기지 않는다. 다시 대면 예배로 전환되더라도 일부는 예배당으로 돌아오지 않을 수 있다.

심지어 성경 해석이나 신앙고백서도 사회화 과정의 일부로 시간이 흐르면서 수정에 수정을 거듭하고 있다. 교회는 성경을 새로운 상황에 적용시켜 해석했고, 그 결과 과거에 존재했던 양식을 거부하고 새 이론을 받아들였다. 성경 해석의 변화는 선교의 부흥기를 가져다주었고 여성 목사 안수를 허용하는 데 기여했다. 같은 교단일지라도 나라와 지역, 문화에 따라 중앙집권적 제도를 유지하기도 하고 회중 제도로 변하기도 했다. 남미와 아프리카, 아시아 교회는 서구 기독교에 대항해 토착화 현상도 일어났다.

오늘날의 교회도 시간이 지나면서 언젠가는 다른 형태로 변해갈 것이다. 안타깝게도 한국 교회는 변화에 더디다. 19세기 말 근본주의 선교사들이 전해준 신앙을 진리라 여기며 그대로 유지하려 한다. 옛것은 좋은 것이라며 과거에 집착하고 있다.

그러다 보니 교회는 시대의 변화에 뒤처지게 되었다. 여전히 교회 내에 목사와 장로를 중심으로 한 양반 문화가 주도하면서 청년들이 교회를 떠나고 있다. 물론 기독교의 본질적인 부분은 지켜야 한다. 그러나 비본질적인 부분에서는 시대적인 흐름에 따라 변해가야 한다. 그렇게 될 때 교회는 세상과 젊은 층과 청소년들을 포용하며 신앙생활을 할 수 있게 될 것이다.

참고 문헌

김신호, 『이단 바로 보기』 (서울: 서로사랑, 2013)
데이빗 웬함, 스티브 월튼, 『복음서와 사도행전』 (서울: 한국성서유니온선교회, 2007)
도날드 K. 맥킴, 『교회의 역사를 바꾼 9가지 신학 논쟁』 (서울: 기독교연합신문사, 2005)
마크 놀, 『미국 캐나다 기독교 역사』 (서울: CLC, 2005)
레이몬드 E. 브라운, 『신약개론』 (서울: CLC, 2003)
로저 올슨, 크리스터퍼 홀, 『삼위일체』 (서울: 대한기독교서회, 2004)
로저 핑크, 로드니 스타크, 『미국 종교 시장에서의 승자와 패자』 (서울: 서로사랑, 2004)
롤란드 베인톤, 『종교개혁사』 (서울: 크라스챤다이제스트, 1993)
루이스 W. 스피츠, 『종교개혁사』 (서울: CLC, 1992)
류대영, 『미국 종교사』 (서울: 청년사, 2007)
박명수, 『근대 복음주의의 주요 흐름』 (서울: 대한기독교서회, 1998)
박명수, 『한국 교회 부흥운동 연구』 (서울: 한국기독교역사연구소, 2003)
박용규, 『평양대부흥운동』 (서울: 생명의말씀사, 2007)
알리스터 맥그라스, 『그들은 어떻게 이단이 되었는가』 (서울: 포이에마, 2011)
앨리스터 맥그래스, 『기독교, 그 위험한 사상의 역사』 (서울: 국제제자훈련원, 2009)
윌리암 에스텝, 『재침례교도의 역사』 (서울: 요단출판사, 1985)
이덕주, 『한국 토착교회 형성사 연구』 (서울: 한국기독교역사연구소, 2000)
제임스 F. 화이트, 『기독교 예배학 입문』 (서울: 예배와 설교 아카데미, 2000)
제임스 스마일리, 『간추린 미국 장로교회사』 (서울: 대한기독교서회, 1998)
존 딜렌버거, 클라우드 웰취, 『프로테스탄트 교회의 역사와 신학』 (한신대학교출판부, 2004)
최덕성, 『한국 교회 친일파 전통』 (서울: 지식산업사, 2006)
최웅, 김봉중, 『미국의 역사』 (서울: 소나무, 1997)

케네스 콜린스, 『진정한 그리스도인: 존 웨슬리의 생애』 (부천: 서울신학대학교출판부, 2009)
프랭크 틸만, 『신약신학』 (서울: CLC, 2008)
필립 샤프, 『스위스 종교개혁』, 박경수 역 (서울: 크리스천 다이제스트, 2004)
하워드 A. 스나이더, 『교회사에 나타난 성령의 역사』 (부천: 정연, 2010)
헤롤드 브라운, 『교회사 안에 나타난 이단과 정통』 (서울: 그리심, 2001)
헨리 채드윅, 『초대 교회사』 (고양: 크리스챤 다이제스트, 2009)
후스토 L. 곤잘레스, 『종교개혁사』 (서울: 은성, 2012)
후스토 L. 곤잘레스, 『현대교회사』 (서울: 은성, 2012)
E. H. 브로우드벤트, 『순례하는 교회』 (서울: 전도출판사, 2005)
R.W. 서던, 『중세 교회사』 (서울: 크리스챤 다이제스트, 1999)

Ahlstrom, Sydney E. *A Religious History of the American People.* New Haven: Yale University Press, 1972.

Berger, Peter. *The Sacred Canopy: Elements of a Sociological Theory of Religion.* Garden City, NY: Doubleday, 1967.

Calvin, John. *Institutes of Christian Religion.* Philadelphia: Westerminster Press, 1960.

Cusic, Don. *The Sound of Light.* Bowing Green, OH: Bowing Green State University Press, 1990.

Dayton, Donald. *Theological Roots of Pentecostalism.* Metuchen, NJ: Scarecrow Press, 1987.

Eire, Carlos M. N. *War Against the Idols: The Reformation of Worship from Erasmus to Calvin.* Cambridge: Cambridge University Press, 1986.

Erickson, Millard J. *Christian Theology.* Grand Rapids, MI: Baker Academic, 1998.

Farnsley, Arthur Emery. *Southern Baptist Politics.* University Park: Pennsylvania State University Press, 1994.

Fukuyama, Francis. *The End of History and the Last Man* (New York: Free Press, 1992)

Helga Robinson-Hammerstein. *The Transmission of Ideas in the Lutheran Reformation.* Blackrock, Ireland: Irish Academic Press, 1989.

Henry, Carl F. H. *The Uneasy Conscience of Modern Fundamentalism.* Grand Rapids, MI: Eerdmans, 1947.

Iscichei, Elizabeth. *A History of Christianity in Africa from Antiquity to the Present.* London: SPCK, 1995.

Lord, Suzanne and Brinkman, David. *Music from the Age of Shakespeare*. Westport, CT: Greenwood Press, 2003.

Niebuhr, Richard. *The Social Sources of Denominationalism*. New York: Holt, 1929.

Oviatt, George. *The Restoration of Perfection: Labor and Technology in Medieval Culture*. New Brunswick, NJ: Rutgers University Press, 1987.

Philips, John. *The Reformation of Images: Destruction of Art in England, 1535-1660*. Berkely University of California Press, 1973.

Ray, Mary Augustina. *American Opinion of Roman Catholicism in the Eighteenth Century*. New York: Octagon books, 1974.

Sayers, Jane. *Innocent III: Leader of Europe, 1198-1216*. New York: Longman, 1994.

Scriber, E. H. Robert W. *Popular Culture and Popular Movements in Reformation Germany*. London: Hambleton, 1987.

Scribner, Robert W. *For the Sake of Simple Folk*. Cambridge: Cambridge University Press, 1981.

Sell, Alan P. F. *A Reformed, Evangelical, Catholic Theology*. Grand Rapids, MI: Eerdmans, 1991.

Walker, Williston. *A History of Christian Church*. New York: Charles Scribner's Sons, 1985.